Italienisch für Dummies

Schummelseite

BEGRÜSSUNG UND VERABSCHIEDUNG

- **Buongiorno/Buon giorno** (*bu-on dschor-no*, Guten Tag; förmlich)
- **Arrivederci** (*ar-ri-we-der-tschi*, Auf Wiedersehen!)
- **Ciao!** (*tscha-o*, Hallo und Tschüss; formlos)
- **Salve!** (*ßal-we*, Hallo und Tschüss; formlos)
- **Buonasera/Buona sera** (*bu-o-na ße-ra*, Guten Abend)
- **Buonanotte** (*bu-o-na-not-te*, Gute Nacht)
- **Buona giornata!** (*bu-o-na dschor-na-ta*, Einen schönen Tag!)
- **Buona serata!** (*bu-o-na ße-ra-ta*, Einen schönen Abend!)
- **Addìo** (*ad-di-o*, Adieu)
- **Mi chiamo ...** (*mi ki-a-mo*, Ich heiße ...)
- **Come sta?** (*ko-me ßta*, Wie geht es Ihnen?)
- **Come stai?** (*ko-me ßta-i*, Wie geht es dir?)
- **Bene, grazie.** (*bä-ne gra-tzie*, Danke, gut.)
- **Non c'è male.** (*non tschä ma-le*, Nicht schlecht.)

NÜTZLICHE FRAGEN (UND ANTWORTEN)

- **Parla il tedesco?** (*par-la il te-de-sko*, Sprechen Sie Deutsch?)
- **Chi?** (*ki*, Wer? Wen?)
- **Cosa?** (*ko-ßa*, Was?)
- **Quando?** (*ku-an-do*, Wann?)
- **Dove?** (*do-we*, Wo?)
- **Perché?** (*per-ke*, Warum?)
- **Come?** (*ko-me*, Wie?)
- **Quanto?** (*ku-an-to*, Wie viel?)
- **Permesso?** (*per-meß-ßo*, Gestatten Sie?)

Italienisch für Dummies

Schummelseite

HÖFLICHE FRAGEN (UND ANTWORTEN)

- **Può ripetere, per favore?** (*pu-o ri-pe-te-re per fa-wo-re*, Können Sie das bitte wiederholen?)
- **Non ho capito.** (*non o ka-pi-to*, Ich habe nicht verstanden.)
- **Mi dispiace.** (*mi di-ßpi-a-tsche*, Es tut mir leid.)
- **Mi scusi.** (*mi sku-si*, Entschuldigen Sie.)
- **Mille grazie.** (*mil-le gra-tzi-e*, Tausend Dank.)
- **Prego.** (*prä-go*, Bitte schön.)
- **Non c'è di che.** (*non tschä di ke*, Keine Ursache.)
- **Si.** (*ßi*, Ja.)
- **No.** (*no*, Nein.)

WOCHENTAGE

- **lunedì** (*lu-ne-di*, Montag)
- **martedì** (*mar-te-di*, Dienstag)
- **mercoledì** (*mer-ko-le-di*, Mittwoch)
- **giovedì** (*dscho-we-di*, Donnerstag)
- **venerdì** (*we-ner-di*, Freitag)
- **sabato** (*ßa-ba-to*, Samstag)
- **domenica** (*do-me-ni-ka*, Sonntag)

REDEWENDUNGEN IM NOTFALL

- **Aiuto!** (*a-i-u-to*, Hilfe!)
- **Emergenza!** (*e-mer-dschän-tza*, Notfall!)
- **Chiamate la polizia!** (*ki-a-ma-te la po-li-tzi-a*, Ruft die Polizei!)
- **Chiamate un'ambulanza!** (*ki-a-ma-te u-nam-bu-lan-tza*, Ruft einen Krankenwagen!)
- **Ho bisogno di un medico!** (*o bi-so-njo di un me-di-ko*, Ich brauche einen Arzt!)
- **Dov'è l'ospedale?** (*do-wä lo-ßpe-da-le*, Wo ist das Krankenhaus?)

Italienisch für Dummies

Francesca Romana Onofri

Italienisch für dummies®

2., überarbeitete Auflage

Übersetzung aus dem Amerikanischen
von Cinzia Tanzella und Jürgen Lassig

WILEY

WILEY-VCH Verlag GmbH & Co. KGaA

Bibliografische Information der Deutschen Nationalbibliothek

Die **Deutsche** Nationalbibliothek verzeichnet diese Publikation in der Deutschen Nationalbibliografie; detaillierte bibliografische Daten sind im Internet über http://dnb.d-nb.de abrufbar.

2., überarbeitete Auflage 2017

MIX
Papier aus verantwortungsvollen Quellen
FSC® C083411
FSC www.fsc.org

Coverfoto: © abstudio1 – Fotolia.com
Korrektur: Petra Heubach-Erdmann, Düsseldorf
Satz: SPi Global, Chennai
Druck und Bindung: CPI books GmbH, Leck

ISBN: 978-3-527-71374-5

10 9 8 7 6 5 4 3 2 1

Über die Autoren

Nach ihrem Universitätsstudium in Linguistik und spanischer und englischer Sprach- und Literaturwissenschaft lebte **Francesca Romana Onofri** einige Jahre lang im Ausland. Sie arbeitete in Spanien und Irland als Italienisch- und Spanischlehrerin sowie als Übersetzerin und Dolmetscherin bei kulturellen Veranstaltungen. In Deutschland war sie für die Kommunikation und das Eventmanagement in einem Museum für Moderne Kunst zuständig. Trotzdem gab sie ihre Leidenschaft für Fremdsprachen nicht auf: Sie arbeitete als Italienischlehrerin in Köln und übersetzte im Kunstbereich. Zurück in Italien schrieb Francesca Romana Onofri Bücher auf Italienisch, arbeitete als Übersetzerin für Kunstbücher und veranstaltete Kulturevents. Außerdem arbeitete sie immer wieder als Lehrerin.

Karen Möller studiert italienische und englische Sprachwissenschaft, Literatur und Kultur. Vor ihrem Studium hat sie in der PR-Branche gearbeitet und Artikel für Modezeitschriften und Zeitungen geschrieben. Sie hat an deutsch-italienischen Projekten sowie an Verb-, Wortschatz- und Grammatikbüchern und Handbüchern auf Italienisch mitgearbeitet.

Über die Übersetzer

Cinzia Tanzella ist Universitätslektorin für Italienisch. Nach dem Abitur studierte sie Sprach- und Literaturwissenschaft in ihrer Heimatstadt Bari und in Eichstätt und spezialisierte sich auf dem Gebiet des Sprachvergleichs Deutsch-Italienisch und des Spracherwerbs des Italienischen von Deutschmuttersprachlern. Sie lebt seit Langem in Deutschland und ist Autorin von Lehrwerken für Italienisch. Sie übersetzt auch Prosa und Lyrik ins Italienische.

Jürgen Lassig hat Germanistik, Anglistik, Kunst und visuelle Kommunikation studiert und mit Diplom abgeschlossen. Er übersetzt Filmdrehbücher und Dokumentarfilme. Als Verlagshersteller, Lektor, Übersetzer und Autor hat er jahrzehntelange Erfahrung in den Bereichen Belletristik, Sachbuch sowie Kinder- und Jugendbuch.

Auf einen Blick

Inhaltsverzeichnis

Einführung

Fremdsprachenkenntnisse werden aufgrund der wachsenden Globalisierung immer wichtiger und daher ist es gut, ein paar Brocken einer Fremdsprache zu kennen. Außerdem reisen wir immer häufiger ins Ausland, um dort Urlaub zu machen oder Geschäftspartner zu treffen. Vielleicht haben Sie aber auch Freunde und Nachbarn mit einer anderen Muttersprache als der Ihren.

In diesem Buch vermitteln wir Ihnen die Grundlagen der italienischen Sprache. Sie werden nach der Lektüre zwar nicht fließend Italienisch sprechen, aber Sie werden auf jeden Fall auf Italienisch Menschen begrüßen, eine Fahrkarte kaufen oder ein Essen bestellen können. Sie brauchen nichts anderes zu tun, als einen Blick in *Italienisch für Dummies* zu werfen.

Über dieses Buch

Dies ist keine wöchentliche Unterrichtstunde, zu der Sie sich regelmäßig quälen müssen. Schauen Sie in *Italienisch für Dummies*, wann immer Sie Lust dazu haben: Wenn Sie einige Wörter und Redewendungen lernen möchten, um sich in Italien verständigen zu können, oder wenn Sie etwas zu Ihrem Nachbarn, der gebürtiger Italiener ist, auf Italienisch sagen wollen: »Hallo! Wie geht's?« Lesen Sie dieses Buch in Ihrem eigenen Tempo durch, wie es Ihnen am besten passt. Vielleicht wollen Sie alles auf einmal durchlesen oder nur häppchenweise, wenn Ihnen gerade der Sinn danach steht. Sie brauchen die Kapitel auch nicht der Reihe nach zu lesen. Sie können sich auch einen Abschnitt, der Sie interessiert, herauspicken und lesen und den Rest für eine Weile liegen lassen.

Wenn Sie sich zum ersten Mal mit der italienischen Sprache beschäftigen, sind die Kapitel in Teil I zu empfehlen, bevor Sie mit den nächsten Kapiteln anfangen. In Teil I finden Sie die Grundlagen der Sprache und Aussprache.

Konventionen, die in diesem Buch verwendet werden

Für dieses Buch wurden einige Regeln festgelegt, damit Sie ohne große Schwierigkeiten zurechtkommen:

- ✔ Italienische Redewendungen und Vokabeln sind **fett gedruckt**, so fallen sie sofort ins Auge.
- ✔ Die Aussprache – *kursiv* gedruckt – steht hinter dem Wort oder der Redewendung auf Italienisch. Die betonten Silben sind *unterstrichen*.
- ✔ Verbkonjugationen (das heißt Listen mit den unterschiedlichen Verbformen) stehen in Tabellen, und zwar in der »ich«-, »du«-, »Sie«-, »er/sie/es«-, »wir«-, »ihr«- und »sie«-Form. In der zweiten Spalte folgt die Aussprache.

So wird zum Beispiel die Konjugation des Verbs **divertirsi** (*di-wer-tir-ßi*, sich amüsieren) wie folgt angegeben:

Konjugation	Aussprache
mi diverto	*mi di-wär-to*
ti diverti	*ti di-wär-ti*
si diverte	*ßi di-wär-te*
ci divertiamo	*tschi di-wer-ti-a-mo*
vi divertite	*wi di-wer-ti-te*
si divertono	*ßi di-wär-to-no*

- ✔ Im Gespräch: Am besten lernt man eine Fremdsprache durch aufmerksames Zuhören, wie sie im Gespräch gebraucht wird. Deswegen finden Sie viele Dialoge im Buch. Diese Dialoge werden mit der Überschrift »Im Gespräch« eingeführt, darunter finden Sie italienische Redewendungen, deren Aussprache und die deutschen Übersetzungen.
- ✔ Kleiner Wortschatz: Beim Lernen einer Fremdsprache ist es sehr wichtig, sich die Vokabeln und die Redewendungen einzuprägen. Diese werden in einem Abschnitt des jeweiligen Kapitels in einem Kasten mit der Überschrift »Kleiner Wortschatz« zusammengefasst. Im Italienischen hängen die Anwendung des Artikels und die Pluralbildung vom Geschlecht der Nomen ab. Aus diesem Grund steht in diesen Wortschatzkästen neben den Vokabeln eine Abkürzung für das Geschlecht des Wortes: (w.) für weibliche und (m.) für männliche Nomen.
- ✔ Spiel und Spaß: Wenn Sie niemanden kennen, der sich mit Ihnen auf Italienisch unterhalten kann, um die Sprache zu üben, können Sie im Abschnitt »Spiel und Spaß« das Gelernte noch mal nachprüfen. Mit diesen Sprachspielen messen Sie den Stand Ihrer Italienischkenntnisse.

Beachten Sie, dass bestimmte Sachverhalte in jeder Sprache auf ihre eigene Art und Weise ausgedrückt werden. Daher ist die deutsche Übersetzung oft nicht wörtlich. Wichtig ist hier, den Sinn eines Satzes zu verstehen, nicht nur die einzelnen Wörter, die aufeinanderfolgen. Zum Beispiel: **Mi dica** (*mi di-ka*) bedeutet wörtlich übersetzt »Sagen Sie mir«, aber eigentlich meint man damit: »Kann ich Ihnen helfen?« In diesem Buch finden Sie daher die sinngemäße Übersetzung: »Kann ich Ihnen helfen?«

Törichte Annahmen über den Leser

Bevor das Buch geschrieben wurde, haben wir versucht uns vorzustellen, wer die Leser sind und was sie von einem Buch *Italienisch für Dummies* erwarten. So haben wir einige Voraussetzungen definiert:

- ✔ Sie haben keine Vorkenntnisse der italienischen Sprache – wenn Sie Italienisch einmal in der Schule gelernt haben, haben Sie inzwischen beinahe alles vergessen.
- ✔ Sie suchen kein Buch, mit dem Sie Italienisch fließend sprechen lernen, sondern Sie brauchen nur einige Wörter und Redewendungen, um eine Auskunft zu erhalten und um Informationen zu verstehen.

- ✔ Sie wollen sich nicht lange Vokabellisten einprägen und auch nicht viele langweilige Grammatikregeln.
- ✔ Sie wollen ein wenig Italienisch lernen und sich dabei amüsieren.

Wenn all das – oder etwas davon – auf Sie zutrifft, haben Sie das richtige Buch in der Hand!

Wie das Buch aufgebaut ist

Dieses Buch ist thematisch in Teile und diese wiederum in Kapitel, unterteilt. Im Folgenden finden Sie eine kurze Zusammenfassung dessen, was Sie in den einzelnen Teilen des Buches erwartet.

Teil I: Los geht's

In diesem Teil finden Sie die Grundlagen der italienischen Sprache: Wie ist die richtige Aussprache, wie ist die Betonung und so weiter. Sie werden auch durch bekannte italienische Wörter, die Ihnen wahrscheinlich bereits geläufig sind, in die Sprache eingeführt. Außerdem werden die Grundregeln der italienischen Grammatik behandelt, die Sie brauchen, um die weiteren Kapitel im Buch zu erarbeiten.

Teil II: Italienisch in Aktion

In diesem Teil beginnen Sie, die Sprache zu verwenden und anzuwenden. Anders als bei anderen Italienisch-Büchern, die die Grammatik in den Mittelpunkt stellen, konzentriert sich dieser Teil auf die Sprache in Alltagssituationen wie Shoppen, Abendessen und Small Talk.

Teil III: Italienisch für unterwegs

In diesem Teil finden Sie das sprachliche Rüstzeug, das Sie brauchen, wenn Sie in Italien zum Beispiel in ein Restaurant gehen oder ein Museum besuchen.

Teil IV: Der Top-Ten-Teil

Wer kurze und nützliche Redewendungen auf Italienisch sucht, findet sie in diesem Teil. Wir zeigen Ihnen hier zehn Methoden, wie Sie relativ schnell Italienisch lernen, zehn wichtige italienische Redewendungen und zehn Sätze, die Sie im Italienischen besser nicht gebrauchen sollten, und einiges mehr.

Anhang

Dieser Teil enthält wichtige Informationen, zum Beispiel Verbtabellen. Hier sehen Sie, wie man regelmäßige Verben konjugiert und wie die vertrackten Verben, die nicht in regelmäßige Muster passen, konjugiert werden. Außerdem gibt es in diesem Teil ein Verzeichnis der Tracks auf der dem Buch beiliegenden CD. Schließlich finden Sie in diesem Teil auch ein kleines Wörterbuch Italienisch – Deutsch und Deutsch – Italienisch. Hier können Sie jederzeit reinschauen, wenn Sie mal Vokabeln nicht verstehen. Und last, but not least gibt es hier die Lösungen zu den Übungen im Abschnitt »Spiel und Sprache« der einzelnen Kapitel.

Symbole, die in diesem Buch verwendet werden

Wenn Sie nach einer bestimmten Information im Buch suchen, können Sie sich einfach an den Symbolen am Seitenrand orientieren.

Hier finden Sie Tipps, wie Sie italienische Wörter und Redewendungen besser lernen.

Damit Sie beim Lernen nichts Wichtiges vergessen, hilft Ihnen dieses Zeichen: Denken Sie daran – etwas Wichtiges!

Auch in Fremdsprachen gibt es kleine Fallen, auf die Sie vorbereitet sein sollten. Deswegen weist dieses Symbol auf besondere Grammatikregeln hin.

Wenn Sie Informationen über die italienische Kultur suchen, werfen Sie einen Blick auf die Passagen, die mit diesem Symbol gekennzeichnet sind. Es macht Sie auf landeskundliche Aspekte aufmerksam.

Dieses Symbol kennzeichnet die Sprachbeispiele und Dialoge auf der beiliegenden CD. Damit bekommen Sie die Gelegenheit, diese Dialoge nicht nur zu lesen, sondern auch von Muttersprachlern gesprochen zu hören.

Wie es weitergeht

Wenn Sie eine Fremdsprache lernen möchten, springen Sie umgehend ins kalte Wasser, seien Sie mutig! Es ist dabei nicht so wichtig, ob Ihre Aussprache richtig ist. Beginnen Sie bei Kapitel 1 oder blättern Sie zu einem anderen Kapitel, das Sie interessiert. Und schneller als erwartet werden Sie schon mit **Si!** auf die Frage **Parla italiano?** antworten.

Teil I
Los geht's

IN DIESEM TEIL ...

Hier erinnern wir Sie daran, dass Sie schon viele italienische Wörter kennen und wir vermitteln Ihnen die Grundregeln für die Aussprache.

Sie erfahren hier auch die Grundregeln der Grammatik – zum Beispiel, wie Sie einfache Sätze bilden können – und Sie lernen die Zahlen.

IN DIESEM KAPITEL

So viel Italienisch können Sie schon

Ein Überblick über häufig gebrauchte Redewendungen und verwandte Wörter

Grundlagen der italienischen Aussprache

Sprache und Gestik

Kapitel 1
Sie können schon ein wenig Italienisch

Italienisch ist eine romanische Sprache und stammt wie Spanisch, Französisch und Portugiesisch vom Latein ab. Latein war die Amtssprache im alten Rom und damit in weiten Teilen von Mitteleuropa. Vor den Römern sprach jedes Volk seine eigene Sprache und die Mischung aus dieser Muttersprache und dem Lateinischen ergab die Sprachen und Dialekte, die heute in vielen europäischen Ländern gesprochen werden.

Wenn Sie eine romanische Sprache beherrschen, können Sie oft auch einiges aus einer anderen romanischen Sprache verstehen. Genauso wie Mitglieder derselben Familie können sich auch Sprachen ähneln, aber dabei ganz unterschiedliche Merkmale haben. Dasselbe gilt auch für die Dialekte in Italien (und in den anderen Ländern). Menschen aus unterschiedlichen Gegenden sprechen aus historischen oder gesellschaftlichen Gründen auch unterschiedlich. Und obwohl Italienisch die Amtssprache Italiens ist, sind zwischen Norditalien und der Stiefelspitze viele Dialekte verbreitet. Die Dialekte können sich dabei so sehr voneinander unterscheiden, dass Menschen aus verschiedenen Regionen sich nicht verstehen.

Wenn Sie durch Italien reisen, werden Sie unterschiedliche Sprachmelodien und Dialekte entdecken. Trotz der unterschiedlichen Mundarten können Sie sich aber darauf verlassen, dass jeder Italiener Sie verstehen wird, wenn Sie Italienisch sprechen, und Sie auch überall auf Italienisch angesprochen werden.

Wir wollen uns aber nicht in Details verstricken und die regionalen Unterschiede der italienischen Sprache untersuchen. Die Sprache ist ein Kommunikationsmittel zwischen Menschen, und wenn Sie sich mit Menschen aus anderen Ländern unterhalten wollen, müssen Sie einen Weg finden, sie zu verstehen und sich verständlich auszudrücken. Sie können auch versuchen, sich mit Händen und Füßen zu verständigen, aber das kann sehr mühsam werden. Daher finden Sie in diesem Kapitel einige Redewendungen auf Italienisch, die

Ihnen das Leben erleichtern – zumindest was die italienische Sprache betrifft. Sie erhalten auch einige landeskundliche Informationen, damit Sie ein Bild von den Italienern bekommen. Und das kann sehr nützlich sein, wie das Sprichwort schon sagt: »Andere Länder, andere Sitten.«

Aber sicher können Sie schon ein wenig Italienisch

Italiener reden furchtbar gerne. Sie genießen es zu kommunizieren und sie mögen auch ihre Sprache, weil sie schön klingt. Es gibt bestimmt einen Grund, warum Opern (auf Italienisch) so beliebt sind!

Obwohl die Italiener sehr stolz auf ihre Sprache sind, gibt es im Italienischen viele englische Wörter, die mittlerweile, wie im Deutschen auch, ganz selbstverständlich verwendet werden, zum Beispiel Gadgets und Jogging. Italiener sagen oft und gerne **okay**, und seit fast jeder einen Computer benutzt, sagt man im Italienischen **cliccare sul mouse** (*klik-ka-re sul ma-uß*, Maus klicken). Italiener unterscheiden sich nicht von Deutschen, wenn sie die Fernbedienung in der Hand haben und mit **lo zapping** (*lo dzap-ping*) in schneller Folge von einem Fernsehsender zum nächsten umschalten.

Aber auch viele italienische Wörter haben Einzug in die deutsche Sprache gehalten, zum Beispiel viele Bezeichnungen für Speisen und Getränke:

- **la pizza** (*la pit-tza*)
- **la pasta** (*la pa-ßta*)
- **gli spaghetti** (*lji ßpa-get-ti*)
- **i tortellini** (*i tor-tel-li-ni*)
- **la mozzarella** (*la mot-tza-räl-la*)
- **l'espresso** (*lä-ßpräß-ßo*)
- **il cappuccino** (*il kap-put-tschi-no*)
- **il tiramisù** (*il ti-ra-mi-ßu*)

Übrigens, wussten Sie schon, dass **tiramisù** wörtlich »Zieh mich hoch« bedeutet? Das ist dadurch zu erklären, dass diese Nachspeise sehr viel starken italienischen Espresso enthält, der einen »hochzieht«, also aufmuntert.

Vielleicht haben Sie – außerhalb der Küche – auch diese italienischen Wörter schon einmal gehört:

- **amore** (*a-mo-re*): Die Liebe, die so viele italienischen Songs besingen.
- **Avanti!** (*a-wan-ti*): Damit sagen Sie »Herein!«, »Komm schon!« oder »Mach schon!«
- **bambino** (*bam-bi-no*): Ein Bub/Junge. Die entsprechende weibliche Form ist **bambina** (*bam-bi-na*).

- **Bravo!** (*bra-wo*): Sie können sich mit diesem Kompliment an einen Mann wenden, hingegen sprechen Sie mit **Brava!** (*bra-wa*) eine Frau an, bei einer Gruppe von Frauen und Männern verwenden Sie **Bravi!** (*bra-wi*) und wenn die Gruppe nur aus Frauen besteht, sagen Sie **Brave!** (*bra-we*).
- **Ciao!** (*tscha-o*): Bedeutet »Hallo« und »Auf Wiedersehen«.
- **Scusi** (*sku-si*): Dieses Wort bedeutet »Entschuldigung« und »Verzeihung«. Damit sprechen Sie Menschen an, die Sie nicht kennen oder die Sie siezen. **Scusa** (*sku-sa*) verwenden Sie bei Menschen, die Sie gut kennen, oder bei Kindern.

Sie haben bestimmt schon einige dieser Vokabeln gehört. Das ist nur eine kleine Kostprobe von vielen Redewendungen und Vokabeln, die Sie in diesem Buch finden.

Im Augenblick gilt die Redewendung **chi si accontenta, gode** (*ki si ak-kon-ten-ta go-de*, Zufriedenheit macht glücklich).

Verwandte Wörter

Viele Wörter aus dem Italienischen ähneln zunächst einmal den deutschen Wörtern. Sehen Sie sich einmal folgende Beispiele an:

- **il commissario** (*il kom-miß-ßa-rio*, Kommissar)
- **l'ispezione** (*li-ßpe-tzio-ne*, Inspektion)
- **la comunicazione** (*la ko-mu-ni-ka-tzio-ne*, Kommunikation)
- **complicato** (*kom-pli-ka-to*, kompliziert)
- **il teatro** (*il te-a-tro*, Theater)
- **la marionetta** (*la ma-ri-o-net-ta*, Marionette)
- **la maschera** (*la ma-ske-ra*, Maske)
- **l'idea** (*li-dä-a*, Idee)

Wahrscheinlich verstehen Sie mehr Italienisch, als Sie glauben. Lesen Sie dazu folgende Geschichte, in der einige Wörter durch italienische Wörter ersetzt wurden. Sicherlich werden Sie den Text ohne Schwierigkeiten verstehen.

> **Il commissario** (*il kom-miß-ßa-rio*) führt seine **ispezione** (*iß-pe-tzio-ne*) am Tatort im **teatro** (*te-a-tro*) durch. **La comunicazione** (*la ko-mu-ni-ka-tzio-ne*) mit den Menschen dort scheint ihm **complicata** (*kom-pli-ka-ta*) zu sein. Eigentlich möchte niemand mit ihm sprechen. Er befindet sich in einem Raum voller **marionette** (*ma-ri-o-net-te*) und **maschere** (*ma-ske-re*) und hofft auf eine neue **idea** (*i-dä-a*), um den Fall zu lösen.

Beliebte Redewendungen auf Italienisch

In jeder Sprache gibt es Redewendungen, die schnell zur Gewohnheit werden, weil sie so oft verwendet werden. Wenn Sie zum Beispiel jemandem etwas geben, bekommen Sie ein »Dankeschön« zurück und Sie antworten automatisch »Bitte schön«. Im

Folgenden finden Sie die beliebtesten Redewendungen im Italienischen. Wenn Sie diese Redewendungen verwenden, werden Sie sich in der italienischen Sprache bald sicherer fühlen.

Hier die beliebtesten Redewendungen im Italienischen:

- **Accidenti!** (*at-tschi-dän-ti* , Wow!/Donnerwetter!)
- **Andiamo!** (*an-di-a-mo*, Lass uns gehen.)
- **Che bello!** (*ke bäl-lo*, Wie schön!)
- **Che c'è?** (*ke tschä*, Was gibt's? Was ist los?)
- **D'accordo? D'accordo!** (*dak-kor-do*, Einverstanden?/Einverstanden./In Ordnung.)
- **Dai!** (*da-i* , Komm schon!)
- **E chi se ne importa?** (*e ki ße ne im-por-ta*, Wen interessiert das schon?/Na und?)
- **È lo stesso.** (*ä lo ßteß-ßo*, Es macht keinen Unterschied.)
- **Fantastico!** (*fan-ta-ßti-ko*, Toll!/Einzigartig!)
- **Non fa niente.** (*non fa ni-än-te*, Es macht nichts.)
- **Non c'è di che.** (*non tschä di ke*, Keine Ursache.)
- **Permesso?** (*per-meß-ßo*, Darf ich mal?)

Italiener sagen **Permesso?**, wenn sie um Erlaubnis fragen, zum Beispiel wenn sie das Zuhause von Freunden oder Fremden betreten oder wenn sie zwischen zwei sich unterhaltenden Personen oder durch eine Menschenmenge hindurchgehen wollen. Die kürzeste und formlose Variante ist **Posso?** (*poß-ßo*, Kann ich mal…?).

- **Stupendo!** (*ßtu-pän-do*, Wunderbar!)
- **Va bene!** (*wa bä-ne*, In Ordnung.)

Mundgymnastik: Die Grundlagen der Aussprache

Das Italienische bietet Ihnen viele Möglichkeiten, Mundgymnastik zu betreiben. In diesem Abschnitt finden Sie einige Tipps zur Aussprache, erstens, um dieses Buch durchlesen zu können, und zweitens, um Ihre Aussprache zu üben und zu verbessern. Wenn Sie versuchen, italienische Wörter auf deutsche Art zu lesen und auszusprechen, werden italienische Muttersprachler Sie nicht auf Anhieb verstehen. Sie können sich umgekehrt vorstellen, wie es ist, wenn Italiener mit italienischer Aussprache versuchen, sich auf Deutsch auszudrücken. Der bekannte Fußballtrainer Giovanni Trapattoni ist mit seiner »Flasche leer« in einem Interview berühmt dafür geworden.

Zunächst einmal müssen Sie wissen, dass im Buch für jedes Wort die Aussprache in Klammern angegeben ist. In den nächsten Abschnitten finden Sie Hinweise, wie Sie mit der Aussprache umgehen sollen, das heißt, wie Sie die Lautschrift in Klammern lesen sollen. Dafür sollten wir uns über die Laute und die Lautschrift einigen.

Die einzelnen Silben (in Klammern) werden durch einen Bindestrich getrennt, wie zum Beispiel in **casa** (*ka-ßa*, Haus). Außerdem ist die betonte Silbe unterstrichen, das heißt, auf dieser Silbe liegt der Akzent. (Mehr zu den Wortakzenten steht im Abschnitt »Richtig betonen« weiter hinten in diesem Kapitel.) Wie Sie die Buchstaben richtig betonen, hören Sie in **Track 1** auf der dem Buch beiliegenden CD. Dort wird Ihnen auch zu jedem Buchstaben ein Beispiel auf Italienisch genannt.

Die Vokale

Wir beginnen mit den Vokalen. Es geht hier nicht um neue Laute, denn die deutschen Laute klingen nicht viel anders als die italienischen. Sie müssen aber aufpassen: Italienische Vokale verlangen eine deutliche Aussprache. Im Italienischen gibt es wie im Deutschen fünf Vokale: **a, e, i, o, u**. Im Folgenden erklären wir Ihnen die Aussprache.

Der Vokal »a«

Die Aussprache des **a** ist wie im Deutschen, zum Beispiel im Wort **casa** (*ka-ßa*, Haus). Andere Beispiele dafür sind:

- ✔ **albero** (*al-be-ro*, Baum)
- ✔ **marmellata** (*mar-mel-la-ta*, Marmelade)
- ✔ **sale** (*ßa-le*, Salz)

Der Vokal »e«

Der Vokal **e** wird oft geschlossen ausgesprochen wie in **tedesco** (*te-de-sko*, deutsch) oder **tre** (*tre*, drei), also wie ein deutsches »e«. In vielen Fällen wird es aber auch offen (also wie ein deutsches »*ä*«) ausgesprochen, zum Beispiel in **scena** (*schä-na*, Bühne) oder **sette** (*ßät-te*, sieben). Zerbrechen Sie sich aber nicht den Kopf darüber, auch die Italiener sind sich nicht immer sicher, ob ein **e** geschlossen oder offen ausgesprochen wird. Außerdem gibt es hier regionale Unterschiede. In diesem Buch finden Sie daher bei jedem italienischen Satz die zugehörige Aussprache in deutscher Lautschrift. Im Gegensatz zum Deutschen wird das **e** am Wortende ganz deutlich ausgesprochen.

Weitere Beispiele für die Aussprache des italienischen **e** sind:

- ✔ **caffè** (*kaf-fä*, Kaffee)
- ✔ **tè** (*tä*, Tee)
- ✔ **inglese** (*in-g-le-ße*, Englisch)

Der Vokal »i«

Der Vokal **i** wird wie im deutschen »Kilo« ausgesprochen. Beispiele sind:

- ✔ **cinema** (*tschi-ne-ma*, Kino)
- ✔ **bimbo** (*bim-bo*, Kind)
- ✔ **vita** (*wi-ta*, Leben)

Der Vokal »o«

Dieser Vokal kann wie der Vokal **e** entweder geschlossen wie in **loro** (*lo-ro*, sie) oder offen wie in **moto** (*mo-to*, Motorrad) und **foto** (*fo-to*, Foto) ausgesprochen werden. Üben Sie die Aussprache des **o** mit folgenden Wörtern:

- ✔ **domani** (*do-ma-ni*, morgen)
- ✔ **piccolo** (*pik-ko-lo*, klein)
- ✔ **dolce** (*dol-tsche*, süß)

Der Vokal »u«

Der Vokal **u** wird wie in »Dok**u**ment« ausgesprochen. Einige Beispiele im Italienischen sind:

- ✔ **tu** (*tu*, du)
- ✔ **luna** (*lu-na*, Mond)
- ✔ **frutta** (*frut-ta*, Obst)

Konsonanten

Im Italienischen gibt es dieselben Konsonanten wie im Deutschen. In der Aussprache gibt es jedoch leichte Unterschiede.

Die Konsonanten **b** und **d** sind im Italienischen immer stimmhaft:

- ✔ **b** wird ausgesprochen wie in »**Bau**«: **bene** (*bä-ne*, gut).
- ✔ **d** wird ausgesprochen wie in »**Dame**«: **Danimarca** (*da-ni-mar-ka*, Dänemark).

Auch die Konsonanten **p** und **t** unterscheiden sich in der Aussprache leicht vom Deutschen, denn sie werden im Italienischen nicht behaucht:

- ✔ **p** wie **padre** (*pa-dre*, Vater)
- ✔ **t** wie **treno** (*trä-no*, Zug); hier ist das **t** stimmlos.

Manche Konsonanten klingen genauso wie im Deutschen:

- ✔ **l** wird wie im Deutschen ausgesprochen: **ladro** (*la-dro*, Dieb).
- ✔ **m** wird wie im Deutschen ausgesprochen: **madre** (*ma-dre*, Mutter).
- ✔ **n** wird wie im Deutschen ausgesprochen: **no** (*no*, nein).

Nicht miteinander zu verwechseln sind die Konsonanten **v** und **f**:

- ✔ **v** wird ausgesprochen wie in »Video«: **vino** (*wi-no*, Wein); es ist also immer stimmhaft.
- ✔ **f** wird ausgesprochen wie in »Filter«: **Firenze** (*fi-rän-tze*, Florenz); es ist übrigens immer stimmlos.

Einige Konsonanten kommen im Italienischen nur in Fremdwörtern vor:

- ✔ **j** wie im Italienischen **jogging**, **junior** und **jeans**
- ✔ **k** wie im Italienischen **okay**, **ketchup** und **killer**
- ✔ **w** wie in **whisky**, **windsurf** und **waffel**
- ✔ **x** wie in **xenofobia** (*kße-no-fo-bi-a*, Ausländerfeindlichkeit) und **xilofono** (*kßi-lo-fo-no*, Xylofon). Dieser Buchstabe kommt gewöhnlich in Wörtern griechischen Ursprungs vor.
- ✔ **y** wie im Italienischen **yogurt**, **hobby** und **yacht.**

Der Konsonant »c«

Der Konsonant **c** wird unterschiedlich ausgesprochen, und zwar je nachdem, welche Buchstaben ihm folgen:

- ✔ Wenn dem Konsonanten **c** die Vokale **a**, **o**, **u** und ein Konsonant folgen, wird er wie in »Kino« ausgesprochen. Sie finden in der Lautschrift ein *k* vor. Beispiele sind **colpa** (*kol-pa*, Schuld) und **cuore** (*ku-o-re*, Herz).
- ✔ Wenn dem **c** die Vokale **e** oder **i** folgen, wird es wie in »**Tsch**üss« ausgesprochen. Daher finden Sie es in diesem Buch so geschrieben: *tsch*. Beispiele sind **cibo** (*tschi-bo*, Essen) und **certo** (*tschär-to*, gewiss).
- ✔ Damit **c** als *tsch* in Verbindung mit den Vokalen **a**, **o**, **u** ausgesprochen wird, fügt man den Vokal **i** ein. Dieses **i** wird jedoch nicht mitgesprochen, es dient nur zur Bildung des Lautes *tsch*. Beispiele sind **ciao** (*tscha-o*, hallo/tschüss), **cioccolata** (*tschok-ko-la-ta*, Schokolade) und **ciuccio** (*tschut-tscho*, Schnuller).
- ✔ Damit **c** als *k* in Verbindung mit den Vokalen **e** und **i** ausgesprochen wird, fügt man ein **h** ein. Beispiele sind **che** (*ke*, was), **chiesa** (*ki-ä-sa*, Kirche) und **chiave** (*ki-a-we*, Schlüssel).

Die Aussprache im Italienischen ist nicht so kompliziert, wie es scheint! Dieses Muster zur Aussprache kann Ihnen helfen:

✔	**casa**	**colpa**	**cuore**	**che**	**chiave**	= *k*
✔	**cena**	**cibo**	**certo**	**cioccolata**	**ciao**	= *tsch*

Der Konsonant »g«

Der Konsonant **g** verhält sich genauso wie das **c**. Die Regeln werden daher wie im vorangegangenen Abschnitt zum **c** aufgelistet:

- ✔ Wenn dem Konsonanten **g** die Vokale **a**, **o**, **u** und ein Konsonant folgen, wird es wie in »**G**as« ausgesprochen. Sie finden es in der Lautschrift als *g*. Beispiele sind **gamba** (*gam-ba*, Bein), **gomma** (*gom-ma*, Gummi) und **guerra** (*gu-är-ra*, Krieg).
- ✔ Wenn ihm die Vokale **e** oder **i** folgen, wird es wie beim Wort »**Dsch**ungel« ausgesprochen. Daher ist es in diesem Buch in der Lautschrift so geschrieben: *dsch*. Beispiele sind **gentile** (*dschen-ti-le*, freundlich), **giorno** (*dschor-no*, Tag) und **gelosia** (*dsche-lo-ßi-a*, Eifersucht).
- ✔ Damit **g** als *dsch* vor den Vokalen **a**, **o** und **u** ausgesprochen werden kann, fügt man ein **i** ein, das eigentlich nicht mitgesprochen wird. Beispiele sind **giacca** (*dschak-ka*, Jacke), **gioco** (*dscho-ko*, Spiel) und **giudice** (*dschu-di-tsche*, Richter).
- ✔ Damit **g** auch als *g* mit den Vokalen **e** und **i** ausgesprochen werden kann, fügt man ein **h** ein. Beispiele sind **spaghetti** (*ßpa-get-ti*, Spaghetti), **ghiaccio** (*gi-at-tscho*, Eis) und **ghirlanda** (*gir-lan-da*, Girlande).

Mit der folgenden kleinen Hilfe können Sie sich diese Ausspracheregeln besser einprägen:

✔ **g**amba	**g**omma	**g**uerra	**ghi**accio	spa**gh**etti	= *g*
✔ **g**entile	**gi**orno	**gi**acca	**gi**oco	**gi**udice	= *dsch*

Der Konsonant »h«

Der Konsonant **h** hat nur eine einzige Aufgabe: Er verändert die Laute der Konsonanten **c** und **g**, wenn die Vokale **e** und **i** folgen. Das haben wir Ihnen in den vorangegangenen Abschnitten erklärt. Das **h** kommt auch in Fremdwörtern wie **hostess**, **hit parade** und **hobby** und in einigen Formen des Verbs **avere** (*a-we-re*, haben) vor, es wird aber nie mitgesprochen. Der Konsonant **h** ist im Italienischen (und anders als im Deutschen) stumm.

Der Konsonant »q«

Dem Konsonanten **q** folgt immer ein **u** in Verbindung mit einem weiteren Vokal, das heißt, Sie werden immer die Buchstabenkombination **qu** finden. **Q** wird wie *k* ausgesprochen, **qu** wird daher *ku* ausgesprochen. Beispiele sind **quattro** (*ku-at-tro*, vier), **questo** (*ku-e-ßto*, dieser) und **quadro** (*ku-a-dro*, Bild).

Der Konsonant »r«

Der Konsonant **r** ist ein mit der Zungenspitze gerollter Laut, dabei vibriert die Zungenspitze ganz vorn im Gaumen. Versuchen Sie, durch den Zwischenraum von Zungenspitze und vorderstem Gaumen Luft zu pusten. Üben Sie mit folgenden Wörtern. Übung macht den Meister!

- ✔ **radio** (*ra-dio*, Radio)
- ✔ **per favore** (*per fa-wo-re*, bitte)
- ✔ **rumore** (*ru-mo-re*, Geräusch)

Der Konsonant »s«

Der Konsonant **s** wird im Italienischen auf zweierlei Arten ausgesprochen, und zwar entweder stimmlos wie in »Dresden« oder stimmhaft wie in »Rose«. Um die beiden Arten unterscheiden zu können, finden Sie in diesem Buch zwei Varianten in der Lautschrift: einmal das scharfe **s** (*ß*, stimmlos) und einmal das **s** (*s*, stimmhaft) wie in »Sonne«. Einige Beispiele lesen Sie hier: **pasta** (*pa-ßta*, Nudeln), **solo** (*ßo-lo*, allein), **chiesa** (*ki-ä-sa*, Kirche) und **gelosia** (*dsche-lo-ßi-a*, Eifersucht).

Doppelt **s** ist immer stimmlos, wie in **commissario** (*kom-miß-ßa-rio*)!

Der Konsonant »z«

Ein alleinstehendes **z** wird auf zwei Arten ausgesprochen: als *tz* wie in **zio** (*tzi-o*, Onkel) oder als *dz* (stimmhaft) wie in **Zagabria** (*dza-ga-bri-a*, Zagreb).

Wenn es sich um ein doppeltes **z** handelt, wird es schärfer ausgesprochen wie in **tazza** (*tatt-za*, Tasse).

Doppelte Konsonanten

Hat ein Wort doppelte Konsonanten, müssen beide als ein Buchstabe ausgesprochen werden, jedoch stärker und länger, etwa wie im Deutschen im Wort »Annahme«.

Im Italienischen gibt es Wörter, die sich in der Schriftsprache nur dadurch unterscheiden, dass eines doppelte Konsonanten hat. Auch wenn diese Wörter sehr ähnlich aussehen, haben sie eine unterschiedliche Bedeutung. Deshalb ist es sehr wichtig, die Aussprache der Doppelkonsonanten zu betonen. In diesem Buch finden Sie in der Lautschrift von doppelten Konsonanten immer den ersten Konsonanten am Ende einer Silbe und den zweiten in der nächsten Silbe wie in den folgenden Beispielen:

- ✔ **nono** (*no-no*, der Neunte)
- ✔ **nonno** (*non-no*, Opa)
- ✔ **capello** (*ka-pel-lo*, Haar) **Ho un capello bianco.** (*o un ka-pel-lo bi-an-ko*, Ich habe ein graues Haar.)
- ✔ **cappello** (*kap-päl-lo*, Hut) **Ho un cappello nero.** (*o un kap-päl-lo ne-ro*, Ich habe einen schwarzen Hut.)

Machen Sie sich aber keine zu großen Sorgen wegen der Aussprache der Doppelkonsonanten. Italiener werden trotzdem aus dem Zusammenhang verstehen, was Sie meinen. Noch ein paar Wörter zum Üben:

- ✔ **bello** (*bäl-lo*, schön)
- ✔ **caffè** (*kaf-fä*, Kaffee)
- ✔ **occhio** (*ok-kio*, Auge)
- ✔ **spiaggia** (*ßpiad-dscha*, Strand)

Konsonantengruppen

Einige Konsonantengruppen werden im Italienischen auf besondere Weise ausgesprochen:

- ✔ **gn** wird wie *nj* in Kognak ausgesprochen. Das kennen Sie vielleicht aus dem Spanischen wie in **señorita** (*ße-njo-ri-ta*, Fräulein). Beispiele im Italienischen sind **Bologna** (*bo-lo-nja*) und **ingegnere** (*in-dsche-nje-re*, Ingenieur).
- ✔ **gl** wird wie *lj* in Million ausgesprochen zum Beispiel **Cagliari** (*ka-lja-ri*).
- ✔ **sc** wird wie *sk* in »**sk**urril« ausgesprochen, wenn **a**, **o**, **u** oder **h** folgen, wie in **scala** (*ska-la*, Treppe), **sconto** (*skon-to*, Skonto) und **scuola** (*sku-o-la*, Schule). Folgen ein **i** und ein **e**, wird es *sch* ausgesprochen wie in Schokolade. Beispiele sind **scena** (*schä-na*, Szene), **scesa** (*sche-ßa*, Abstieg) und **scimmia** (*schim-mi-a*, Affe).
- ✔ Im Gegensatz zum Deutschen wird **s** in Verbindung mit den Konsonanten **p** und **t** immer als *s*, und nicht wie im Deutschen als *sch* gesprochen, wie in **styling** (*ßtai-lin*). In diesem Buch wird daher **s** in Kombination mit den Konsonanten **t** und **p** in der Lautschrift immer als ß geschrieben, während **s** in Kombination mit dem Konsonanten **c** entweder als sk oder als sch geschrieben wird.

Richtig betonen

Durch die Betonung einer Silbe geben Sie dem Wort einen Akzent. Das heißt, eine Silbe ist immer stärker betont als die anderen Silben. Bei einigen Wörtern tragen die Vokale ein Akzentzeichen (`,´) auf der letzten Silbe, das kennzeichnet, dass diese Silbe betont wird. Hier einige Beispiele:

- ✔ **caffè** (*kaf-fä*, Kaffee)
- ✔ **città** (*tschit-ta*, Stadt)
- ✔ **lunedì** (*lu-ne-di*, Montag)
- ✔ **perché** (*per-ke*, warum, weil)
- ✔ **però** (*pe-ro*, aber, jedoch)
- ✔ **università** (*u-ni-wer-si-ta*, Universität)
- ✔ **virtù** (*wir-tu*, Tugend)

Im Italienischen werden nur die Vokale betont. Jeder Vokal kann am Ende des Wortes den Akzent (**à, è, ì, ò, ù**) tragen. Der Vokal **e** kann beide Akzente (**è** und **é**) tragen – **é** wird eher geschlossen wie in gehen ausgesprochen, **è** wird offen wie in ä ausgesprochen. Allgemein gilt die Regel, dass die meisten Wörter auf der vorletzten Silbe betont werden wie **spaghetti** (*ßpa-get-ti*) oder **espresso** (*ä-ßpräß-ßo*) während kürzere Wörter auf der ersten Silbe betont werden wie **radio** (*ra-dio*) oder **bello** (*bäl-lo*). Es gibt aber auch viele Ausnahmen, die nicht alle erwähnt werden können. Zerbrechen Sie sich nicht den Kopf. In diesem Buch haben wird die betonte Silbe immer unterstrichen.

Das moderne Italien

Jedes Land hat seine Stereotype. Sicherlich sind Ihnen während Ihrer vacanza (*wa-kan-tza*, Ferien) oder in italienischen Filmen schon besondere nationale Eigenheiten aufgefallen. Denken Sie jedoch daran, dass Stereotype eigentlich in den seltensten Fällen den Tatsachen entsprechen.

Stereotype über **italiani** (*i-ta-li-a-ni*, die Italiener) sind weltweit verbreitet. Es stimmt, dass Italiener **un buon gusto** (*un bu-on gu-ßto*, einen guten Geschmack) in **moda** (*mo-da*, Mode) und **cucina** (*ku-tschi-na*, Küche) haben und dass jeder von ihnen in einer malerischen Gegend wohnt. Aber heute ist Italien **un paese moderno** (*un pa-e-se mo-där-no*, ein modernes Land). Le **donne** (*don-ne*, Frauen) bekommen nicht mehr viele **bambini** (*bam-bi-ni*, Kinder); in Italien gibt es einen Rückgang der Geburtenrate. Auch der Einfluss der **chiesa** (*ki-e-sa*, Kirche) ist weit weniger stark als noch vor 50 Jahren.

Es gibt so viele Klischees über Italien, dass man sie nicht alle auflisten kann. Dank der Filmkunst und der Gastronomie sind italienisches Denken und italienische Kultur überall sehr bekannt. Hoffentlich erwarten Sie nicht, dass Sie in Italien nur wunderschöne Frauen und charmante Männer treffen, die ständig singen und **Chianti** (*ki-an-ti*, Chianti-Wein) trinken und dazu Spaghetti essen. In Italien sehen die Frauen nicht alle wie Sophia Loren (*so-fi-a lo-ren*) aus und nicht jeder Mann springt und hüpft aufgeregt hin und her wie Roberto Benigni (*ro-bär-to be-ni-nji*).

Natürlich hat jedes Land Benimmregeln. So sind in Italien einige Gesten erlaubt, die in einem anderen Land unhöflich wären. Italiener kommunizieren sehr gerne und tun dies vor allem laut. Man sucht jemanden, mit dem man ins Gespräch kommen kann, ob im Bus oder beim Schlangestehen. Italiener plaudern auch auf dem Markt mit dem Gemüsehändler. Aber denken Sie bloß nicht, dass man in Italien ständig diskutieren muss.

Abgesehen davon stimmt es, dass Italiener das Leben genießen. Dank des schönen Wetters sind sie oft gern draußen und treffen und amüsieren sich mit Freunden im Café oder im Restaurant.

In der Schriftsprache setzen Sie auf die Wörter oft ein Akzentzeichen. Das hat verschiedene Funktionen:

- ✔ Der Akzent weist auf die Betonung des Wortes hin.
- ✔ Der Akzent gibt an, wie man die betonten Vokale aussprechen soll.
- ✔ Manchmal ändert der Akzent die Bedeutung eines Wortes. Zum Glück gibt es nur wenige Wörter, die gleich geschrieben, aber anders betont werden. Der Akzent spielt aber auf jeden Fall eine große Rolle.

Zum Beispiel unterscheiden sich **e** (*e*, und) und **è** (*ä*, er/sie/es ist) nur durch den Akzent.

Sprechen mit Gestik

Italiener betonen gern durch Gesten, was sie sagen. Eigentlich könnten sie sich ohne Worte verständigen. Es gibt jeweils eine Geste für den Satz: **Ho fame** (*o fa-me*, Ich habe Hunger), **me ne vado** (*me ne wa-do*, Ich gehe) und **e chi se ne importa?** (*e ki ße ne im-por-ta*, Na und?). Natürlich gibt es auch eine Menge unflätiger Gesten.

Leider kann man die Gestik nicht mit exakten Worten beschreiben. Was die Italiener betrifft, ist ihre Körpersprache eine Wissenschaft für sich. Zu den Gesten gehört auch immer die Mimik, das heißt ein besonderer Gesichtsausdruck. Fehlt der, werden Sie gleich als Nicht-einheimischer erkannt. Außerdem sollte Ihre Gestik völlig spontan und natürlich aussehen, was ziemlich schwierig ist – dafür müssen Sie fleißig üben.

Das folgende Sprichwort drückt dieses Prinzip aus:

> **L'abitudine è una seconda natura.**
>
> *la-bi-tu-di-ne ä u-na ße-kon-da na-tu-ra*
>
> Die Gewohnheit ist unsere zweite Natur (Blaise Pascal, 1623–1662).

Wir geben Ihnen eine kurze Einführung in die Gestik: Wenn Sie zum Beispiel jemanden begrüßen oder sich verabschieden, suchen Italiener bei dieser Gelegenheit den direkten Kontakt. In eher förmlichen Situationen genügt es, sich die Hand zu geben. Aber Menschen, die man ganz gut kennt, gibt man einen Kuss auf die Wange. Sie entscheiden selbst, ob Sie einen richtigen Kuss geben oder ob sich nur die Wangen berühren. Das hängt davon ab, wie viel Sympathie und Vertrauen Sie demjenigen entgegenbringen. Wenn der Kontakt enger ist, zum Beispiel bei Verwandten oder bei guten Freunden, gehört auch eine Umarmung dazu.

Übrigens: Italiener küssen zweimal – einmal auf die linke, einmal auf die rechte Wange. Denken Sie an dieses Sprichwort:

- ✔ **Paese che vai, usanze che trovi.** (*pa-e-se ke wa-i u-san-tze ke tro-wi*, Andere Länder, andere Sitten.)

Spiel und Spaß

Übung 1.1

Tragen Sie die Wörter entsprechend ihrer Aussprache in die passende Spalte ein. Drei Wörter enthalten zwei unterschiedliche Laute. Tragen Sie sie in die letzte Spalte ein.

gelato (Eis), **caffè** (Kaffee), **Chianti** (Chianti), **cena** (Abendessen), **buongiorno** (Guten Tag), **spaghetti** (Spaghetti), **funghi** (Pilze), **Lamborghini** (Automarke), **ghiaccio** (Eiswürfel), **cioccolata** (Schokolade), **cappuccino** (Cappuccino), **latte macchiato** (Latte Macchiato), **aranciata** (gepresster Orangensaft), **Cinzano** (Cinzano), **gianduia** (Nougat). Sie finden die Lösung in Anhang D.

tsch wie Tschüss	*dsch* wie Dschungel	*k* wie Karl	*g* wie Gold	*tsch + k / g + tsch*
______	______	______	______	______
______	______	______	______	______
______	______	______	______	______

IN DIESEM KAPITEL

Einfache Satzkonstruktionen

Der Umgang mit männlichen und weiblichen Nomen

Der Gebrauch von Personalpronomen

Die Höflichkeitsform

Der Unterschied zwischen regelmäßigen und unregelmäßigen Verben

Die verschiedenen Zeitformen: Präsens, Perfekt, Futur

Zahlen über zehn

Kapitel 2
Die Grundlagen der Grammatik und die Zahlen

In diesem Kapitel finden Sie Regeln und Tipps der Grammatik für die ersten Schritte im Italienischen. Der schriftliche wie auch der mündliche Sprachgebrauch folgt bestimmten Schemata, die das Verständnis erleichtern. Wenn man diesen Schemata nicht folgen würde, wäre es sogar schwierig, die eigene Muttersprache zu verstehen. Betrachten Sie die Grammatik daher nicht als eine Last, sondern eher als ein Gerüst, das Ihnen bei der Bildung von Sätzen hilft.

Am Ende dieses Kapitels finden Sie die Zahlen auf Italienisch sowie eine Erklärung zu ihrem Gebrauch. Sie gehören auf jeden Fall zu den Grundlagen der Sprache.

Einfache Sätze auf Italienisch bilden

Bis Sie eine Fremdsprache fließend sprechen, müssen Sie hart an sich arbeiten. Sich irgendwie zu verständigen, ist da schon einfacher. Auch wenn Sie nur wenige Wörter kennen, können Sie in Alltagssituationen, wie zum Beispiel im Restaurant oder im Hotel, kurze Gespräche führen.

Es ist sehr leicht, einfache Sätze auf Italienisch zu bilden. Der grundlegende Satzbau besteht aus den Bestandteilen Subjekt – Verb – Objekt. In den folgenden Beispielen sehen Sie, wie das funktioniert:

- ✔ **Carla parla tedesco.** (*Kar-la par-la te-de-sko*, Carla spricht Deutsch.)
- ✔ **Pietro ha una macchina.** (*Pi-ä-tro a u-na mak-ki-na*, Pietro hat ein Auto.)

Im Italienischen ist es im Gegensatz zum Deutschen nicht notwendig, das Subjekt (das heißt ein Personalpronomen wie **ich**, **du**, **er**, **sie** oder **es**) vor das Verb zu stellen. Das klingt zwar zunächst merkwürdig, aber das Verb ändert sich je nach Subjekt. Wenn man also die unterschiedlichen Verbformen kennt, kann man daraus automatisch das Subjekt ableiten. Denn die Verbform deutet bereits auf das unausgesprochene Subjekt hin, wie im Beispiel **Ho una macchina** (*o u-na mak-ki-na*), das übersetzt »Ich habe ein Auto« bedeutet.

Hier das Verb **avere** (*a-we-re*, haben) mit den zugehörigen Personalpronomen:

Italienisch	Aussprache
io ho	*i-o o*
tu hai	*tu a-i*
Lei ha	*lä-i a*
lui/lei ha	*lu-i/lä-i a*
noi abbiamo	*no-i ab-bi-a-mo*
voi avete	*wo-i a-we-te*
loro hanno	*lo-ro an-no*

Vor dem Verb stehen hier auch die Personalpronomen, damit Sie sehen, welches Pronomen welcher Verbform entspricht.

Ein Italiener würde in diesem Fall sagen:

- ✔ **Ho un cane.** (*o un ka-ne*, Ich habe einen Hund.)
- ✔ **Hai un cane.** (*a-i un ka-ne*, Du hast einen Hund.)

Bei den anderen Personalpronomen im Deutschen – »er«/»sie«/»es«, »wir«, »ihr«, »sie«/»Sie« – ändern sich die Verben entsprechend.

Wenn aber unklar ist, von welcher Person Sie reden, sprechen Sie das Pronomen aus. Im darauf folgenden Satz wird dann das Subjekt weggelassen, wie in diesem Beispiel:

- ✔ **Luca ha fame. Mangia una mela.** (*Lu-ka a fa-me man-dscha u-na me-la*, Luka ist hungrig. [Er] isst einen Apfel.)

Der Umgang mit dem Geschlecht der Wörter (Artikel und Adjektiv)

Im Deutschen gibt es im Singular zu jedem Geschlecht eine Artikelform (»der«, »die«, »das« / »ein«, »eine«, »ein«). Im Plural gibt es im Deutschen nur einen Artikel für alle drei Geschlechter (»die«).

Im Gegensatz zum Deutschen unterscheidet man im Italienischen nur zwei Geschlechter, nämlich männlich und weiblich. Das sächliche Geschlecht gibt es hier nicht. Dafür gibt es mehrere Formen des männlichen und weiblichen Artikels, sowohl im Singular (**il**, **lo**, **l'**, **la**) als auch im Plural (**i**, **gli**, **le**).

Der bestimmte weibliche Artikel

Der bestimmte weibliche Artikel ist **la** (*la*, die) – zum Beispiel **la casa** (*la ka-ßa*, das Haus). Die meisten weiblichen Wörter enden auf **-a**. Wenn ein weibliches Wort mit einem Vokal beginnt, fällt das **a** von **la** weg und das **l** wird mit Apostroph direkt vor das Wort gesetzt, wie in **l'amica** (*la-mi-ka*, die Freundin). Der bestimmte weibliche Artikel im Plural ist **le** (*le*, die) – zum Beispiel **le case** (*le ka-ße*, die Häuser). Im Plural wird er allerdings nie durch einen Apostroph verkürzt, deswegen sagt man **le amiche** (*le a-mi-ke*, die Freundinnen).

Der bestimmte männliche Artikel

Im Italienischen gibt es mehrere Formen für den bestimmten männlichen Artikel. Der am häufigsten verwendete ist **il** (*il*, der), wie in **il gatto** (*il gat-to*, der Kater). Die Pluralform ist **i** (i), wie bei **i gatti** (*i gat-ti*, die Katzen).

Im Italienischen gibt es noch den männlichen Artikel: **lo** (lo). Dieser wird so verwendet: vor Wörtern, die mit **z** beginnen, zum Beispiel **lo zio** (*lo tzi-o*, der Onkel); vor Wörtern, die mit **y** beginnen, zum Beispiel **lo yogurt** (*lo jo-gurt*, der Joghurt); vor Wörtern, die mit **gn** beginnen, zum Beispiel **lo gnomo** (*lo njo-mo*, der Gnom), und vor Wörtern, die mit **s** plus Konsonant beginnen, zum Beispiel **st**, **sb**, **sc** und **sd** – **lo studente** (*lo ßtu-dän-te*, der Student). **Lo** kommt auch vor Wörtern, die mit einem Vokal beginnen, zum Beispiel **l'amico** (*la-mi-ko*, der Freund). In diesem Fall wird **lo** zu **l'** abgekürzt.

Der Pluralartikel ist in all diesen Fällen **gli** (*lji*, die), wie in **gli studenti** (*lji ßtu-dän-ti*, die Studenten) und **gli amici** (*lji a-mi-tschi*, die Freunde).

Die meisten männlichen Wörter im Italienischen enden auf **-o**. Es gibt jedoch auch viele Wörter, die auf **-e** enden und entweder weiblich oder männlich sein können.

Der bestimmte Artikel spielt im Italienischen eine wichtige Rolle, ebenso der unbestimmte Artikel.

Der unbestimmte weibliche Artikel

Der unbestimmte weibliche Artikel ist **una** (*u-na*, eine) – zum Beispiel **una casa** (*u-na ka-ßa*, ein Haus). Wenn das Wort mit einem Vokal beginnt, wird der Artikel durch einen Apostroph verkürzt wie in **un'amica** (*u-na-mi-ka*, eine Freundin).

Der unbestimmte männliche Artikel

Im Gegensatz zum Deutschen gibt es im Italienischen mehrere Formen des unbestimmten männlichen Artikels. Die erste ist **un** (*un*), wie in **un gatto** (*un gat-to*, ein Kater). Die entsprechende Pluralform lautet **dei** (*de-i*) wie in **dei gatti** (*de-i gat-ti*, Katzen). Den unbestimmten männlichen Artikel müssen Sie nicht durch einen Apostroph verkürzen, wenn das dazugehörende Wort mit einem Vokal beginnt, wie das Beispiel **un amico** (*u-na-mi-ko*, ein Freund) zeigt. Die entsprechende Pluralform ist **degli** (*de-lji*) wie in **degli amici** (*de-lji a-mi-tschi*, Freunde).

Wenn Sie als bestimmten Artikel **lo** (*lo*, der) einsetzen, ist **uno** (*u-no*, ein) der entsprechende unbestimmte Artikel, zum Beispiel bei **uno studente** (*u-no ßtu-dän-te*, ein Student). Die männliche Pluralform lautet hier **degli** (*de-lji*) wie in **degli studenti** (*de-lji ßtu-dän-ti*, Studenten).

Die männlichen Artikel sind **il**, **lo** (**l'**- vor Vokalen) (bestimmt, Singular), **i**, **gli** (bestimmt, Plural) und **un**, **uno** (vor **z**, **y**, **s** plus Konsonant) (unbestimmt). Die weiblichen Artikel sind **la** (**l'**) (bestimmt, Singular), **le** (bestimmt, Plural) und **una** (**un'**) (unbestimmt).

Adjektive

Das Geschlecht der Wörter wirkt sich auch auf andere grammatikalische Kategorien aus, nämlich auf die Pronomen und die Adjektive. Zuerst zeigen wir Ihnen, wie Adjektive im Italienischen gebraucht werden.

Adjektive sind Eigenschaftswörter, das bedeutet, sie beschreiben ein Nomen – sei es eine Person oder einen Gegenstand mit bestimmten Eigenschaften. Nomen und die sich darauf beziehenden Adjektive hängen grammatikalisch eng zusammen, denn im Italienischen müssen sie in Geschlecht und Zahl übereinstimmen. Das Adjektiv muss sich dabei wie im Deutschen nach dem Nomen richten. Das Adjektiv **bello** (*bäl-lo*, schön) ändert also die Endung in **-a**, wenn es sich auf ein weibliches Nomen bezieht, wie in **una bella casa** (*u-na bäl-la ka-ßa*, ein schönes Haus).

In der folgenden Liste finden Sie einige Beispiele, die dies zeigen:

- ✔ **il ragazzo italiano** (*il ra-gat-tzo i-ta-li-a-no*, der italienische Junge)
- ✔ **i ragazzi italiani** (*i ra-gat-tzi i-ta-li-a-ni*, die italienischen Jungen)
- ✔ **la ragazza italiana** (*la ra-gat-tza i-ta-li-a-na*, das italienische Mädchen)
- ✔ **le ragazze italiane** (*le ra-gat-tze i-ta-li-a-*ne, die italienischen Mädchen)

Viele Adjektive enden auf **-e**, wie zum Beispiel **grande** (*gran-de*, groß). Solche Adjektive beziehen sich auf männliche und weibliche Nomen. In der Pluralform enden solche Adjektive auf **-i**, zum Beispiel **grandi** (*gran-di*, groß). Weitere Beispiele sind:

- ✔ **il negozio grande** (*il ne-go-tzio gran-de*, der große Laden)
- ✔ **i negozi grandi** (*i ne-go-tzi gran-di*, die großen Läden)
- ✔ **la casa grande** (*la ka-ßa gran-de*, das große Haus)
- ✔ **le case grandi** (*le ka-ße gran-di*, die großen Häuser)

Die Stellung des Adjektivs ist im Italienischen anders als im Deutschen. In den meisten Fällen folgt es dem Nomen. Einige Adjektive können aber auch vor dem Nomen stehen. Allerdings gibt die Stellung des Adjektivs dem Satz jeweils eine andere Bedeutung. Ist es nachgestellt, betont das Adjektiv eine bestimmte Information. Die folgenden Beispiele bedeuten beide »ein kleines Haus«, wobei im zweiten Satz die Größe des Hauses hervorgehoben werden soll:

una piccola casa (*u-na pik-ko-la ka-ßa*, ein kleines Haus)

una casa piccola (*u-na ka-ßa pik-ko-la*, ein kleines Haus)

Andere Adjektive verändern ihre Bedeutung, je nachdem, ob sie dem Nomen vorangestellt werden oder ihm folgen. Hier einige Beispiele:

una cara amica (*u-na ka-ra a-mi-ka*, eine liebe Freundin)

una borsa cara (*una bor-ßa ka-ra*, eine teure Tasche)

un certo signore (*un tschär-to si-njo-re*, ein bestimmter Herr)

una cosa certa (*u-na ko-ßa tschär-ta*, eine sichere Sache)

diverse macchine (*di-wär-ße mak-ki-ne*, mehrere Autos)

penne diverse (*pen-ne di-wär-ße*, verschiedene Kugelschreiber)

un grand'uomo (*un* gran-*du-o-mo*, ein großartiger Mann)

un uomo grande (*un u-o-mo gran-de*, ein großer Mann)

un povero ragazzo (*un po-we-ro ra-gat-tzo*, ein unglücklicher Junge)

un ragazzo povero (*un ra-gat-tzo po-we-ro*, ein armer Junge)

una semplice domanda (*u-na ßem-pli-tsche do-man-da*, nur eine Frage)

una domanda semplice (*u-na do-man-da ßem-pli-tsche*, eine einfache Frage)

l'unica occasione (*lu-ni-ka ok-ka-si-o-ne*, die einzige Gelegenheit)

un'occasione unica (*un ok-ka-si-o-ne u-ni-ka*, eine einmalige Gelegenheit)

Über Pronomen

Ein Pronomen kann ein Nomen ersetzen. Wenn Sie über »Horst« sprechen, können Sie seinen Namen auch durch das Pronomen »er« ersetzen. Damit vermeiden Sie Wiederholungen.

Personalpronomen

Es gibt verschiedene Personalpronomen. Am wichtigsten sind die Subjektpronomen, die sich auf die sprechende Person (»ich« oder »wir«), auf die angesprochene Person (»du«) oder auf die Personen, über die man spricht, beziehen. In Tabelle 2.1 sehen Sie die Subjektpronomen im Italienischen.

Italienisch	Aussprache	Deutsch
io	*i-o*	ich
tu	*tu*	du
Lei	*lä-i*	Sie (förmlich)
lui	*lu-i*	er
lei	*lä-i*	sie
esso/a	*eß-ßo/a*	es (m./w.)
noi	*no-i*	wir
voi	*wo-i*	ihr
loro	*lo-ro*	sie
essi/e	*eß-ßi/e*	sie

Tabelle 2.1: Subjektpronomen

Im Italienischen werden die Personalpronomen oft weggelassen, weil die Endung des Verbs bereits auf das Subjekt hindeutet. Daher sprechen Sie die Personalpronomen nur dann aus, wenn Sie einen Gegensatz darstellen, etwas betonen oder das Personalpronomen nachstellen wollen.

- ✔ Gegensatz: **Tu tifi per il Milan, io per il Bayern.** (*tu ti-fi per il mi-lan i-o per il ba-i-e-rn*, Du bist ein Fan von Mailand, aber ich bin Bayern-Fan.)
- ✔ Betonung: **Vieni anche tu alla festa?** (*wi-ä-ni an-ke tu al-la fäs-ta*, Gehst du auch auf die Party?)
- ✔ Nachgestelltes Pronomen: **Chi è? Sono io.** (*ki ä ßo-no i-o*, Wer ist da? Ich bin es.)

Pronomen ersetzen Personen- oder Gegenstandsnamen, um Wiederholungen zu vermeiden. Zu unterscheiden sind dabei direkte und indirekte Personalpronomen. Im nächsten Abschnitt erfahren Sie anhand hilfreicher Beispiele etwas über die direkten Pronomen.

Direkte Objektpronomen

Wie schon der Name sagt, folgt das direkte Objektpronomen unmittelbar dem Verb und benötigt daher keine Präposition. Beispiele von Objektpronomen im Deutschen sind:

- ✔ Ich habe **sie** gesehen.
- ✔ Sie rief **ihn** an.
- ✔ Wie findest du **sie**?
- ✔ Du brauchst **mich** nicht.

Hier einige Beispielsätze mit Objektpronomen im Italienischen:

- ✔ **Mi hai chiamato?** (*mi a-i ki-a-ma-to*, Hast du mich angerufen?)
- ✔ **No, non ti ho chiamato.** (*no non ti o ki-a-ma-to*, Nein, ich habe dich nicht angerufen.)
- ✔ **Vorrei vederla.** (*wor-re-i we-der-la*, Ich möchte sie sehen.)
- ✔ **Lo vedo.** (*lo we-do*, Ich sehe ihn.)
- ✔ **La vedo.** (*la we-do*, Ich sehe sie.)
- ✔ **Ci hanno invitati.** (*tschi an-no in-wi-ta-ti*, Sie haben uns eingeladen.)
- ✔ **Vi chiamo.** (*wi ki-a-mo*, Ich rufe euch.)
- ✔ **Li ho visti.** (*li o wi-ßti*, Ich habe sie gesehen; Objekt ist männlich)
- ✔ **Le ho viste.** (*le o wi-ßte*, Ich habe sie gesehen; Objekt ist weiblich)

Lo (*lo*, ihn) und **la** (*la*, sie) werden vor einem Vokal durch einen Apostroph verkürzt. Manchmal werden auch **mi** (*mi*, mich), **ti** (*ti*, dich), **ci** (*tschi*, uns) und **vi** (*wi*, euch/Ihnen) verkürzt. Verkürzen Sie aber nie die Pluralformen **li** (*li*, sie, m.pl.) und **le** (*le*, sie, w.pl.) durch einen Apostroph!

Indirekte Objektpronomen

Indirekte Objektpronomen entsprechen den deutschen Pronomen im Dativ. Viele Verben erfordern ein indirektes Objekt, zum Beispiel das Verb **dare** (*da-re*, geben).

Im Folgenden einige Beispielsätze mit indirekten Objektpronomen:

- ✔ **Mi hai scritto una lettera?** (*mi a-i skrit-to u-na let-te-ra*, Hast du mir einen Brief geschrieben?)
- ✔ **Ti ho portato un regalo.** (*ti o por-ta-to un re-ga-lo*, Ich habe dir ein Geschenk mitgebracht.)
- ✔ **Le do il mio indirizzo.** (*le do il mi-o in-di-rit-tzo*, Ich gebe Ihnen meine Adresse.)
- ✔ **Gli ho chiesto un favore.** (*lji o ki-ä-ßto un fa-wo-re*, Ich habe ihn um einen Gefallen gebeten.)

- **Le ho dato un bacio.** (*le o da-to un ba-tscho*, Ich habe ihr einen Kuss gegeben.)
- **Ci ringraziano.** (*tschi rin-gra-tzia-no*, Sie danken uns.)
- **Vi chiedo scusa.** (*wi ki-ä-do sku-sa*, Ich bitte euch um Verzeihung.)
- **Gli ho dato un lavoro.** (*lji o da-to un la-wo-ro*, Ich habe ihm Arbeit gegeben.)

Beachten Sie, dass die indirekten Objektpronomen für Folgendes stehen: **a me** (*a me*, mir), **a te** (*a te*, dir), **a Lei** (*a lä-i*, Ihnen), **a lui** (*a lu-i*, ihm), **a lei** (*a lä-i*, ihr), **a noi** (*a no-i*, uns), **a voi** (*a wo-i*, euch/Ihnen – förmlich) und **a loro** (*a lo-ro*, ihnen).

Daher können Sie die ersten beiden Sätze in der obigen Aufstellung wie folgt umformulieren:

- **Hai scritto una lettera a me?** (*a-i skrit-to u-na let-te-ra a me*, Hast du mir einen Brief geschrieben?)
- **Ho portato un regalo a te.** (*o por-ta-to un re-ga-lo a te*, Ich habe dir ein Geschenk mitgebracht.)

Die erste Version ist die gebräuchlichere. In der zweiten Version wird das Indirektobjekt besonders betont.

Duzen oder Siezen: Formlose und förmliche Anrede

Im Deutschen wie auch in anderen Sprachen wird zwischen einer direkten (formlosen) und einer höflichen (förmlichen) Anrede unterschieden. Im Italienischen wenden Sie sich mit dem formlosen Pronomen **tu** (*tu*, du) an gute Freunde, an junge Menschen, an Kinder und an Verwandte. Wenn Sie mit jemandem, den Sie nicht gut kennen, oder mit einem Vorgesetzten oder einem Lehrer sprechen, sollten Sie ihn siezen und mit **Lei** (*lä-i*, Sie) ansprechen. Wenn Sie jemanden besser kennen, können Sie ihn duzen. Normalerweise wechselt der ältere Gesprächspartner die Anrede von **Lei** in **tu**.

Tu verlangt die zweite Person Singular der Verbform, zum Beispiel in der Konjugation von **essere** (*äß-ße-re*, sein) **tu sei** (*tu ße-i*, du bist). Das förmliche **Lei** verlangt die dritte Person Singular **Lei è** (*lä-i ä*, Sie sind). Die Plural-Höflichkeitsform **loro** wird fast nicht mehr verwendet. Stattdessen kann man das Pronomen **voi** (*wo-i*, ihr) sowohl als förmliche Anrede im Singular als auch als formlose Anrede im Singular benutzen.

Hier einige Beispiele mit den erwähnten Pronomen als formlose und förmliche Anrede:

- Formlose Anrede im Singular: **Ciao, come stai?** (*tscha-o ko-me ßta-i*, Hallo, wie geht es dir?)
- Förmliche Anrede im Singular: **Buongiorno/Buonasera, come sta?** (*bu-on dschor-no/bu-o-na ße-ra ko-me ßta*, Guten Tag/Guten Abend. Wie geht es Ihnen?)
- Formlose Anrede im Plural: **Ciao, come state?** (*tscha-o ko-me ßta-te*, Hallo, wie geht es euch?)

Interrogativpronomen

Die Formulierung von Fragen bereitet im Italienischen keine Schwierigkeit, denn ein Fragesatz hat dieselbe Wortstellung wie ein Aussagesatz. Die beiden Satzarten unterscheiden sich lediglich in der gesprochenen Sprache durch die Satzmelodie und in der Schriftsprache durch das Fragezeichen. Sehen Sie sich einmal die folgenden Beispiele an:

Luca va a scuola.	**Luca va a scuola?**
Lu-ka wa a sku-o-la	*Lu-ka wa a sku-o-la*
Luca geht zur Schule.	Geht Luca zur Schule?

Im Italienischen gibt es wie im Deutschen eine Reihe von Fragewörtern (zum Beispiel **wann**, **wo** und **was**), die Fragen einleiten. Fragewörter sind:

- ✔ **Chi?** (*ki*, Wer?)
- ✔ **Cosa?** (*ko-ßa*, Was?)
- ✔ **Quando?** (*ku-an-do*, Wann?)
- ✔ **Dove?** (*do-we*, Wo? Wohin?)
- ✔ **Perché?** (*per-ke*, Warum?)
- ✔ **Come?** (*ko-me*, Wie?)

Im Folgenden einige Sätze mit Fragewörtern:

- ✔ **Chi è?** (*ki ä*, Wer ist da?)
- ✔ **Cosa stai facendo?** (*ko-sa ßta-i fa-tschen-do*, Was machst du gerade?)
- ✔ **Quando arrivi?** (*ku-an-do ar-ri-wi*, Wann kommst du an?)
- ✔ **Dov'è la stazione?** (*do-wä la ßta-tzio-ne*, Wo ist der Bahnhof?)
- ✔ **Perché non sei venuto?** (*per-ke non ße-i we-nu-to*, Warum bist du nicht gekommen?)
- ✔ **Come stai?** (*ko-me ßta-i*, Wie geht es dir?)

Regelmäßige und unregelmäßige Verben

Wie unterscheiden sich regelmäßige und unregelmäßige Verben? Regelmäßige Verben folgen einem festgelegten Muster, das heißt, sie verhalten sich so wie alle anderen Verben derselben Kategorie. Sie können also die Form eines regelmäßigen Verbs in jeder Zeitform leicht herausfinden. Im Gegensatz dazu verhalten sich unregelmäßige Verben wie Einzelgänger. Das heißt, sie verhalten sich unterschiedlich und man kann sie nicht so einfach ableiten – also muss man sie lernen!

Regelmäßige Verben

Im Italienischen unterscheidet man je nach der Endung der Grundform drei Kategorien von Verben:

- ✔ Verben auf -**are** wie in **parlare** (*par-la-re*, sprechen)
- ✔ Verben auf -**ere** wie in **vivere** (*wi-we-re*, leben)
- ✔ Verben auf -**ire** wie in **partire** (*par-ti-re*, abfahren)

Die Verben dieser drei Kategorien können sowohl regelmäßig als auch unregelmäßig sein.

Die folgende Tabelle zeigt Ihnen die Konjugation von drei regelmäßigen Verben.

Konjugation	Aussprache
parlare	
io parlo	*i-o par-lo*
tu parli	*tu par-li*
Lei parla	*Lä-i par-la*
lui/lei parla	*lu-i/lä-i par-la*
noi parliamo	*no-i par-li-a-mo*
voi parlate	*wo-i par-la-te*
loro parlano	*lo-ro par-la-no*
vivere	
io vivo	*i-o wi-wo*
tu vivi	*tu wi-wi*
Lei vive	*lä-i wi-we*
lui/lei vive	*lu-i/lä-i wi-we*
noi viviamo	*no-i wi-wi-a-mo*
voi vivete	*wo-i wi-we-te*
loro vivono	*lo-ro wi-wo-no*
partire	
io parto	*i-o par-to*
tu parti	*tu par-ti*
Lei parte	*lä-i par-te*
lui/lei parte	*lu-i/lä-i par-te*
noi partiamo	*no-i par-ti-a-mo*
voi partite	*wo-i par-ti-te*
loro partono	*lo-ro par-to-no*

Alle anderen regelmäßigen Verben werden nach diesem Schema konjugiert. Nur einige regelmäßige Verben haben eine Besonderheit, die sie trotzdem nicht zu unregelmäßigen

Verben macht: Bei einigen Verben auf **-ire**, wie **capire** (*ka-pi-re*, verstehen), werden die Buchstaben -isc- zwischen den Stamm und die Endung des Verbs eingesetzt:

Konjugation	Aussprache
io capi**sc**o	*i-o ka-pi-sko*
tu capi**sc**i	*tu ka-pi-schi*
Lei capi**sc**e	*le-i ka-pi-sche*
lui/lei capi**sc**e	*lu-i/le-i ka-pi-sche*
noi capiamo	*no-i ka-pi-a-mo*
voi capite	*wo-i ka-pi-te*
loro capi**sc**ono	*lo-ro ka-pi-sko-no*

Unregelmäßige Verben

Zwei wichtige Verben, auch *Hilfsverben* genannt, sind unregelmäßig: **avere** (*a-we-re*, haben) und **essere** (*äß-ße-re*, sein).

Konjugation	Aussprache
avere	
io ho	*i-o o*
tu hai	*tu a-i*
Lei ha	*lä-i a*
lui/lei ha	*lu-i/lä-i a*
noi abbiamo	*no-i ab-bi-a-mo*
voi avete	*wo-i a-we-te*
loro hanno	*lo-ro an-no*
essere	
io sono	*i-o ßo-no*
tu sei	*tu ße-i*
Lei è	*lä-i ä*
lui/lei è	*lu-i/lä-i ä*
noi siamo	*no-i ßi-a-mo*
voi siete	*wo-i ßi-ä-te*
loro sono	*lo-ro ßo-no*

Zwei andere wichtige unregelmäßige Verben sind **andare** (*an-da-re*, gehen) und **venire** (*we-ni-re*, kommen).

Konjugation	Aussprache
andare	
io vado	*i-o wa-do*
tu vai	*tu wa-i*

Konjugation	Aussprache
Lei va	*lä-i wa*
lui/lei va	*lu-i/lä-i wa*
noi andiamo	*no-i an-di-a-mo*
voi andate	*wo-i an-da-te*
loro vanno	*lo-ro wan-no*
venire	
io vengo	*i-o wän-go*
tu vieni	*tu wi-ä-ni*
Lei viene	*le-i wi-ä-ne*
lui/lei viene	*lu-i/le-i wi-ä-ne*
noi veniamo	*no-i we-ni-a-mo*
voi venite	*wo-i we-ni-te*
loro vengono	*lo-ro wän-go-no*

Die Endung **-rre**, wie in **porre** (*por-re*, legen, stellen), zeigt, dass es sich dabei um ein unregelmäßiges Verb handelt.

Konjugation	Aussprache
io pongo	*i-o pon-go*
tu poni	*tu po-ni*
Lei pone	*lä-i po-ne*
lui/lei pone	*lu-i/lä-i po-ne*
noi poniamo	*no-i po-ni-a-mo*
voi ponete	*vo-i po-ne-te*
loro pongono	*lo-ro pon-go-no*

Zeitformen: Perfekt, Präsens und Futur

Selbstverständlich werden Sie wie im Deutschen unterschiedliche Zeitformen gebrauchen, wenn Sie zum Beispiel erzählen wollen, was Sie gestern gemacht haben oder was Sie für morgen vorhaben. Denn die Formen des Perfekts, des Präsens (Gegenwart) und des Futurs (Zukunft) gehören nicht zur Grammatik für Fortgeschrittene, sondern zu den Grundkenntnissen:

- ✔ **Ieri ho mangiato un gelato.** (*i-ä-ri o man-dscha-to un dsche-la-to*, Gestern habe ich ein Eis gegessen.)
- ✔ **Mangio un gelato.** (*man-dscho un dsche-la-to*, Ich esse ein Eis.)
- ✔ **Domani mangerò un gelato.** (*do-ma-ni man-dsche-ro un dsche-la-to*, Morgen werde ich ein Eis essen.)

Perfekt

In den meisten Fällen verwenden Sie im Italienischen den **passato prossimo** (*paß-ßa-to proß-ßi-mo*), um etwas in der Vergangenheit zu erzählen. Im Deutschen entspricht der **passato prossimo** dem Perfekt: »Ich habe gemacht«. Aber es wird auch manchmal eingesetzt, wenn im Deutschen das Präteritum verwendet wird (»ich sprach«).

Der **passato prossimo** ist eine zusammengesetzte Zeitform und besteht aus zwei Verbteilen wie im Beispiel »Ich habe gehört«. Im Folgenden weitere Beispiele:

- ✔ **Ho letto il giornale.** (*o lät-to il dschor-na-le*, Ich habe die Zeitung gelesen.)
- ✔ **Maria ha scritto una lettera.** (*ma-ri-a a skrit-to u-na let-te-ra*, Maria hat einen Brief geschrieben.)
- ✔ **Abbiamo vinto la partita.** (*ab-bi-a-mo win-to la par-ti-ta*, Wir haben das Spiel gewonnen.)

Nicht alle Verben bilden den **passato prossimo** mit **avere** (haben). Viele Verben der Bewegung bilden ihn mit dem Hilfsverb **essere** (*äß-ße-re*, sein):

- ✔ **Anna è andata al cinema.** (*An-na ä an-da-ta al tschi-ne-ma*, Anna ist ins Kino gegangen.)
- ✔ **Anche Marco è venuto.** (*an-ke mar-ko ä we-nu-to*, Auch Marco ist gekommen.)

Das Besondere dabei ist, dass das Partizip Perfekt einmal auf -**a** (**andata**) und einmal auf -**o** (**venuto**) endet. Der Grund dafür: Im ersten Fall ist das Subjekt eine Frau, Anna, und im zweiten Fall ist das Subjekt ein Mann, und zwar Marco. Wenn der **passato prossimo** mit dem Hilfsverb **essere** (sein) gebildet wird, muss die Endung des Partizips mit dem Subjekt übereinstimmen:

- ✔ Singular weiblich -**a** (**andata**)
- ✔ Singular männlich -**o** (**andato**)
- ✔ Plural weiblich -**e** (**andate**)
- ✔ Plural männlich -**i** (**andati**)

Sehen Sie sich einmal folgende Beispiele an:

- ✔ **Anna è andata a Milano.** (*an-na ä an-da-ta a mi-la-no*, Anna ist nach Mailand gefahren.)
- ✔ **Marco è andato a Milano.** (*mar-ko ä an-da-to a mi-la-no*, Marco ist nach Mailand gefahren.)
- ✔ **Anna e Carla sono andate a Milano.** (*an-na e kar-la ßo-no an-da-te a mi-la-no*, Anna und Carla sind nach Mailand gefahren.)
- ✔ **Marco e Paolo sono andati a Milano.** (*mar-ko e pa-o-lo ßo-no an-da-ti a mi-la-no*, Marco und Paolo sind nach Mailand gefahren.)

Präsens

Sie wissen bereits einiges über das Präsens. Mehr dazu finden Sie im Abschnitt über die Satzkonstruktionen und über die Verbformen weiter vorn in diesem Kapitel.

Futur

Im Deutschen besteht das Futur aus zwei Verbteilen (»ich werde gehen«). Im Italienischen weist die Endung des Verbs auf die Zeitform hin. Betrachten Sie zum Beispiel das Verb **parlare** (*par-la-re*, sprechen), das zur Kategorie der regelmäßigen Verben gehört, die auf **-are** enden. Ohne Endung lautet sein Stamm **parl-**, dazu können Sie unterschiedliche Endungen anhängen, die das Pronomen, die Zahl- und die Zeitform bestimmen. Zum Beispiel: Die Endung für die erste Person Singular für das Futur ist **-erò/-irò**. Wenn Sie diese Endung zum Stamm hinzufügen, ergibt sich **parlerò** (*par-le-ro*, ich werde sprechen). Die erste Person Singular im Präsens ist hingegen **parlo** (*par-lo*, ich spreche).

Hier weitere Beispiele für das Futur:

- **Domani saprò i risultati.** (*do-ma-ni ßa-pro i ri-ßul-ta-ti*, Morgen werde ich die Ergebnisse erfahren.)
- **Lunedì vedrai Marco.** (*lu-ne-di we-dra-i mar-ko*, Am Montag wirst du Marco sehen.)
- **Elena partirà domenica.** (*ä-le-na par-ti-ra do-me-ni-ka*, Elena wird am Sonntag fahren.)
- **Finiremo il lavoro fra poco.** (*fi-ni-re-mo il la-wo-ro fra po-ko*, Wir werden die Arbeit bald beenden.)
- **Quando uscirete dalla chiesa?** (*ku-an-do u-schi-re-te dal-la ki-ä-sa*, Wann werdet ihr aus der Kirche kommen?)
- **Verranno da noi in estate.** (*Wer-ra-no da no-i in e-ßta-te*, Sie werden uns im Sommer besuchen.)

Die Zeitformen der am häufigsten verwendeten Verben finden Sie übrigens in den Verbtabellen in Anhang A.

Die Zahlen

Zahlen gehören zur Grundlage einer Sprache, deswegen finden Sie sie in diesem Kapitel. Ohne Zahlen kommen Sie leider auch in einem kurzen Gespräch auf Italienisch nicht weiter. Vielleicht werden Sie nach Ihrem Alter gefragt oder wie lange Sie zu Besuch bleiben. Weitere Themen rund um Zahlen werden in folgenden Kapiteln behandelt: In Kapitel 5 finden Sie hilfreiche Beispiele für die Anwendung von Zahlen im Restaurant; in Kapitel 11 wird Ihnen in den Situationen geholfen, in denen man mit Geld zu tun hat; in Kapitel 12 geht es um Zahlen in Verbindung mit Adressen; dort werden auch die italienischen Ordnungszahlen aufgelistet.

Bei der Bildung der Zahlen folgt jede Sprache bestimmten Regeln. Im Italienischen geht der Zehner dem Einer voran.

Für die Zahl 22 sagen Sie also **venti** (*wen-ti*, 20), dann **due** (*du-e*, zwei) und setzen beide Zahlen wie folgt zusammen: **ventidue** (*wen-ti-du-e*). Dasselbe gilt für höhere Zahlen wie **trecentoventidue** (*tre-tschän-to-wen-tidu-e*, 322) und **duemilatrecentoventidue** (*du-e-mi-la-tre-tschän-to-wen-ti-du-e*, 2.322).

Wenn zwei Vokale aufeinanderfolgen – das ist bei Zahlen mit **uno** (*u-no*, eins) und **otto** (*ot-to*, acht) als Nachsilbe der Fall –, lassen Sie den ersten Vokal weg, wie in **ventuno** (*wen-tu-no*, 21) und **quarantotto** (*kua-ran-tot-to*, 48). So weit, so gut.

Leider hat jede Regel ihre Ausnahme. Es gibt also auch Zahlen, die nicht nach der Regel gebildet werden und die Sie schlichtweg auswendig lernen müssen. Beispielsweise verhalten sich die Zahlen von 11 bis 19 anders: **undici** (*un-di-tschi*), **dodici** (*do-di-tschi*), **tredici** (*tre-di-tschi*), **quattordici** (*ku-at-tor-di-tschi*), **quindici** (*ku-in-di-tschi*), **sedici** (*ße-di-tschi*), **diciassette** (*di-tschaß-ßät-te*), **diciotto** (*di-tschot-to*), **diciannove** (*di-tschan-no-we*).

Beachten Sie also, dass bis zur Zahl 16 gilt: Der Einer geht dem Zehner voran. Die Zahlen 17, 18 und 19 müssen Sie aber auswendig lernen, da sie keiner der genannten Regeln folgen.

Der Ausdruck »in den 60ern« lautet im Italienischen **negli anni sessanta** (*ne-lji an-ni seß-ßan-ta*), was wörtlich übersetzt »in den 60er-Jahren« bedeutet. Sie können solche Umschreibungen je nach Jahrzehnt nach dem genannten Muster bilden.

Der Plural von **mille** (*mil-le*, 1.000) ist **mila** (*mi-la*, tausende), wie in **duemila** (*du-e mi-la*, 2.000).

In Tabelle 2.2 finden Sie die Zahlen auf Italienisch. Bilden Sie die Zahlen, die hier nicht angegeben werden, nach den oben genannten Regeln selbst.

Italienisch	Aussprache	Deutsch
zero	*dzä-ro*	null
uno	*u-no*	eins
due	*du-e*	zwei
tre	*tre*	drei
quattro	*ku-at-tro*	vier
cinque	*tschin-ku-e*	fünf
sei	*ßä-i*	sechs
sette	*ßät-te*	sieben
otto	*ot-to*	acht
nove	*no-we*	neun
dieci	*di-ä-tschi*	zehn

Tabelle 2.2: Die Zahlen auf Italienisch

Italienisch	Aussprache	Deutsch
undici	*un-di-tschi*	elf
dodici	*do-di-tschi*	zwölf
tredici	*tre-di-tschi*	dreizehn
quattordici	*ku-at-tor-di-tschi*	vierzehn
quindici	*ku-in-di-tschi*	fünfzehn
sedici	*ße-di-tschi*	sechzehn
diciassette	*di-tschiaß-ßät-te*	siebzehn
diciotto	*di-tschi-ot-to*	achtzehn
diciannove	*di-tschian-no-we*	neunzehn
venti	*wen-ti*	zwanzig
ventuno	*wen-tu-no*	einundzwanzig
ventidue	*wen-ti-du-e*	zweiundzwanzig
ventitre	*wen-ti-tre*	dreiundzwanzig
ventiquattro	*wen-ti-ku-at-tro*	vierundzwanzig
venticinque	*wen-ti-tschin-ku-e*	fünfundzwanzig
ventisei	*wen-ti-ßä-i*	sechsundzwanzig
ventisette	*wen-ti-ßät-te*	siebenundzwanzig
ventotto	*wen-tot-to*	achtundzwanzig
ventinove	*wen-ti-no-we*	neunundzwanzig
trenta	*tren-ta*	dreißig
Zehner von 40 bis 90		
quaranta	*ku-a-ran-ta*	vierzig
cinquanta	*tschin-ku-an-ta*	fünfzig
sessanta	*ßeß-ßan-ta*	sechzig
settanta	*ßet-tan-ta*	siebzig
ottanta	*ot-tan-ta*	achtzig
novanta	*no-wan-ta*	neunzig
Zahlen von 100 bis 900		
cento	*tschän-to*	hundert
duecento	*du-e-tschän-to*	zweihundert
trecento	*tre-tschän-to*	dreihundert
quattrocento	*kuat-tro-tschän-to*	vierhundert
cinquecento	*tschin-kue-tschän-to*	fünfhundert
seicento	*ßä-i-tschän-to*	sechshundert
settecento	*ßet-te-tschän-to*	siebenhundert
ottocento	*ot-to-tschän-to*	achthundert
novecento	*no-we-tschän-to*	neunhundert

Tabelle 2.2: Die Zahlen auf Italienisch

Italienisch	Aussprache	Deutsch
Höhere Zahlen		
mille	*<u>mil</u>-le*	tausend
duemila	*du-e-<u>mi</u>-la*	zweitausend
un milione	*un mi-li-<u>o</u>-ne*	eine Million
due milioni	*du-e mi-li-<u>o</u>-ni*	zwei Millionen
un miliardo	*un mi-li-<u>ar</u>-do*	eine Milliarde

Tabelle 2.2: Die Zahlen auf Italienisch

Spiel und Spaß

Übung 2.1

Ordnen Sie die Adjektive einem der Nomen zu. Die Endungen müssen übereinstimmen.

1.	**il ragazzo**	a)	**italiani**
2.	**la ragazza**	b)	**italiano**
3.	**le case**	c)	**tedesca**
4.	**gli studenti**	d)	**piccole**

Teil II
Italienisch in Aktion

IN DIESEM TEIL …

In den folgenden Kapiteln finden Sie hilfreiche Tipps, wie Sie mit den Tücken des Alltags auf Italienisch zurechtkommen. Sie erfahren, wie Sie sich auf Italienisch vorstellen und Small Talk betreiben und wie Sie auswärts essen und auf den Markt gehen.

Hier finden Sie die wichtigsten Redewendungen fürs Einkaufen, für Kulturgenuss und Freizeitvergnügen und Sie lernen, wie Sie geschäftlich oder privat telefonieren

IN DIESEM KAPITEL

Wie man sich begrüßt und verabschiedet

Einen Gruß erwidern

Fragen, ob jemand Deutsch spricht

Wie man Orte und seine Heimatstadt beschreibt

Sich mit Freunden unterhalten

Die Verben **essere** (*äß-ße-re*) und **stare** (*ßta-re*)

Kapitel 3

Buongiorno! Sich treffen und begrüßen

Buongiorno! (*bu-on-dschor-no*, Guten Tag!) Haben Sie schon einmal gezählt, wie oft Sie am Tag »Hallo« sagen? Wahrscheinlich sagen Sie es öfter, als Sie denken. Wenn Sie sich mit jemandem unterhalten, beginnen Sie das Gespräch normalerweise mit einem Gruß – und dieser Gruß vermittelt einen ersten Eindruck von Ihnen.

Wenn Sie sich mit Menschen aus einem anderen Land unterhalten, ist es sehr nützlich zu wissen, wie Sie diese Menschen in ihrer Sprache begrüßen oder wie Sie sich verabschieden. In diesem Kapitel finden Sie die wichtigsten Wörter und Redewendungen zur Begrüßung und zur Führung eines Small Talks auf Italienisch.

Begrüßungs- und Abschiedsformeln

Italiener lieben Geselligkeit und treffen sich gern mit Freunden und Nachbarn. Gewöhnlich sind sie unkompliziert und fröhlich. Gleichzeitig sind sie respektvoll und höflich.

Die beliebtesten Begrüßungs- und Abschiedsformeln auf Italienisch lauten:

- ✔ **Ciao!** (*tscha-o*, Hallo und Tschüss; formlos)

  Ciao, Claudio! (*tscha-o kla-u-di-o*, Hallo, Claudio!)

- **Salve!** (*ßal-we*, Hallo und Tschüss; formlos)

  Salve, ragazzi! (*ßal-we ra-gat-tzi*, Hallo, Jungs!)

Salve ist eine abgeleitete Grußformel aus dem Lateinischen, sie wurde zu Zeiten der Römer sehr oft verwendet.

- **Buongiorno** (*bu-on dschor-no*, Guten Tag; förmlich)

  Buongiorno, signora Bruni! (*bu-on dschor-no ßi-njo-ra bru-ni*, Guten Morgen, Frau Bruni)

  Buongiorno ist die am häufigsten verwendete förmliche Begrüßung. Wenn Sie unsicher sind, was Sie sagen sollen, sagen Sie also **buongiorno**. Es bedeutet übrigens auch »auf Wiedersehen«.

- **Buonasera** (*bu-o-na ße-ra*, Guten Abend)

  Buonasera, signor Rossi! (*bu-o-na ße-ra ßi-njor roß-ßi*, Guten Abend, Herr Rossi)

  Sie können **buonasera** als Begrüßung und Verabschiedung in der Herbst- und Winterzeit ab ungefähr 17 Uhr oder im Frühling und Sommer ab ungefähr 18 Uhr sagen. Richten Sie sich hier am besten nach der Uhrzeit.

- **Buonanotte** (*bu-o-na-not-te*, Gute Nacht)

  Buonanotte, amici! (*bu-o-na-not-te a-mi-tschi*, Gute Nacht, Freunde!)

- **Buona giornata!** (*bu-o-na dschor-na-ta*, Einen schönen Tag!)

  Das sagen Sie, wenn Sie sich von jemandem verabschieden, oder am Ende eines Telefongesprächs.

- **Buona serata!** (*bu-o-na ße-ra-ta*, Einen schönen Abend!)

  Es gilt dasselbe wie für **buona giornata**. Allerdings sagt man **buona serata** erst kurz vor oder nach Sonnenuntergang.

- **Addìo** (*ad-di-o*, Adieu)

  Addìo, amore mio! (*ad-di-o a-mo-re mi-o*, Adieu, meine Liebe!) **Addìo** ist eher literarisch. Sie finden es in literarischen Texten. In der gesprochenen Sprache kommt es selten vor.

- **Arrivederci** (*ar-ri-we-der-tschi*, Auf Wiedersehen)

  Arrivederci, signora Eva! (*ar-ri-we-der-tschi ßi-njo-ra e-wa*, Auf Wiedersehen, Frau Eva!)

Andere ansprechen – förmlich oder formlos?

Sie können im Italienischen Menschen auf zweierlei Art ansprechen: förmlich oder formlos.

- Gewöhnlich sprechen Sie Ihren Gesprächspartner, wenn Sie ihn nicht kennen, mit der **Lei**-Form (*lä-i*, Sie) an. Damit wenden Sie sich auch an Geschäftsleute, Beamte,

Vorgesetzte sowie Lehrer oder Betreuer. Die förmliche Anrede gilt *nicht* für Kinder und junge Menschen: Wenn Sie sich mit ihnen unterhalten, nehmen Sie wie im Deutschen die formlose Anrede **tu**.

✔ Sie können in die **tu**-Form (du) wechseln, wenn Sie jemanden – unabhängig von der Art Ihres Verhältnisses – besser oder näher kennenlernen. Sie duzen beispielsweise Kinder und Verwandte. Junge Menschen unterhalten sich ebenfalls in der **tu**-Form.

Einen Gruß erwidern

Wenn Sie von jemandem auf Italienisch begrüßt werden, sollten Sie den Gruß auf jeden Fall erwidern. Hier einige Beispiele:

Förmliche Begrüßung und wie Sie darauf antworten:

Begrüßung: **Buongiorno, signora, come sta?**

bu-on dschor-no ßi-njo-ra ko-me ßta

Guten Tag, wie geht es Ihnen?

Antwort: **Benissimo, grazie, e Lei?**

be-niß-ßi-mo gra-tzie e lä-i

Sehr gut, danke. Und Ihnen?

Formlose Begrüßung und wie Sie darauf antworten:

Begrüßung: **Ciao, Roberto, come stai?**

tscha-o ro-ber-to ko-me ßta-i

Hallo, Roberto, wie geht es dir?

Antwort: **Bene, grazie.**

bä-ne gra-tzie

Gut, danke.

Eine andere typische und eher formlose Begrüßungsart:

Begrüßung: **Come va?**

ko-me wa

Wie geht's?

Antwort: **Non c'è male.**

non tschä ma-le

Nicht schlecht.

Sprache und Körpersprache

Zum Begrüßen und Verabschieden gehören normalerweise besondere Gesten, die sich je nach Land und Kultur unterscheiden. In Italien ist es üblich, sich zu umarmen und auf die Wangen zu küssen, vor allem unter Menschen, die sich sehr gut kennen, zum Beispiel unter Verwandten und Freunden.

Italiener küssen sich zweimal auf die Wangen: einmal auf die linke und einmal auf die rechte Wange. Es hängt natürlich von Ihnen ab, ob Sie sich auch so begrüßen wollen.

Eine andere Begrüßungsart ist das Händeschütteln. Wenn Sie jemanden zum ersten Mal treffen oder wenn Sie jemanden nicht so gut kennen, geben Sie sich die Hand.

Bis zum nächsten Mal

Vielleicht wollen Sie beim Verabschieden ankündigen, dass Sie sich noch mal treffen werden. Folgende Redewendungen helfen Ihnen in dieser Situation:

- ✔ **A presto!** (*a pre-ßto*, Bis bald!)
- ✔ **A dopo!** (*a do-po*, Bis nachher!)
- ✔ **A domani!** (*a do-ma-ni*, Bis morgen!)
- ✔ **Ci vediamo!** (*tschi we-di-a-mo*, Wir sehen uns!)

Auch wenn die Kurzform normalerweise genügt, können Sie die Sätze miteinander kombinieren. Zum Beispiel:

- ✔ **Ci vediamo presto!** (*tschi we-di-a-mo pre-ßto*, Wir sehen uns bald!)
- ✔ **Ci vediamo dopo!** (*tschi we-di-a-mo do-po*, Wir sehen uns nachher!)
- ✔ **Ci vediamo domani!** (*tschi we-di-a-mo do-ma-ni*, Wir sehen uns morgen!)

Diesem Satzmuster können Sie Zeitelemente wie Wochentage oder Uhrzeit hinzufügen:

- ✔ **Ci vediamo lunedì alle cinque** (*tschi we-di-a-mo lu-ne-di al-le tschin-kue*, Wir sehen uns Montag um fünf Uhr).

In Kapitel 7 finden Sie die Bezeichnungen für die Wochentage und die Uhrzeit.

Vorstellung

Man trifft jeden Tag Menschen und jeden Tag ergeben sich neue Kontakte. Normalerweise stellt man sich vor und man fragt nach dem Namen der angesprochenen Person. In Italien spricht man sich mit Vornamen oder Nachnamen an, je nachdem, wie gut man sich kennt. Erläuterungen zur Verwendung der förmlichen oder formlosen Anrede finden Sie in diesem Kapitel im Abschnitt »Begrüßungs- und Abschiedsformeln«.

Ob Sie jemanden mit Vornamen oder Familiennamen ansprechen, hängt davon ab, in welchem Zusammenhang Sie sich unterhalten. Am Arbeitsplatz nennen Sie sich gewöhnlich immer beim Familiennamen, im Privatleben sprechen Sie Menschen mit ihrem Vornamen an. Trotzdem bedeutet das nicht, dass automatisch jeder, der mit Vornamen angesprochen wird, auch geduzt wird – das Gegenteil ist ziemlich weit verbreitet.

Wenn Sie nicht wissen, wie Sie jemanden anreden sollen, hören Sie Ihren italienischen Freunden aufmerksam zu und wenden dann die gleichen Formen an, die sie verwenden.

Sich vorstellen

Mit dem Verb **chiamarsi** (*ki-a-mar-ßi*, heißen) – einem Reflexivverb – stellen Sie sich vor oder fragen nach dem Namen Ihres Gesprächspartners. Die Konjugation dieses Verbs lautet wie folgt.

Konjugation	Aussprache
mi chiamo	*mi ki-a-mo*
ti chiami	*ti ki-a-mi*
si chiama	*si ki-a-ma*
ci chiamiamo	*tschi kia-mi-a-mo*
vi chiamate	*wi kia-ma-te*
si chiamano	*si kia-ma-no*

Konkrete Anwendung dieses Verbs finden Sie in den folgenden Beispielen:

- ✔ **Ciao, mi chiamo Eva.** (*tscha-o mi ki-a-mo e-wa*, Hallo, ich heiße Eva.)
- ✔ **E tu come ti chiami?** (*e tu ko-me ti ki-a-mi*, Und du, wie heißt du?)
- ✔ **Lei si chiama?** (*lä-i ßi ki-a-ma*, Wie heißen Sie?)

Dieselbe Verbform entspricht **lui** (*lu-i*, er) und **lei** (*lä-i*, sie) – zum Beispiel **lui si chiama** (*lu-i ßi ki-a-ma*, er heißt).

Sie können auch nur Ihren Namen nennen, wenn Sie sich vorstellen:

- ✔ **Sono Pietro** (*ßo-no pi-ä-tro*, Ich bin Pietro).

Im Gespräch

Die Gesprächspartner im folgenden Dialog sind Kollegen. Sie werden zusammen an einem Projekt arbeiten. So stellen sie einander vor:

Signor Messa: **Carlo Messa, piacere!**

kar-lo meß-ßa pia-tsche-re

Carlo Messa, angenehm!

Signor Rossi: **Piacere, Marco Rossi.**

pia-tsche-re mar-ko roß-ßi

Angenehm, Marco Rossi.

Signora Pertini: **Piacere, sono Paola Pertini.**

pia-tsche-re ßo-no pa-o-la per-ti-ni

Guten Tag, ich bin Paola Pertini.

Signora Salvi: **Lieta di conoscerla, Anna Salvi.**

li-ä-ta di ko-no-scher-la an-na ßal-wi

Sehr erfreut, Sie kennenzulernen, Anna Salvi.

Signor Melis: **Mi chiamo Carlo Melis, piacere.**

mi ki-a-mo kar-lo me-liß pia-tsche-re

Mein Name ist Carlo Melis, angenehm.

Signor Foschi: **Molto lieto, Silvio Foschi.**

mol-to li-ä-to ßil-wi-o fo-ski

Sehr erfreut, Silvio Foschi.

Junge Menschen verzichten gerne auf das Formelle und stellen sich in einem lockeren, aber trotzdem höflichen Ton vor, so wie im folgenden Beispiel:

✔ **Ciao! Sono Giulio.**

tscha-o ßo-no dschu-li-o

Hallo! Ich bin Giulio.

✔ **E io sono Giulia, piacere.**

e i-o ßo-no dschu-li-a pi-a-tsche-re

Und ich bin Giulia. Angenehm.

Der Ton in den folgenden Beispielen ist ziemlich formlos, allerdings passt er eher zu Gelegenheiten wie Zusammentreffen am Strand oder in der Disco:

✔ **Come ti chiami?**

ko-me ti ki-a-mi

Wie heißt du?

✔ **Chiara. E tu?**

ki-a-ra e tu

Chiara. Und du?

✔ **Amedeo.**

A-me-de-o

Amedeo.

Track 2: Im Gespräch

Herr Versi betritt ein Café. Die einzigen freien Plätze sind an einem Tisch, an dem bereits eine Frau sitzt. Er geht zum Tisch und fragt sie, ob er sich auf den freien Stuhl setzen kann. Er kennt die Frau, die er anspricht, nicht, daher drückt er sich eher förmlich aus. Beachten Sie dabei die Abkürzung für »signor«.

Sig. Versi: **Posso?**

poß-ßo

Darf ich?

Sig. Melis: **Prego, si accomodi.**

prä-go ßi ak-ko-mo-di

Bitte, nehmen Sie Platz.

Sig. Versi: **Grazie mille!**

gra-tzie mil-le

Vielen Dank!

Sig. Versi: **Permette? Versi.**

per-met-te wer-ßi

Darf ich mich vorstellen? Ich heiße Versi.

Sig. Melis: **Piacere, Melis.**

pia-tsche-re me-liß

Angenehm, Melis.

Wie in Deutschland üblich wechselt in einem Gespräch normalerweise die ältere Person zur Du-Form. Die ältere Generation bleibt allerdings zunächst lieber bei der förmlichen Anrede, während die jüngere Generation schnell in die formlose Anrede wechselt. Wenn Sie sich unsicher fühlen, bleiben Sie zunächst beim Sie.

Track 3: Im Gespräch

Hören Sie nun zwei Leute, die sich eher formlos vorstellen: Mario betritt das Café und geht zum Tisch, an dem Patrizia sitzt.

Mario: **È libero?**

ä li-be-ro

Ist hier frei?

Patrizia: **Si.**

ßi

Ja.

Mario: **Grazie. Ti disturbo?**

gra-tzie ti diß-tur-bo

Danke. Störe ich?

Patrizia: **No, per niente.**

no per ni-än-te

Nein, überhaupt nicht.

Mario: **Mi chiamo Mario.**

mi ki-a-mo ma-ri-o

Ich heiße Mario.

Patrizia: **Ciao, io sono Patrizia.**

tscha-o i-o ßo-no pa-tri-tzia

Hallo, ich bin Patrizia.

Mario: **Aspetti qualcuno?**

aß-pet-ti kual-ku-no

Wartest du auf jemanden?

Patrizia: **Si, due amici.**

si du-e a-mi-tschi

Ja, auf zwei Freunde.

Amici (*a-mi-tschi*, Freunde) ist die Pluralform und wird gebraucht, um eine gemischte Gruppe von Freunden zu bezeichnen, wobei mindestens einer ein Mann ist. Wenn die Gruppe nur aus Frauen, das heißt Freundinnen, besteht, sagt man **amiche** (*a-mi-ke*, Freundinnen).

Jemanden vorstellen

Manchmal müssen Sie auch andere Menschen vorstellen, nicht nur sich selbst.

Die unten stehenden Vokabeln sind in diesem Fall hilfreich. Mit den folgenden Bezeichnungen beschreiben Sie das Verhältnis zwischen Ihnen und der Person, die Sie vorstellen:

- **mio fratello** (*mi-o fra-täl-lo*, mein Bruder)
- **mia sorella** (*mi-a ßo-räl-la*, meine Schwester)
- **mia figlia** (*mi-a fi-lja*, meine Tochter)

- ✔ **mio figlio** (*mi-o fi-ljo*, mein Sohn)
- ✔ **mio marito** (*mi-o ma-ri-to*, mein Ehemann)
- ✔ **mia moglie** (*mi-a mo-lje*, mein Ehefrau)
- ✔ **il mio amico** (*il mi-o a-mi-ko*, mein Freund)
- ✔ **la mia amica** (*la mi-a a-mi-ka*, meine Freundin)
- ✔ **il mio collega** (*il mi-o kol-lä-ga*, mein Kollege)
- ✔ **la mia collega** (*la mi-a kol-lä-ga*, meine Kollegin)

Vielleicht fragen Sie sich, warum im Ausdruck **la mia amica** der Artikel vorkommt, wohingegen bei **mia sorella** kein Artikel steht. Das hat damit zu tun, dass der Artikel immer vor Possessivbegleitern steht – außer vor Verwandtschaftsbezeichnungen!

Hier die Konjugation des Verbs **presentare** (*pre-sen-ta-re*, vorstellen):

Konjugation	Aussprache
io presento	*i-o pre-sen-to*
tu presenti	*tu pre-sen-ti*
lui/lei presenta	*lu-i/lä-i pre-sen-ta*
noi presentiamo	*no-i pre-sen-ti-a-mo*
voi/Voi presentate	*wo-i pre-sen-ta-te*
loro presentano	*lo-ro pre-sen-ta-no*

Track 4: Im Gespräch

Dieser Dialog gibt eine höfliche Situation wieder. Hier finden Sie einige typische Redewendungen, die man für die Vorstellung von fremden Menschen benutzt. Frau Ponti stellt ihrer Mitarbeiterin einen neuen Kollegen vor. Beachten Sie die Abkürzung für »signora«

Sig.ra Ponti: **Buonasera signora Bruni ... Signora Bruni, le presento il signor Rossi.**

bu-o-na ße-ra ßi-njo-ra bru-ni ... si-njo-ra bru-ni le pre-sen-to il ßi-njor roß-ßi

Guten Abend, Frau Bruni ... Frau Bruni, ich möchte Ihnen Herrn Rossi vorstellen.

Sig.ra Bruni: **Lieta di conoscerla.**

li-ä-ta di ko-no-scher-la

Sehr erfreut, Sie kennenzulernen.

Sig. Rossi: **Il piacere è tutto mio.**

il pi-a-tsche-re ä tut-to mi-o

Ganz meinerseits.

Track 5: Im Gespräch

Unter Freunden und Bekannten geht man weniger formell miteinander um, wie Sie im folgenden Dialog hören können. Teresa trifft Carla. Sie sind beide verheiratet und sie stellen einander ihre Ehemänner vor.

Carla: **Ciao, Teresa, come stai?**

tscha-o te-re-sa ko-me ßta-i

Hallo, Teresa, wie geht es dir?

Teresa: **Bene, grazie. Carla, ti presento mio marito Franco.**

bä-ne gra-tzie kar-la ti pre-sen-to mi-o ma-ri-to fran-ko

Danke, gut. Carla, darf ich dir meinen Mann Franco vorstellen?

Carla: **Ciao Franco.**

tscha-o fran-ko

Hallo, Franco.

Franco: **Piacere.**

pi-a-tsche-re

Sehr erfreut.

Carla: **Teresa, questo è Roberto.**

te-re-sa ku-e-sto ä ro-ber-to

Teresa, das ist Roberto.

Roberto: **Piacere.**

pi-a-tsche-re

Angenehm.

Kleiner Wortschatz

Italienisch	Aussprache	Deutsch
conoscere	*ko-no-sche-re*	kennenlernen, kennen
il marito (m.)	*ma-ri-to*	Ehemann
la moglie (w.)	*mo-lje*	Ehefrau
piacere	*pi-a-tsche-re*	angenehm

Sich besser kennenlernen

Wenn Sie sich in Gegenwart eines Menschen, den Sie vor Kurzem getroffen haben, wohlfühlen und Sie ihn besser kennenlernen wollen, finden Sie in diesem Abschnitt Themen, über die Sie sich nach dem Vorstellungsritual unterhalten können.

Frauen behalten ihren Mädchennamen

Wenn Frauen in Italien heiraten, übernehmen sie laut Gesetz nicht automatisch den Namen des Ehemanns, sondern behalten ihren Mädchennamen. An den Klingelschildern stehen dann die Namen beider Eheleute, also zum Beispiel Maria Bianchi und Roberto Rossi.

Wird die Frau angesprochen, werden beide Nachnamen genannt, also »Maria Bianchi Rossi«. Wird die Frau im Zusammenhang mit der Familie beziehungsweise als Mutter mit Ehemann und Kindern angesprochen, wird nur der Nachname des Ehemanns genannt, also »signora Rossi«. Die Kinder erhalten übrigens den Namen des Vaters.

Auf der Suche nach jemandem, der Deutsch spricht

Vielleicht wollen Sie herausfinden, ob Ihr Gegenüber Deutsch spricht. Ist das nicht der Fall, bleiben Sie am Ball und zeigen Sie Ihre gerade erworbenen Italienischkenntnisse!

Wenn Sie fragen wollen, ob jemand Ihre Sprache spricht, brauchen Sie das Verb **parlare** (*par-la-re*, sprechen). Dieses Verb gehört zur Gruppe der Verben, die auf **-are** (*a-re*) enden. Der Verbstamm ist dabei **parl-** (*parl*). (Weitere Erklärungen zu regelmäßigen und unregelmäßigen Verben finden Sie in Kapitel 2.) Das Verb **parlare** wird in folgenden Beispielen verwendet:

- **Parlo molto e volentieri!** (*par-lo mol-to e wo-len-ti-ä-ri*, Ich rede viel und gern.)
- **Parli con me?** (*par-li kon me*, Sprichst du mit mir?)
- **Parla italiano?** (*par-la i-ta-li-a-no*, Sprechen Sie Italienisch?)
- **Parli tedesco?** (*par-li te-de-sko*, Sprichst du Deutsch?)
- **Oggi parliamo di musica italiana.** (*od-dschi par-li-a-mo di mu-si-ka i-ta-li-a-na*, Heute reden wir über italienische Musik.)
- **Parlano sempre di viaggi!** (*par-la-no säm-pre di wi-ad-dschi*, Sie sprechen immer über Reisen.)

Es gibt eine nette Redewendung im Italienischen: **Parla come mangi!** (*par-la ko-me man-dschi*, Sprich, wie du isst!). Mit diesem Satz wenden Sie sich an jemanden, der sehr kompliziert redet und dabei sehr arrogant wirkt. Mit diesem Spruch bitten Sie Ihren Gesprächspartner, sich ganz normal auszudrücken – gerade so, wie ihm der Schnabel gewachsen ist, wie man auf Deutsch sagen würde.

Im Gespräch

Ilaria und Carmen haben sich vor Kurzem kennengelernt. Carmen lebt in Italien, aber sie ist nicht Italienerin. Ilaria möchte Carmen fragen, welche Fremdsprachen sie spricht.

Ilaria: **Quante lingue parli?**

ku-an-te lin-gu-e par-li

Wie viele Sprachen sprichst du?

Carmen: **Tre: italiano, spagnolo e tedesco.**

tre i-ta-li-a-no spa-njo-lo e te-de-sko

Drei: Italienisch, Spanisch und Deutsch.

Ilaria: **E qual'e la tua lingua madre?**

e ku-al ä la tu-a lin-gu-a ma-dre

Und welche ist deine Muttersprache?

Carmen: **Lo spagnolo.**

lo ßpa-njo-lo

Spanisch.

Ilaria: **Tua madre è spagnola?**

tu-a ma-dre ä ßpa-njo-la

Ist deine Mutter Spanierin?

Carmen: **Si. E mio padre è tedesco.**

si e mi-o pa-dre ä te-de-sko

Ja, und mein Vater ist Deutscher.

Woher kommen Sie?

Es ist sehr spannend, Menschen aus anderen Ländern zu treffen. Man ist neugierig und will erfahren, was in dem fremden Land alles anders ist. Um dies herauszufinden, müssen Sie ein paar Fragen stellen. Diese beiden Sätze werden in einer solchen Situation nützlich sein:

- ✔ **Da dove viene?** (*da do-we wi-ä-ne*, Woher kommen Sie?)
- ✔ **Di dov'è?** (*di do-wä*, Von wo sind Sie?)

Die entsprechenden Antworten lauten:

- **Vengo da …** (*wän-go da*, Ich komme aus …)
- **Sono di …** (*ßo-no di*, Ich bin aus …)

Diese Sätze können Sie mit Städtenamen vervollständigen.

Im Gespräch

Herr Belli sitzt in seinem Lieblingscafé in Mailand und trinkt einen Kaffee. Er merkt, dass am Nebentisch jemand eifrig mit dem Stadtplan beschäftigt ist. Herr Belli ist sehr neugierig und spricht seinen Tischnachbarn an:

Sig. Belli: **Non è di qui, vero?**

non ä di ku-i we-ro

Sie sind nicht von hier, richtig?

Sig. Verdi: **No, sono di Perugia.**

no ßo-no di pe-ru-dscha

Nein, ich komme aus Perugia.

Sig. Belli: **Una bella città.**

u-na bäl-la tschit-ta

Eine schöne Stadt!

Sig. Verdi: **Si, è piccola ma molto bella.**

ßi ä pik-ko-la ma mol-to bäl-la

Ja, klein, aber sehr schön.

Sig. Belli: **È antica?**

ä an-ti-ka

Ist es alt?

Sig. Verdi: **Si, medioevale.**

ßi me-di-o-e-wa-le

Ja, mittelalterlich.

Sig. Belli: **È tranquilla?**

ä tran-ku-il-la

Ist es ruhig in Perugia?

Sig. Verdi: **Si, forse troppo.**

ßi for-ße trop-po

Ja, vielleicht viel zu ruhig.

Wenn Sie über die Nationalität sprechen wollen, verwenden Sie folgende Fragen:

- ✔ **È italiano/a?** (*ä i-ta-li-a-no/a*, Sind Sie Italiener/in?)
- ✔ **È tedesca/o?** (*ä te-de-ska/o*, Sind Sie Deutsche/r?)
- ✔ **Si, sono tedesco/a.** (*si so-no te-de-ska/o*, Ja, ich bin Deutsche/r.)

Im Gespräch

Herr Bennati trifft Herrn Müller. Sie kennen sich nicht, deswegen unterhalten sie sich in der Höflichkeitsform.

Sig. Bennati: **Di dov'è?**

di do-wä

Woher kommen Sie?

Sig. Müller: **Sono tedesco.**

ßo-no te-de-sko

Ich bin Deutscher.

Sig. Bennati: **Di dove esattamente?**

di do-we e-ßat-ta-men-te

Woher kommen Sie genau?

Sig. Müller: **Di Berlino. Lei è italiano?**

di ber-li-no lä-i ä i-ta-li-a-no

Aus Berlin. Sind Sie Italiener?

Sig. Bennati: **Si, di Firenze.**

ßi di fi-ren-tze

Ja, aus Florenz.

Im Deutschen steht das Pronomen immer vor dem Verb. Aber im Italienischen ist das nicht so, da die Verbform für jedes Pronomen anders endet. Deshalb lassen Sie hier das Pronomen weg, denn Sie erkennen entweder am Verb oder aus dem Zusammenhang heraus, von wem die Rede ist. Ist das Subjekt nicht erkennbar oder möchten Sie einen Gegensatz betonen – zum Beispiel **loro sono tedeschi, ma io sono italiano** (*lo-ro ßo-no te-de-ski ma i-o ßo-no i-ta-li-a-no*, sie sind Deutsche, aber ich bin Italiener) –, sprechen Sie das Pronomen aus.

Die Adjektive, die sich auf männliche Nomen beziehen, enden auf **-o** (im Singular) und auf **-i** (im Plural) zum Beispiel **l'amico italiano, gli amici italiani.** Hingegen enden die Adjektive, die sich auf weibliche Nomen beziehen, auf **-a** (im Singular) und auf **-e** (im Plural) wie **l'amica italiana, le amiche italiane.** Adjektive, die im Singular auf **-e** enden, beziehen sich auf männliche und weibliche Nomen und bilden den Plural auf **-i** wie **la casa grande, le case grandi**.

Nationalitätsbezeichnungen, die auf **-e** enden, sind zugleich männlich und weiblich. In Tabelle 3.1 sind einige Beispiele aufgelistet.

Italienisch	Aussprache	Übersetzung
francese/i la Francia	*fran-tsche-ße/i* *la fran-tscha*	Franzose/Französin/-n/-nen Frankreich
canadese/i il Canada	*ka-na-de-ße/i* *il ka-na-da*	Kanadier/-in/-/-innen Kanada
cinese/i la Cina	*tschi-ne-ße/i* *la tschi-na*	Chinese/Chinesin/-n/-nen China
giapponese/i il Giappone	*dschap-po-ne-ße/i* *il dschap-po-ne*	Japaner/-in/-/-nen Japan
inglese/i l'Inghilterra	*ing-le-ße/i* *lin-gil-tär-*ra	Engländer/-in/-/-nen England
irlandese/i l'Irlanda	*ir-lan-de-ße/i* *lir-lan-da*	Ire/Irin/-n/-nen Irland
portoghese/i Portogallo	*por-to-ge-ße/i* *por-to-gal-*lo	Portugiese/Portugiesin/-n/-nen Portugal
svedese/i la Svezia	*swe-de-ße/i* *swä-tzia*	Schwede/Schwedin/-n/-nen Schweden
danese/i la Danimarca	*da-ne-ße/i* *la da-ni-mar-ka*	Däne/Dänin/-n/-nen Dänemark
lussemburghese/i il Lussemburgo	*luß-ßem-bur-ge-ße/i* *il luß-ßem-bur-go*	Luxemburger/-in/-/-nen Luxemburg
olandese/i i Paesi Bassi	*o-lan-de-ße/i* *i pa-e-si baß-ßi*	Holländer/-in/-/-nen Niederlande

Tabelle 3.1: Nationalitätsbezeichnungen (nicht geschlechtsspezifisch) und Ländernamen

Bei den anderen Ländern endet die Nationalitätsbezeichnung je nach Geschlecht (männlich, weiblich) und Zahlform (Singular, Plural) unterschiedlich – sehen Sie dazu Tabelle 3.2.

Achten Sie auf diese besondere Form:

belga/i	*bäl-ga/bäl-dschiil*	Belgier/-in/(Plur.)
il Belgio	*bäl-dscho*	Belgien

Anstatt **sono tedesco** (*ßo-no te-de-sko*, ich bin Deutscher) zu sagen, können Sie auch **vengo dalla Germania** (*wän-go dal-la dscher-ma-ni-a*, ich komme aus Deutschland) sagen. Diese Form kann man bei allen anderen Ländern ebenfalls anwenden.

Es folgt die Konjugation des Verbs **venire** (*we-ni-re*, kommen), das Sie brauchen, wenn Sie nach der Herkunft von jemandem fragen wollen. Das Verb steht in Verbindung mit der

Italienisch	Aussprache	Deutsch
tedesco/a/hi/he la Germania	*te-de-sko/a/e/i* *la dscher-ma-ni-a*	Deutsche/e/en Deutschland
svizzero/a/i/e la Svizzera	*swit-tze-ro/a/e/i* *la swit-tze-ra*	Schweizer/-in/-/-innen Schweiz
austriaco/a/i/e l'Austria	*a-u-ßtri-a-ko/a/e/i* *la-u-ßtri-a*	Österreicher/-in/-/-innen Österreich
italiano/a/i/e l'Italia	*i-ta-li-a-no/a/e/i* *li-ta-li-a*	Italiener/-in/-/-innen Italien
russo/a/i/e la Russia	*ruß-ßo/a/e/i* *la ruß-ßi-a*	Russe/Russin/-n/-innen Russland
spagnolo/a/i/e la Spagna	*ßpa-njo-lo/a/e/i* *la ßpa-nja*	Spanier/-in/-/-innen Spanien
marocchino/a/i/e il Marocco	*ma-rok-ki-no/a/e/i* *il ma-rok-ko*	Marokkaner/-in/-/-innen Marokko
americano/a/i/e l'America	*a-me-ri-ka-no/a/e/i* *la-me-ri-ka*	Amerikaner/-in/-/-innen Amerika
brasiliano/a/i/e il Brasile	*bra-si-li-a-no/a/e/i* *il bra-si-le*	Brasilianer/-in/-/-innen Brasilien
polacco/a la Polonia	*po-lak-ko/a/i/e* *la po-lo-nia*	Pole/Polin/-n/-nen Polen
ceco/a la Repubblica Ceca	*tschä-ko/a/i/e* *la re-pub-bli-ka tschä-ka*	Tscheche/Tschechin/-n/-nen Tschechien

Tabelle 3.2: Nationalitätsbezeichnungen und Ländernamen

Präposition **da**, also **venire da** (*we-ni-re da*, kommen aus), wie im Beispiel **vengo dalla Francia** (*wen-go dal-la fran-tscha*, ich komme aus Frankreich).

Konjugation	Aussprache
io vengo	*i-o wän-go*
tu vieni	*tu wi-ä-ni*
Lei viene	*lä-i wi-ä-ne*
lui/lei viene	*lu-i/lä-i wi-ä-ne*
noi veniamo	*no-i we-ni-a-mo*
voi/Voi venite	*wo-i we-ni-te*
loro vengono	*lo-ro wän-go-no*

Folgende Beispiele zeigen Ihnen den Gebrauch des Verbs mit einer Präposition:

- ✔ **Viene dalla Germania.** (*wi-ä-ne dal-la dscher-ma-ni-a*, Er/sie/es kommt aus Deutschland.)
- ✔ **Vengo dall'Austria.** (*wän-go dal-la-u-ßtri-a*, Ich komme aus Österreich.)
- ✔ **Vieni dalla Svizzera?** (*wi-ä-ni dal-la swit-tze-ra*, Kommst du aus der Schweiz?)
- ✔ **Veniamo dall'Italia.** (*we-ni-a-mo dal-li-ta-li-a*, Wir kommen aus Italien.)
- ✔ **Veniamo dagli USA.** (*we-ni-a-mo da-gli u-sa*, Wir kommen aus den USA.)

- **Veniamo dal Canada.** (*we-ni-a-mo dal ka-na-da*, Wir kommen aus Kanada.)
- **Venite dalla Russia.** (*we-ni-te dal-la ruß-ßia*, Ihr kommt aus Russland.)
- **Vengono dalla Spagna.** (*wän-go-no dal-la ßpa-nja*, Sie kommen aus Spanien.)

Die meisten Länder, die auf **-a** enden, sind weiblich; Länder, die auf **-e**, und **-o** enden, sind männlich. Kanada bildet eine Ausnahme: Es ist männlich, endet aber auf **-a**, also **il Canada** (*il ka-na-da*). USA ist männlich und Plural (da das Land aus mehreren Staaten besteht), also wird es vom Pluralartikel begleitet, **gli USA** (*lji u -sa*).

Wollen Sie ein formloses Gespräch einleiten, können Sie folgende Sätze verwenden:

- **Sei di qui?** (*ße-i di ku-i*, Bist du von hier?)
- **Dove vivi?** (*do-we wi-wi*, Wo lebst du?)
- **Dove sei nato?** (*do-we ße-i na-to*, Wo bist du geboren?)

Wenn Sie in Italien auf Reisen sind und jemanden kennenlernen, werden Sie wahrscheinlich auch wie folgt gefragt:

- **Ti piace l'Italia?** (*ti pi-a-tsche li-ta-li-a*, Gefällt dir Italien?)
- **È la prima volta che sei qui?** (*ä la pri-ma wol-ta ke ße-i ku-i*, Bist du zum ersten Mal hier?)
- **Sei qui in vacanza?** (*ße-i ku-i in wa-kan-dza*, Bist du hier im Urlaub?)
- **Quanto rimani?** (*ku-an-to ri-ma-ni*, Wie lange bleibst du?)
- **Ti stai divertendo?** (*ti ßta-i di-wer-ten-do*, Amüsierst du dich?)

Im Gespräch

Im folgenden Gespräch finden Sie die gebräuchlichsten Redewendungen, um eine Stadt zu beschreiben.

Tokiko: **Ti piace Venezia?**

ti pi-a-tsche ve-ne-tzi-a

Gefällt dir Venedig?

Dolores: **Si, è molto romantica.**

si ä mol-to ro-man-ti-ka

Ja, Venedig ist eine sehr romantische Stadt.

Tokiko: **È bellissima!**

ä bäl-liß-ßi-ma

Und wunderschön!

Dolores: **Com'é Tokio?**

ko-mä to-ki-o

Wie ist Tokio?

Tokiko: **È grandissima, moderna.**

ä gran-diß-ßi-ma mo-där-na

Tokio ist sehr groß und modern.

Dolores: **Ma è molto bella, no?**

ma ä mol-to bäl-la no

Und auch sehr schön, oder?

Tokiko: **Si, e molto cara.**

ßi e mol-to ka-ra

Ja, und sehr teuer.

Dolores: **Cara e affollata?**

ka-ra e af-fol-la-ta

Teuer und überlaufen?

Tokiko: **Si, come Venezia!**

ßi ko-me ve-ne-tzi-a

Ja, wie Venedig!

Da sein: Die Verben »essere« und »stare« zur Ortsangabe

Essere (*äß-ße-re*) ist das wichtigste Verb im Italienischen. Sie werden es häufiger verwenden, wenn Sie Menschen treffen, begrüßen oder ansprechen. Hier die Konjugation.

Konjugation	Aussprache
io sono	*i-o ßo-no*
tu sei	*tu ße-i*
Lei è	*lä-i ä*
lui/lei è	*lu-i/lä-i ä*
noi siamo	*no-i ßi-a-mo*
voi siete	*wo-i ßi-e-te*
loro sono	*lo-ro ßo-no*

In den folgenden Beispielen finden Sie die praktische Anwendung dieses Verbs:

- **Sei tedesca?** (*ße-i te-de-ska*, Bist du Deutsche?)

  No, sono austriaca. (*no -ßo-no a-u-ßtri-a-ka*, Nein, ich bin Österreicherin.)

- **Com'è Paola?** (*ko-mä pa-o-la*, Wie ist Paola?)

  È un po' arrogante. (*ä un po ar-ro-gan-te*, Sie ist ein wenig arrogant.)

- **Siete qui in vacanza?** (*ßi-e-te ku-i in wa-kan-dza*, Seid ihr hier im Urlaub?)

  No, siamo qui per studiare l'italiano. (*no ßi-a-mo ku-i per s-tu-di-a-re li-ta-li-a-no*, Nein, wir sind hier, um Italienisch zu lernen.)

- **Dove sono Elena e Sara?** (*do-we ßo-no ä-le-na e ßa-ra*, Wo sind Elena und Sara?)

  Sono in biblioteca. (*ßo-no in bi-bli-o-tä-ka*, Sie sind in der Bibliothek.)

Ein weiteres Verb bedeutet ebenfalls so etwas Ähnliches wie »sein«: **stare** (*ßta-re*, sein, stehen, bleiben). Es bezieht sich aber eher auf einen vorläufigen als auf einen unveränderlichen Zustand. **Oggi sto a casa** (*od-dschi ßto a ka-sa*) bedeutet »heute bin ich zu Hause«; das verwenden Sie, wenn Sie voraussichtlich den ganzen Tag zu Hause bleiben. **Oggi sono a casa** (*od-dschi ßo-no a ka-ßa*) dagegen bedeutet »heute bin ich zu Hause«, womit Sie sagen, dass Sie tatsächlich den ganzen Tag zu Hause sind.

Mit **stare** fragt man auch, ob es einem gut geht: **Stai bene?** (*ßta-i bä-ne*) bedeutet »Geht es dir gut?« und **Maria sta male** (*ma-ri-a ßta ma-le*) bedeutet »Maria geht es schlecht«. Hier die Konjugation des Verbs **stare**.

Konjugation	Aussprache
io sto	*i-o ßto*
tu stai	*tu ßta-i*
Lei sta	*lä-i ßta*
lui/lei sta	*lu-i/lä-i ßta*
noi stiamo	*no-i ßti-a-mo*
voi state	*wo-i ßta-te*
loro stanno	*lo-ro ßtan-no*

Und einige Beispielsätze, in denen das Verb **stare** verwendet wird:

- **In che albergo stai?** (*in ke al-bär-go ßta-i*, In welchem Hotel bist du?)

  Sto al Miramare. (*ßto al mi-ra-ma-re*, Ich bin im Hotel Miramare.)

- **State un po' con me?** (*ßta-te un po kon me*, Bleibt ihr ein wenig bei mir?)

  Perché non stai bene? (*per-ke non ßta-i bä-ne*, Warum geht es dir nicht gut?)

- **Oggi stiamo a casa.** (*od-dschi ßti-a-mo a ka-ßa*, Heute sind wir zu Hause.)

  Come mai? (*ko-me ma-i*, Wieso?)

- **Daniela sta a dieta.** (*da-ni-e-la ßta a di-ä-ta*, Daniela ist auf Diät.)

  Stanno tutti a dieta. (*ßtan-no tut-ti a di-ä-ta*, Sie sind alle auf Diät.)

Einladen und eingeladen werden

Italiener sind sehr gastfreundlich. Sie laden gern zu sich nach Hause zum Essen ein oder sie gehen auswärts essen – und sie möchten Sie dabeihaben.

Wenn Sie jemanden einladen wollen, verwenden Sie folgende Redewendungen:

- ✔ **Andiamo a cena insieme?** (*an-di-a-mo a tsche-na in-ßi-ä -me*, Gehen wir zusammen essen?)
- ✔ **Vieni a cena da noi/me?** (*wi-ä-ni a tsche-na da no-i/me*, Kommst du zu uns/mir zum Abendessen?)
- ✔ **Posso invitarti stasera?** (*poß-ßo in-wi-tar-ti s-ta-ße-ra*, Kann ich dich heute Abend zu mir einladen?)

Das sagen Sie, wenn Sie eine Einladung annehmen:

- ✔ **Volentieri, grazie!** (*wo-len-ti-ä-ri gra-tzi-e*, Gern, danke!)
- ✔ **Con piacere, grazie!** (*kon pi-a-tsche-re gra-tzi-e*, Mit Vergnügen, danke!)

Wenn Sie eine Einladung nicht annehmen können, helfen Ihnen folgende Sätze:

- ✔ **Mi dispiace ma non posso.** (*mi di-ßpi-a-tsche ma non poß-ßo*, Es tut mir leid, aber ich kann nicht.)
- ✔ **Magari un'altra volta, grazie.** (*ma-ga-ri u-nal-tra wol-ta gra-tzi-e*, Vielleicht ein andermal, danke.)
- ✔ **Sono occupato/a stasera, mi dispiace.** (*ßo-no ok-ku-pa-to/a ßta-ße-ra mi dis-pi-a-tsche*, Ich habe heute Abend zu tun, es tut mir leid.)
- ✔ **Mi dispiace, ho già un altro impegno.** (*mi di-ßpi-a-tsche o dscha un al-tro im-pe-njo*, Es tut mir leid, ich habe schon eine andere Verabredung.)

Einladung zum Essen: Welches Mitbringsel?

In Italien ist es üblich, den Gastgebern **il dolce** (*il dol-tsche*, süßes Gebäck) als kleines Geschenk mitzubringen, wenn man zum Essen eingeladen ist. Es kann sich dabei um **una torta** (*u-na tor-ta*, eine Torte), **un gelato** (*un dsche-la-to*, Eis) oder etwas aus einer **pasticceria** (*pa-ßtit-tsche-ri-a*, Konditorei) handeln. Willkommen sind auch **fiori** (*fi-o-ri*, Blumen) oder **una bottiglia di vino** (*u-na bot-ti-lja di wi-no*, eine Flasche Wein).

Im Gespräch

Francesca verabredet sich mit Giovanni für den Abend.

Francesca: **A che ora ci vediamo?**

a ke o-ra tschi we-di-a-mo

Um wie viel Uhr sehen wir uns?

Giovanni: **Alle nove.**

al-le no-we

Um neun.

Francesca: **Dove ci vediamo?**

do-we tschi we-di-a-mo

Wo sehen wir uns?

Giovanni: **Al bar centrale.**

al bar tschen-tra-le

In der Bar Centrale.

Francesca: **Dove vogliamo andare?**

do-we wo-lja-mo an-da-re

Wohin wollen wir gehen?

Giovanni: **Al cinema!**

al tschi-ne-ma

Ins Kino!

Kleiner Wortschatz

Italienisch	Aussprache	Deutsch
andare	*an-da-re*	gehen
mi scusi	*mi sku-si*	Entschuldigen Sie
il numero (m.)	*il nu-me-ro*	Uhrzeit
l'ora (w.)	*lo-ra*	Nummer
ciao	*tscha-o*	Hallo/Tschüss
arrivederci	*ar-ri-we-der-tschi*	Auf Wiedersehen
grazie	*gra-tzi-e*	Danke

Spiel und Spaß

Übung 3.1

Kreuzen Sie die richtige Antwort an.

1. **Quante lingue parli?**
   a. **Lo spagnolo.**
   b. **Tre: italiano, tedesco ed inglese.**
   c. **Di mio padre.**
2. **Di dov'è esattamente?**
   a. **Sono italiano.**
   b. **Di Roma.**
   c. **Una bella città.**
3. **Vieni a cena da noi?**
   a. **Al bar centrale.**
   b. **Mi dispiace, ho già un altro impegno.**
   c. **Sto al Miramare.**
4. **A che ora ci vediamo?**
   a. **Al bar centrale.**
   b. **Alle nove.**
   c. **Al cinema.**

Übung 3.2

Es folgt ein kurzer Dialog, in dem ein Freund vorgestellt wird. Ergänzen Sie die Lücken mit den angegebenen Wörtern.

le presento, il piacere, e Lei, come sta, conoscerla

Karl:	**Buonasera, signora Hell. _______________**
	Guten Abend, Frau Hell. Wie geht es Ihnen?
Signora Hell:	**Benissimo, grazie, ____________________?**
	Sehr gut, danke, und Ihnen?
Karl:	**Bene, grazie. ______________ il mio amico Hans.**
	Gut, danke. Ich möchte Ihnen meinen Freund Hans vorstellen.
Hans:	**Lieto di _______________, signora.**
	Sehr erfreut, Frau Hell.
Signora Hell:	**____________è mio.**
	Ganz meinerseits.

Die Lösung finden Sie in Anhang D.

IN DIESEM KAPITEL

Einfache Fragen stellen

Small Talk mit Fremden

Über sich und über die Familie sprechen

Sich über das Wetter, die Temperaturen und die Jahreszeiten unterhalten

Kapitel 4
Sich kennenlernen und Small Talk führen

Small Talk ist eine besondere Art der Gesprächskunst. Small Talk ermöglicht uns, jemanden kennenzulernen, kurz mit einem Nachbarn zu reden oder ein Gespräch mit dem Sitznachbarn im Flugzeug oder im Zug zu beginnen. Aus solchen Situationen entwickeln sich oft interessante Gespräche. Selbst wenn Sie nur ein paar Minuten haben, um sich mit jemandem zu unterhalten, hat Small Talk etwas Besonderes an sich. Wenn man neue Leute trifft, beginnt man gewöhnlich zunächst mit Small Talk. Bei dieser Gelegenheit kann man etwas über sie erfahren oder sogar etwas über eine andere Kultur lernen. Schließlich läuft die internationale Verständigung nicht nur über politische und geschäftliche Verträge, sondern auch über privaten und persönlichen Austausch.

In diesem Kapitel finden Sie die wichtigsten Wörter und Redewendungen zur Begrüßung und zum Betreiben von Small Talk auf Italienisch.

Italiener lieben Small Talk. Sie sind offen für neue Ideen und haben keine Scheu vor fremden Menschen. Es ist daher durchaus üblich, dass man sich in Italien auf der Straße unterhält. Italiener haben scheinbar immer Zeit für ein Gespräch.

Einfache Fragen stellen

Am Anfang einer Unterhaltung steht oft eine Frage. Sie müssen aber nicht unbedingt das Wetter kommentieren, um ein Gespräch zu beginnen … Einige Fragwörter finden Sie hier:

- **Chi?** (*ki*, Wer?)
- **Che?** (*ke*, Was?)

- **Cosa?** (*ko-ßa*, Was?)
- **Quando?** (*ku-an-do*, Wann?)
- **Dove?** (*do-we*, Wo?)
- **Perché?** (*per-ke*, Warum?)
- **Come?** (*ko-me*, Wie?)
- **Quanto?** (*ku-an-to*, Wie viel?)
- **Quale?** (*ku-a-le*, Welcher? Welche? Welches?)

Im Folgenden sehen Sie Beispiele für Fragen, die mit den oben angegebenen Fragewörtern beginnen:

- **Chi è?** (*ki ä*, Wer ist da?)
- **Scusi, che ore sono?** (*sku-ßi ke o-re ßo-no*, Entschuldigen Sie, wie spät ist es?)
- **Che cosa ha detto?** (*ke ko-ßa a det-to*, Was haben Sie gesagt?)
- **Dov'è la stazione?** (*do-wä la ßta-tzio-ne*, Wo ist der Bahnhof?)
- **Quando parte l'aereo?** (*ku-an-do par-te la-ä-re-o*, Wann fliegt das Flugzeug ab?)
- **Perché va a Milano?** (*per-ke wa a mi-la-no*, Warum fahren Sie nach Mailand?)
- **Com'è il tempo?** (*ko-mä il täm-po*, Wie ist das Wetter?)
- **Quanto dura il volo?** (*ku-an-to du-ra il wo-lo*, Wie lange dauert der Flug?)
- **Quale è l'autobus per il centro?** (*ku-a-le ä lau-to-buß per il tschän-tro*, Welcher Bus fährt in die Stadt?)

Kleinigkeiten können die Welt verändern – und genauso können Details auch die Bedeutung eines Wortes verändern. In unserem Fall ist es ein Akzent, der die Wortbedeutung ändert. Zum Beispiel beim **è** (*ä*) mit Akzent und dem **e** (*e*) ohne Akzent. Das erste bedeutet »ist« und das zweite bedeutet »und«.

Im Italienischen spielt der Akzent eine große Rolle. Erstens ist der Akzent an der Schreibweise, zum Beispiel im Schriftsatz, zu erkennen und zweitens ist er an der Aussprache zu hören. Das **è** wird beispielsweise offen ausgesprochen wie *ä*, während **é** eher geschlossen wie *e* ausgesprochen wird.

è (*ä*) = er, sie, es ist

e (*e*) = und

Wie bitte?

Bevor Sie eine Fremdsprache lernen, werden Sie oft Situationen erleben, in denen Sie nicht alles verstehen, weil der Muttersprachler sehr schnell spricht. Daher werden Sie darum bitten müssen, das Gesagte zu wiederholen. Hierbei sind folgende Sätze sehr hilfreich:

- ✔ **Non ho capito.** (*non o ka-pi-to*, Ich habe nicht verstanden.)
- ✔ **Mi dispiace.** (*mi diß-pi-a-tsche*, Es tut mir leid.)
- ✔ **Come, scusa?** (formlos, *ko-me sku-ßa*) oder **Come, scusi?** (förmlich, *ko-me sku-ßi*, Wie bitte?)

Aus diesen drei Sätzen können Sie die höflichste Variante der Frage »Wie bitte?« bilden:

- ✔ **Scusi! Mi dispiace ma non ho capito.** (*sku-ßi mi diß-pi-a-tsche ma non o ka-pi-to*, Entschuldigen Sie! Es tut mir leid, aber ich habe nicht verstanden.)

Übrigens bedeuten **scusa** (*sku-ßa*) und **scusi** (*sku-ßi*) »entschuldige« und »entschuldigen Sie«. So können Sie auch um Verzeihung bitten, wenn Sie mit jemandem zusammengestoßen sind.

Track 6: Im Gespräch

Herr Brancato will von Palermo nach Mailand fliegen. Er hat den Fensterplatz und möchte sich setzen. Auf dem Gangplatz sitzt aber bereits Frau Rohrmann. Er muss also durch und wendet sich höflich an Frau Rohrmann.

Sig. Brancato: **Permesso?**

per-meß-ßo

Gestatten Sie?

Sig.ra Rohrmann: **Prego.**

prä-go

Bitte schön.

Sig. Brancato: **Grazie. Aldo Brancato.**

gra-tzie al-do bran-ka-to

Danke schön. Aldo Brancato.

Sig.ra Rohrmann: **Piacere, Katja Rohrmann … Bel decollo!**

pi-a-tsche-re katja rohrmann … bäl de-kol-lo

Angenehm, Katja Rohrmann … einen guten Start.

Sig. Brancato: **Meno male!**

me-no ma-le

Hoffentlich!

Sig.ra Rohrmann: **È il Suo primo volo?**

ä il ßu-o pri-mo wo-lo

Ist das Ihr erster Flug?

Sig. Brancato: **No, ma ho sempre paura.**

no ma o ßäm-pre pa-u-ra

Nein, aber ich habe immer Angst.

Sig.ra Rohrmann: **La capisco perfettamente.**

la ka-pi-sko per-fet-ta-men-te

Das verstehe ich sehr gut.

Track 7: Im Gespräch

Herr Brancato und Frau Rohrmann unterhalten sich während ihres Fluges nach Mailand.

Sig. Brancato: **Ha un accento particolare.**

a un at-tschän-to par-ti-ko-la-re

Sie haben einen besonderen Akzent.

Sig.ra Rohrmann: **Sono tedesca di Francoforte.**

so-no te-de-ska di fran-ko-for-te

Ich bin Deutsche aus Frankfurt.

Sig. Brancato: **Viene spesso in Italia?**

wi-ä-ne ßpeß-ßo in i-ta-li-a

Kommen Sie oft nach Italien?

Sig.ra Rohrmann: **Si, mia sorella vive a Milano.**

ßi mi-a ßo-räl-la wi-we a mi-la-no

Ja, meine Schwester lebt in Mailand.

Sig. Brancato: **Vacanze in famiglia!**

wa-ka-tze in fa-mi-lja

Sie machen Urlaub bei der Familie!

Sig.ra Rohrmann: **Si, e Lei di dov'è?**

si e lä-i di do-wä

Ja, und woher kommen Sie?

Sig. Brancato: **Sono di Palermo, ma vivo a Milano.**

ßo-no di pa-ler-mo ma wi-wo a mi-la-no

Ich komme aus Palermo, aber ich wohne in Mailand.

Sig.ra Rohrmann: **E la Sua famiglia?**

e la ßu-a fa-mi-lja

Und Ihre Familie?

Sig. Brancato: **I miei genitori sono a Palermo.**

i mi-e-i dsche-ni-to-ri so-no a pa-ler-mo

Meine Eltern leben in Palermo.

Sig.ra Rohrmann: **Ha sorelle o fratelli?**

a ßo-räl-le o fra-täl-li

Haben Sie Geschwister?

Sig. Brancato: **Una sorella che vive a Roma.**

u-na ßo-räl-la ke wi-we a ro-ma

Eine Schwester. Sie lebt in Rom.

Viele Süditaliener leben in Norditalien, weil es dort mehr Arbeitsmöglichkeiten gibt, denn ein Großteil der italienischen Industrie ist im Norden angesiedelt.

Kleiner Wortschatz

Italienisch	Aussprache	Deutsch
vivere	*wi-we-re*	leben
il volo (m.)	*Il wo-lo*	Flug
capire	*ka-pi-re*	verstehen
dove	*do-we*	wo
spesso	*ßpeß-ßo*	oft

Über sich und die Familie sprechen

Im Mittelpunkt des Small Talks steht oft das Thema Familie. Dies ist eine gute Gelegenheit für Sie, von sich und Ihrer Familie zu erzählen und gleichzeitig etwas über Ihren Gesprächspartner und seine Familie zu erfahren.

Die typische italienische Großfamilie wie vor 30 oder 40 Jahren – in der **nonna** (*non-na*, Oma), **nonno** (*non-no*, Opa), Kinder mit **nuore** (*nu-o-re*, Schwiegertöchtern) und **generi** (*dschä-ne-ri*, Schwiegersöhnen) und **nipoti** (*ni-po-ti*, Enkeln) alle zusammenleben – gibt es längst nicht mehr. Im Gegensatz dazu hat sich in den letzten Jahrzehnten ein neues Phänomen etabliert: Junge Leute wohnen weiter bei ihren Eltern, auch wenn sie 30 Jahre und älter sind, Arbeit haben und sonst eigenständig leben. Dieses Phänomen, das zu einem regelrechten Syndrom geworden ist, nennt man etwas spöttisch **mammismo** (*mam-mi-smo*, Muttersohnsyndrom). Mit **mammone** (*mam-mo-ne*) wird das von der Mama verwöhnte Muttersöhnchen bezeichnet. Die jungen Männer ziehen erst von Zuhause aus, wenn sie selbst eine Familie gründen – und dann sind sie oft schon weit über die dreißig hinaus. Sie leben dann in der Regel nicht sehr weit von ihrem Elternhaus entfernt, am liebsten im selben Stadtviertel.

Andere Themen für Small Talk:

- ✔ **il tempo** (*il täm-po*, Wetter)
- ✔ **il lavoro** (*il la-wo-ro*, Arbeit)
- ✔ **lo sport** (*lo ßpor-t*, Sport)

Im Gespräch

Herr Melis und Herr Belli haben sich gerade kennengelernt, sich einander vorgestellt und sprechen jetzt über ihre Familien. Herr Melis kommt aus Cagliari und lebt in Mailand.

Sig. Belli: **Di dov'è, signor Melis?**

di do-wä si-njor me-liß

Woher kommen Sie, Herr Melis?

Sig. Melis: **Sono di Cagliari.**

ßo-no di ka-lja-ri

Ich bin aus Cagliari.

Sig. Belli: **Vive solo a Milano?**

wi-we so-lo a mi-la-no

Leben Sie allein in Mailand?

Sig. Melis: **No, con mio fratello.**

no kon mi-o fra-täl-lo

Nein, zusammen mit meinem Bruder.

Sig. Belli: **I suoi genitori?**

i ßu-o-i dsche-ni-to-ri

Und Ihre Eltern?

Sig. Melis: **Mia madre vive in Sardegna.**

mi-a ma-dre wi-we in ßar-de-nja

Meine Mutter lebt in Sardinien.

Sig. Belli: **E suo padre?**

e ßu-o pa-dre

Und Ihr Vater?

Sig. Melis: **Purtroppo è morto.**

pur-trop-po ä mor-to

Leider ist er gestorben.

Sig. Belli: **Mi dispiace.**

mi diß-pia-tsche

Das tut mir leid.

Im Gespräch

Im Flugzeug unterhalten sich Frau Tosi und Frau Muti über eine Kollegin. Thema dieses Gesprächs ist der Familienstand der Kollegin.

Sig.ra Tosi: **Anna è sposata, vero?**

an-na ä ßpo-sa-ta we-ro

Ist Anna verheiratet?

Sig.ra Muti: **Credo, perché?**

kre-do per-ke

Ich glaube schon, warum?

Sig.ra Tosi: **Non è mai con suo marito.**

non ä ma-i kon ßu-o ma-ri-to

Ich sehe sie nie mit ihrem Mann.

Sig.ra Muti: **Forse è vedova.**

for-ße ä we-do-wa

Vielleicht ist sie verwitwet.

Sig.ra Tosi: **Oppure è divorziata.**

op-pu-re ä di-wor-tzi-a-ta

Oder geschieden.

Kleiner Wortschatz

Italienisch	Aussprache	Deutsch
sposato/a (m./w.)	*ßpo-sa-to/a*	verheiratet
vedovo/a (m./w.)	*we-do-wo/a*	Witwe
divorziato/a (m./w.)	*di-wor-tzi-a-to/a*	geschieden
mi dispiace	*mi diß-pia-tsche*	es tut mir leid
mio marito (m.)	*mi-o ma-ri-to*	mein Ehemann
mia moglie (w.)	*mi-a mo-lje*	meine Ehefrau

Track 8: Im Gespräch

Martina und Fabio sitzen im Flugzeug nebeneinander. Sie kommen ins Gespräch und duzen sich.

Martina: **Quanti siete in famiglia?**

ku-an-ti ßi-e-te in fa-mi-lja

Wie viele seid ihr zu Hause?

Fabio: **Siamo cinque.**

ßi-a-mo tschin-ku-e

Wir sind zu fünft.

Martina: **Hai fratelli?**

a-i fra-täl-li

Hast du Geschwister?

Fabio: **Una sorella e un fratello.**

u-na ßo-räl-la e un fra-täl-lo

Eine Schwester und einen Bruder.

Martina: **Beato te!**

be-a-to te

Du Glückspilz!

Fabio: **Perché?**

per-ke

Warum?

Martina: **Io sono figlia unica.**

i-o so-no fi-lja u-ni-ka

Ich bin Einzelkind.

Fabio: **Beata te!**

be-a-ta te

Du bist ein Glückspilz!

Im Gespräch

Anna und Marta haben zusammen studiert und sich dann aus den Augen verloren. Heute telefonieren sie zum ersten Mal seit langer Zeit miteinander.

Anna: **Pronto, Marta, sono Anna.**

pron-to mar-ta ßo-no an-na

Hallo, Marta. Hier ist Anna.

Marta: **Anna, che sorpresa!**

an-na ke ßor-pre-sa

Anna, was für eine Überraschung!

Anna: **Marta, sai che sono nonna?**

mar-ta ßa-i ke ßo-no non-na

Marta, weißt du, dass ich Oma geworden bin?

Marta: **Nonna? Tu?**

non-na tu

Du, Oma?

Anna: **Si, mia figlia Carla ha una bambina.**

ßi mi-a fi-lja kar-la a u-na bam-bi-na

Ja, meine Tochter Carla hat ein Mädchen bekommen.

Marta: **Tanti auguri! Come si chiama?**

tan-ti a-u-gu-ri ko-me ßi ki-a-ma

Herzlichen Glückswunsch! Wie heißt es?

Anna: **Teresa, come la suocera di Carla.**

te-re-sa ko-me la ßu-o-tsche-ra di kar-la

Teresa, wie Carlas Schwiegermutter.

Im Italienischen gibt es kein neutrales Wort für Schwestern und Brüder wie das deutsche Wort »Geschwister«. Hier sagt man **sorelle e fratelli** (*ßo-räl-le e fra-täl-li*, Schwestern und Brüder). Oft sagt man aber nur **fratelli**.

Kleiner Wortschatz

Italienisch	Aussprache	Deutsch
mia moglie (w.)	*mi-a mo-lje*	meine Ehefrau
mio marito (m.)	*mi-o ma-ri-to*	mein Ehemann
mia figlia (w.)	*mi-a fi-lja*	meine Tochter
mio figlio (m.)	*mi-o fi-ljo*	mein Sohn
mia sorella (w.)	*mi-a ßo-räl-la*	meine Schwester
mio fratello (m.)	*mi-o fra-täl-lo*	mein Bruder
mia cognata (w.)	*mi-a ko-nja-ta*	meine Schwägerin
mio cognato (m.)	*mi-o ko-nja-to*	mein Schwager
mia zia (w.)	*mi-a tzi-a*	meine Tante
mio zio (m.)	*mi-o tzi-o*	mein Onkel
mia cugina (w.)	*mi-a ku-dschi-na*	meine Cousine
mio cugino (m.)	*mi-o ku-dschi-no*	mein Cousin

Sich über das Wetter unterhalten

Wenn Sie nach einem Gesprächsthema suchen, können Sie zum Thema **il tempo** (*il täm-po*, das Wetter) greifen.

Das Wetter in Italien – fast perfekt

Italien hat im Allgemeinen ein mildes Klima und reichlich Sonne! Trotzdem ist das Wetter von Region zu Region und je nach Jahreszeit unterschiedlich. Im Winter bietet der Norden gute Wintersportverhältnisse, im Frühling kann man in den Regionen Mittelitaliens schon ein paar herrliche sonnige Tage verbringen. Der Süden Italiens ist durch heiße Sommer geprägt, wobei die Temperaturen nicht selten 40 Grad überschreiten. Im August sind die Städte menschenleer: Die Italiener zieht es ans Meer, an die Strände. Einige wenige fahren auch in die Berge. In den Städten bleiben nur die Touristen oder die wenigen Italiener, die keine Ferien haben und leider arbeiten müssen.

Das Wetter ist immer wieder ein beliebtes Gesprächsthema, deswegen sollten Sie einige Vokabeln parat haben, um mitreden zu können. Hier finden Sie einiges über die **quattro stagioni** (*ku-at-to ßta-dscho-ni*, vier Jahreszeiten).

Die Tatsache, dass sowohl das berühmte Konzert von Antonio Vivaldi als auch eine wohlschmeckende Pizza **quattro stagioni** genannt wurden, ist verständlich, denn beide sind in »vier Teile« geteilt, und jeder Teil entspricht einer Jahreszeit:

- ✔ **la primavera** (*la pri-ma-wä-ra*, Frühling)
- ✔ **l'estate** (*le-ßta-te*, Sommer)
- ✔ **l'autunno** (*lau-tun-no*, Herbst)
- ✔ **l'inverno** (*lin-wärn-no*, Winter)

Track 9: Im Gespräch

Herr Brancato und Frau Rohrmann sitzen immer noch im Flugzeug nach Mailand. Sie wechseln das Gesprächsthema und unterhalten sich nun über das Wetter.

Sig.ra Rohrmann:	**Le piace Milano?**
	le pi-a-tsche mi-la-no
	Gefällt Ihnen Mailand?
Sig. Brancato:	**Si, ma non il clima.**
	ßi ma non il kli-ma
	Ja, bis auf das Wetter.
Sig.ra Rohrmann:	**Fa molto freddo?**
	fa mol-to fred-do
	Ist es sehr kalt?
Sig. Brancato:	**In inverno sì.**
	in in-wär-no ßi
	Im Winter schon.
Sig.ra Rohrmann:	**E piove molto, no?**
	e pi-o-we mol-to no
	Und es regnet viel, oder?
Sig. Brancato:	**Si, e c'è sempre la nebbia.**
	ßi e tschä säm-pre la neb-bia
	Ja, und es ist immer neblig.

Sig.ra Rohrmann: **Com'è il clima di Palermo?**

ko-mä il kli-ma di pa-ler-mo

Wie ist das Wetter in Palermo? (*wörtlich:* Was für ein Klima hat Palermo?)

Sig. Brancato: **Temperato, mediterraneo.**

tem-pe-ra-to me-di-ter-ra-ne-o

Gemäßigtes Mittelmeerklima.

Sig.ra Rohrmann: **Non fa mai freddo?**

non fa ma-i fred-do

Ist es nie kalt?

Sig. Brancato: **Quasi mai.**

ku-a-si ma-i

Fast nie.

Im Italienischen gibt es zwei bekannte Sprichwörter über das Wetter beziehungsweise über die Jahreszeiten: **Una rondine non fa primavera** (*u-na ron-di-ne non fa pri-ma-we-ra*) entspricht dem Deutschen »Eine Schwalbe macht noch keinen Sommer«. Dieses Sprichwort hat auch eine weitere Bedeutung, und zwar meint man damit, dass ein schwieriges Problem noch nicht gelöst ist, nur weil anscheinend eine schnelle Lösung in Sicht ist. Auch die zweite Redewendung hat mit dem Frühling zu tun: **Marzo pazzo** (*mar-tzo pat-tzo*, »Der März ist ein Narr«), weil das Wetter im März noch nicht richtig frühlingshaft, sondern oft wechselhaft ist – mal ist es bewölkt und regnerisch, mal sonnig und warm.

Im Gespräch

Hier folgt die Fortsetzung des Gesprächs zwischen Herrn Brancato und Frau Rohrmann über das Wetter.

Sig.ra Rohrmann: **Piove molto a Milano?**

pi-o-we mol-to a mi-la-no

Regnet es viel in Mailand?

Sig. Brancato: **No, un po' in inverno.**

no un po in in-wär-no

Nein, nur ein wenig im Winter.

Sig.ra Rohrmann: **E l'estate com'è?**

e le-ßta-te ko-mä

Und wie ist der Sommer?

Sig. Brancato: **Molto calda e lunga.**

mol-to kal-da e lun-ga

Sehr lang und warm.

Sig.ra Rohrmann: **E la primavera?**

e la pri-ma-wä-ra

Und der Frühling?

Sig. Brancato: **La mia stagione preferita.**

la mi-a ßta-dscho-ne pre-fe-ri-ta

Die Jahreszeit, die ich am meisten mag.

Sig.ra Rohrmann: **Davvero?**

daw-we-ro

Wirklich?

Sig. Brancato: **Sì, perché è mite.**

si per-ke ä mi-te

Ja, weil er so mild ist.

Sig.ra Rohrmann: **Come l'autunno scorso a Francoforte.**

ko-me la-u-tun-no skor-ßo a fran-ko-for-te

Wie der letzte Herbst in Frankfurt.

Wenn Sie sich über das Wetter unterhalten, können Sie folgende Redewendungen benutzen:

- ✔ **Fa un caldo terribile!** (*fa un kal-do ter-ri-bi-le*, Es ist fürchterlich heiß!)
- ✔ **Oggi il sole spacca le pietre!** (*od-dschi il ßo-le ßpak-ka le pi-ä-tre*, Es ist sehr heiß. Wörtlich: Die Sonne bricht heute die Steine!)
- ✔ **Fa un freddo cane!** (*fa un fred-do ka-ne*, Es ist sehr kalt! *Wörtlich:* hundekalt)
- ✔ **Fa un freddo/un caldo da morire!** (*fa un fred-do/un kal-do da mo-ri-re*, Es ist sehr kalt/sehr warm. *Wörtlich:* zum Sterben kalt/heiß).

Da morire (*da mo-ri-re*, zum Sterben) ist ein typischer Ausdruck im Italienischen, um eine Aussage zu betonen. Sie können ihn in jeder Situation verwenden, wie im Beispiel **Sono stanco da morire** (*ßo-no ßtan-ko da mo-ri-re*, Ich bin todmüde) oder **Ho sete da morire** (*o ße-te da mo-ri-re*, Ich sterbe vor Durst).

Im Gespräch

Herr Brancato und Frau Rohrmann unterhalten sich. Plötzlich merken sie, dass das Flugzeug zur Landung ansetzt.

Stimme aus dem Lautsprecher: **Signore e Signori!**

ßi-njo-re e ßi-njo-ri

Meine Damen und Herren!

Sig. Brancato: **Che succede?**

ke ßut-tsche-de

Was ist los?

Stimme aus dem Lautsprecher: **Stiamo atterrando a Milano Malpensa.**

ßti-a-mo at-ter-ran-do a mi-la-no mal-pen-ßa

Wir landen gerade in Mailand Malpensa.

Sig. Brancato: **Meno male!**

me-no ma-le

Gott sei Dank!

Stimme aus dem Lautsprecher: **Il cielo è coperto.**

il tschä-lo ä ko-pär-to

Der Himmel ist bedeckt.

Sig. Brancato: **Come al solito!**

ko-me al ßo-li-to

Wie üblich!

Stimme aus dem Lautsprecher: **E la temperatura è di cinque gradi.**

e la tem-pe-ra-tu-ra ä di tschin-ku-e gra-di

Und die Temperatur beträgt fünf Grad.

Kleiner Wortschatz

Italienisch	Aussprache	Deutsch
come al solito	*ko-me al ßo-li-to*	wie üblich
umido	*u-mi-do*	feucht
il tempo incerto (m.)	*il täm-po in-tschär-to*	unbeständiges Wetter
Piove!	*pi-o-we*	Es regnet.

Piove sul bagnato (*pi-o-we ßul ba-nja-to*, *wörtlich:* Es regnet auf nassen Boden) ist eine Redewendung, die die Italiener verwenden, um auszudrücken, dass etwas Gutes und Positives auf jemanden zukommt, der das eigentlich nicht braucht. Wenn ein Millionär im Lotto gewinnt, können Sie **Piove sul bagnato** sagen und damit bedauern, dass Sie nicht gewonnen haben.

Über den Beruf sprechen

Ein weiteres beliebtes Thema für Small Talk ist die Arbeit. Was jemand arbeitet, ist immer interessant. Natürlich gibt es dabei auch Tabus, zum Beispiel sollte man nicht fragen, wie viel der Gesprächspartner verdient. Aber davon einmal abgesehen freuen sich die meisten darüber, etwas über den Job, die eigene Arbeit zu erzählen.

Wenn Sie im Italienischen sagen wollen, was Sie beruflich machen, können Sie einfach sagen **sono…** und nennen dann die Berufsbezeichnung, zum Beispiel **sono medico** (*ßo-no mä-di-ko*, ich bin Arzt).

Im Gespräch

Frau Basile und Herr Corsi unterhalten sich über ihre Arbeit.

Sig.ra Basile: **Viaggia per lavoro?**

wi-ad-scha per la-wo-ro

Sind Sie beruflich unterwegs?

Sig. Corsi: **Si, per un'intervista.**

ßi per u-nin-ter-wi-ßta

Ja, für ein Interview.

Sig.ra Basile: **È giornalista?**

ä dschor-na-li-ßta

Sind Sie Journalist?

Sig. Corsi: **Si, giornalista televisivo.**

si dschor-na-li-ßta te-le-wi-si-wo

Ja, Fernsehreporter.

Sig.ra Basile: **Per quale società lavora?**

per ku-a-le ßo-tsche-ta la-wo-ra

Für welchen Fernsehsender arbeiten Sie?

Sig. Corsi: **Sono libero professionista.**

so-no li-be-ro pro-feß-ßio-ni-ßta

Ich bin Freiberufler.

E Lei che lavoro fa?

e lä-i ke la-wo-ro fa

Und was machen Sie beruflich?

Sig.ra Basile: **Sono architetto.**

ßo-no ar-ki-tet-to

Ich bin Architektin.

Sig. Corsi: **Anche Lei è free lance?**

an-ke lä-i ä fri lans

Sind Sie auch Freiberuflerin?

Sig.ra Basile: **No, lavoro in uno studio di design.**

no la-wo-ro in u-no ßtu-di-o di di-ßain

Nein, ich arbeite in einem Architekturbüro.

Sig. Corsi: **Grande?**

gran-de

In einem großen Büro?

Sig.ra Basile: **Siamo sei colleghi.**

ßi-a-mo se-i kol-lä-gi

Wir sind sechs Kollegen.

Titel und Abkürzungen bei Berufen

In Italien hört man bei der Begrüßung oft **Buongiorno, dottore!** (*bu-on dschor-no dot-to-re*, Guten Tag, Herr Doktor), und man ist erstaunt, diese Begrüßung so oft zu hören. Man hat den Eindruck, es gibt in Italien sehr viele Menschen mit einem Doktortitel! Tatsache ist jedoch, dass jeder, der einen Universitätsabschluss hat, den Titel dottore (m.) (*dot-to-re*) beziehungsweise dottoressa (w.) (*dot-to-reß-ßa*) bekommt. Mit diesem Titel werden natürlich auch Ärzte angesprochen.

Sie haben vielleicht bemerkt, dass in den Gesprächen die Abkürzungen **sig**. und **sig.ra** für **signor** und **signora** verwendet werden. Diese gelten aber nur für die Schriftsprache.

Kleiner Wortschatz

Italienisch	Aussprache	Deutsch
il/la giornalista (m./w.)	*il/la dschor-na-li-ßta*	Journalist/Journalistin
il/la regista (m./w.)	*il/la re-dschi-ßta*	Regisseur/Regisseurin
l'architetto (m./w.)	*lar-ki-tet-to*	Architekt/Architektin
l'avvocato (m./w.)	*law-wo-ka-to*	Rechtsanwalt/Rechtsanwältin
l'ingegnere (m./w.)	*lin-dsche-njä-re*	Ingenieur/Ingenieurin
il medico (m./w.)	*il mä-di-ko*	Arzt/Ärztin
l'insegnante (m./w.)	*lin-ße-njant-te*	Lehrer/Lehrerin
la commessa (w.)	*la kom-meß-ßa*	Verkäuferin
il commesso (m.)	*il kom-meß-ßo*	Verkäufer
il meccanico (m.)	*il mek-ka-ni-ko*	Mechaniker

Wie man Adresse und Telefonnummer herausfindet

In beinahe jeder alltäglichen Situation werden Zahlen gebraucht, zum Beispiel um jemanden anzurufen oder einen Termin (in der Straße soundso, Hausnummer soundso) zu vereinbaren. Wenn Sie etwas kaufen, müssen Sie ebenfalls mit Zahlen klarkommen, um den richtigen Betrag zu zahlen. Oder wenn Sie Freunde treffen wollen, müssen Sie den Bus 46 nehmen, um zum vereinbarten Treffpunkt zu kommen. Im Folgenden werden die Zahlen von 1 bis 10 aufgeführt. Eine Liste mit weiteren Zahlen finden Sie in Kapitel 2.

- ✔ **zero** (*dzä-ro*, null)
- ✔ **uno** (*u-no*, eins)
- ✔ **due** (*du-e*, zwei)
- ✔ **tre** (*tre*, drei)
- ✔ **quattro** (*ku-at-tro*, vier)
- ✔ **cinque** (*tschin-ku-e*, fünf)
- ✔ **sei** (*ße-i*, sechs)

- ✔ **sette** (*ßät-te*, sieben)
- ✔ **otto** (*ot-to*, acht)
- ✔ **nove** (*no-we*, neun)
- ✔ **dieci** (*di-ä-tschi*, zehn)

Im Gespräch

Marina macht für eine Marketingfirma eine Umfrage in einem Einkaufszentrum. Sie hat Luca interviewt und fragt ihn nun nach seinen Kontaktdaten.

Marina: **Mi dai il tuo indirizzo?**

mi da-i il tu-o in-di-rit-tzo

Gibst du mir deine Adresse?

Luca: **Via Alberto Ascari, otto.**

wi-a al-ber-to a-ska-ri ot-to

Alberto-Ascari-Straße 8.

Marina: **Codice postale?**

ko-di-tsche po-ßta-le

Postleitzahl?

Luca: **Zero zero uno quattro due, Roma.**

tzä-ro tzä-ro u-no ku-at-tro du-e ro-ma

Null null eins vier zwei, Rom.

Marina: **Telefono?**

te-lä-fo-no

Und die Telefonnummer?

Luca: **Cinque uno nove due sette tre tre.**

tschin-kue u-no no-we du-e ßät-te tre tre

Fünf eins neun zwei sieben drei drei.

Marina: **Il prefisso?**

il pre-fiß-ßo

Die Vorwahl?

Luca: **Zero sei.**

tzä-ro ße-i

Null sechs.

Danach fragt Marina, ob sie Lucas Handynummer haben kann. Denn sie findet ihn sehr sympathisch.

Marina: **Posso avere il tuo numero di cellulare?**

poß-ßo a-we-re il tu-o nu-me-ro di tschel-lu-la-re

Kann ich deine Handynummer haben?

Luca: **Zero tre quattro zero tre cinque quattro uno uno uno tre**

tzä-ro tre ku-at-tro tzä-ro tre tschin-kue ku-at-tro u-no u-no u-no tre

Null drei vier null drei fünf vier eins eins eins drei.

Mittlerweile geht ohne E-Mail überhaupt nichts. Auf Italienisch heißt E-Mail **posta elettronica** (*po-ßta e-let-tro-ni-ka*). Das italienische Wort für das @-Zeichen in einer E-Mail-Adresse lautet **chiocciola** (*kiot-tscho-la*, Schnecke) oder auch **chiocciolina** (*kiot-tscho-li-na*, kleine Schnecke). Der Punkt (wie zum Beispiel in »Punkt it«/`.it`) heißt auf Italienisch **punto** (*pun-to*). Das Standardformat für eine italienische E-Mail-Adresse ist: `nome@server.it`

Dabei ist **nome** (*no-me*) der Name; **@** ist **chiocciola** (*kiot-tscho-la*). Es folgt der Server und **.** (**punto**, *pun-to*, Punkt) und schließlich **it**.

Im Gespräch

Frau Damiani und Herr Bianchi sind Geschäftspartner und wollen ihre Kontaktdaten austauschen.

Sig.ra Damiani: **Ha un biglietto da visita?**

a un bi-ljet-to da wi-si-ta

Haben Sie eine Visitenkarte?

Sig. Bianchi: **Purtroppo no.**

pur-trop-po no

Leider nicht.

Sig.ra Damiani: **Il Suo indirizzo?**

il ßu-o in-di-rit-tzo

Ihre Adresse?

Sig. Bianchi: **Corso Sempione, cinque.**

kor-ßo ßem-pi-o-ne tschin-ku-e

Corso Sempione 5.

Sig.ra Damiani: **Codice?**

ko-di-tsche

Die Postleitzahl?

Sig. Bianchi: **Non mi ricordo!**

non mi ri-kor-do

Fällt mir nicht ein. (wörtlich: Ich erinnere mich nicht.)

Sig.ra Damiani: **Numero di telefono?**

nu-me-ro di te-lä-fo-no

Die Telefonnummer?

Sig. Bianchi: **Zero due cinque nove zero uno uno sei tre.**

tzä-ro du-e tschin-kue no-we tzä-ro u-no u-no ße-i tre

Null zwei fünf neun null eins eins sechs drei.

Sig.ra Damiani: **Ha un fax?**

a un fa-kß

Haben Sie eine Faxnummer?

Sig. Bianchi: **Si, è lo stesso numero.**

ßi ä lo ßteß-ßo nu-me-ro

Ja, die gleiche Nummer.

Im Italienischen gibt es unterschiedliche Bezeichnungen für das Wort »Straße«, das heißt, Sie werden auf den Schildern Wörter wie **via**, **viale**, **corso** oder **strada** lesen. Wie im Deutschen sind viele Straßen nach Persönlichkeiten benannt wie **Via Antonio Vivaldi**, **Viale Regina Margherita** und **Corso Mazzini**.

Wo liegt der Unterschied zwischen **via**, **viale**, **corso** und **strada**? Wenn Sie auf Deutsch sagen möchten: »Es ist eine große Straße«, sagen Sie auf Italienisch **È una strada grande** (*ä u-na ßtra-da gran-de*), obwohl manche Italiener in diesem Fall auch von **via** (*wi-a*) sprechen würden. Die beiden Begriffe **strada** (*ßtra-da*) und **via** bedeuten so ziemlich dasselbe. **Il viale** (*il wi-a-le*) bezeichnet eine breite Straße mit Bäumen auf beiden Seiten (also eine Allee) und **il corso** (*kor-ßo*) eine Straße mit vielen Geschäften, oft im Stadtzentrum, oder eine Fußgängerzone.

Die meisten Italiener, die in einer Stadt leben, wohnen in einer Eigentumswohnung in einem Mehrfamilienhaus (**condominio**, *kon-do-mi-ni-o*). Einfamilien- oder Zweifamilienhäuser sind in der Stadt selten, es gibt sie meist nur in den Stadtvierteln am Stadtrand. Manche Italiener haben ein Wochenendhäuschen am Meer (**la casetta al mare**, *la ka-ßät-ta al ma-re*), in den Bergen (**la casetta in montagna**, *la ka-ßät-ta in mon-ta-nja*) oder an einem See (**la casetta al lago**, *la ka-ßät-ta al la-go*).

Wenn Italiener über ihr **appartamento** (*ap-par-ta-men-to*, Wohnung) sprechen, sagen sie dazu auch **casa** (*ka-ßa*, wörtlich: Haus). Die wichtigsten Wörter zu diesem Thema finden Sie im folgenden Auszug aus einem Aufsatz einer Grundschülerin:

Casa mia è la più bella del mondo.

ka-ßa mi-a ä la pi-u bäl-la del mon-do

Mein Haus ist das schönste auf der ganzen Welt.

È grande, con tante finestre e due terrazze.

ä gran-de con tan-te fi-nä-ßtre e du-e ter-ra-tze

Es ist groß, mit vielen Fenstern und zwei Terrassen.

Il palazzo non è tanto grande, ha quattro piani.

il pa-la-tzo non ä tan-to gran-de a ku-at-tro pi-a-ni

Das Haus ist nicht so groß, es hat vier Stockwerke.

Io abito al secondo.

i-o a-bi-to al ße-kon-do

Ich wohne im zweiten Stock.

C'è un bel giardino.

tschä un bäl dschar-di-no

Es hat einen schönen Garten.

Im Italienischen gibt es wie im Deutschen zwei Verben, die Sie verwenden, wenn Sie über Ihr Zuhause sprechen:

- ✔ **vivere** (*wi-we-re*, leben) bedeutet wie im Deutschen »an einem Ort leben«.
- ✔ **abitare** (*a-bi-ta-re*, wohnen) bezieht sich auf den Ort, also auf die Adresse, wo man lebt.

Hier die Konjugation der beiden Verben.

Konjugation	Aussprache
vivere	
io vivo	*i-o wi-wo*
tu vivi	*tu wi-wi*
Lei vive	*lä-i wi-we*
lui/lei vive	*lu-i/lä-i wi-we*
noi viviamo	*no-i wi-wi-a-mo*
voi vivete	*wo-i wi-we-te*
loro vivono	*lo-ro wi-wo-no*

Konjugation	Aussprache
abitare	
io abito	*i-o a-bi-to*
tu abiti	*tu a-bi-ti*
Lei abita	*lä-i a-bi-ta*
lui/lei abita	*lu-i/lä-i a-bi-ta*
noi abitiamo	*no-i a-bi-ti-a-mo*
voi abitate	*wo-i a-bi-ta-te*
loro abitano	*lo-ro a-bi-ta-no*

Wenn Sie als Tourist in einer Stadt sind und beschreiben wollen, wo Sie übernachten, verwenden Sie ebenfalls das Wort **abitare**. Sie können aber auch **Sono all'albergo »Quattro Stagioni«.** (*ßo-no al-lal-bär-go ku-at-tro ßta-dscho-ni*, Ich bin im Hotel »Quattro Stagioni«.) sagen.

Hier zwei weitere Beispiele:

- ✔ **Sono al Quattro Fontane.** (*ßo-no al ku-at-tro fon-ta-ne*, Ich bin im Hotel »Quattro Fontane«.)
- ✔ **Stiamo all'albergo »Il giardino«.** (*ßti-a-mo al-lal-bär-go il dschar-di-no*, Wir sind im Hotel »Il giardino«.)

Spiel und Spaß

Übung 4.1

Benutzen Sie die folgenden Wörter, um die Sätze zu vervollständigen.

nebbia / piove / coperto / freddo / temperato / calda / autunno / gradi

A Milano ______________ molto. L'inverno è __________ e c'è sempre _____________.

A Palermo l'inverno è ______________, l'estate è lunga e ___________.

La primavera a Milano è come l' ________________ a Francoforte.

Il cielo oggi è _____________.

La temperatura è di cinque __________.

Übung 4.2

Hier finden Sie einige Fragen, die Sie bestimmt ohne Übersetzung verstehen werden. Sollten Sie die Übersetzung benötigen, finden Sie diese im Anhang D.

Sie können folgende Fragen mit *Ja* oder *Nein* beantworten. Wenn Sie sich trauen, können Sie eine vollständige Antwort formulieren.

1. **È americano?**
2. **È sposato?**
3. **Piove?**
4. **Ha un fratello?**
5. **Fa freddo?**
6. **Vive a Palermo?**

Folgende Fragen sind formlos gestellt:

7. **Sei giornalista?**
8. **Hai un fax?**
9. **Hai una sorella?**

Merken Sie sich: **Conta più la pratica che la grammatica.** (*kon-ta pi-u la pra-ti-ka ke la gram-ma-ti-ka*, Die Praxis zählt mehr als die Grammatik.)

IN DIESEM KAPITEL

Essen wie die Italiener

Einen Tisch im Restaurant reservieren und die Rechnung zahlen

(Mindestens) Drei Mahlzeiten am Tag

Lebensmittel einkaufen

Kapitel 5
Essen, herrliches Essen – und erst diese Getränke!

Dieses Kapitel lädt Sie in die gute italienische Küche ein. Sie kennen bestimmt viele italienische Speisen wie Spaghetti, Pizza und Risotto. In diesem Kapitel finden Sie Vokabeln rund ums Essen und Redewendungen, mit denen Sie ausdrücken können, dass Sie Hunger und Durst haben. Sie finden außerdem passende Sätze, damit Sie im Restaurant bestellen können, und allerlei Wissenswertes über die italienischen Essgewohnheiten.

Speisen und Getränke auf Italienisch bestellen

Es gibt ein paar Redewendungen im Italienischen, mit denen Sie ausdrücken können, was Ihr Magen Ihnen sagt:

- **Ho fame.** (*o fa-me*, Ich habe Hunger.)
- **Andiamo a mangiare qualcosa.** (*an-di-a-mo a man-dscha-re ku-al-ko-ßa*, Gehen wir etwas essen.)

»Ich bin so hungrig, ich könnte ein ganzes Schwein essen«

In jeder Sprache gibt es besondere Redewendungen, mit denen man ausdrückt, dass man Hunger oder Durst hat. Auch im Italienischen gibt es einige seltsame Ausdrücke:

- ✔ **Moriamo di sete!** (*mo-ri-a-mo di ße-te*, Wir sterben vor Durst.)
- ✔ **Ho una fame da lupi!** (*o u-na fa-me da lu-pi*, Ich habe einen Bärenhunger, *wörtlich:* Wolfshunger.)
- ✔ **Ho una fame che non ci vedo!** (*o u-na fa-me ke non tschi we-do*, Ich kann vor lauter Hunger nichts sehen.)

Italiener essen drei Mahlzeiten am Tag, wie Sie es wahrscheinlich auch tun: **la colazione/la prima colazione** (*la ko-la-tzio-ne/la pri-ma ko-la-tzio-ne*, Frühstück), **il pranzo** (*il pran-dzo*, Mittagessen), **la cena** (*la tsche-na*, Abendessen). Haben sie zwischen den Mahlzeiten Hunger, nehmen sie **uno spuntino** (*u-no ßpun-ti-no*, Imbiss) ein.

Getränke nach italienischer Art

In diesem Abschnitt finden Sie Informationen und Redewendungen über die typischen italienischen Getränke, angefangen vom guten heißen Kaffee bis zu Kaltgetränken (Wasser, Säfte und so weiter) sowie Weinen und Spirituosen.

Die Liebe zum Espresso

Wollen Sie einen starken Kaffee genießen, bestellen Sie in Deutschland einen Espresso. In Italien sagen Sie stattdessen nur **caffè** (*kaf-fä*). Die Italiener benutzen das Wort **espresso** recht selten, es sei denn, Sie hören den Kellner sagen: **Un espresso per la signora/il signore** (*un e-ßpräß-ßo per la ßi-njo-ra/il ßi-njo-re*, Einen Espresso für die Dame/für den Herrn).

Natürlich trinken Italiener nicht nur **caffè**. Sie genießen auch eine Tasse **cioccolata** (*tschok-ko-la-ta*, Schokolade), verschiedene Sorten **tè** (*tä*, Tee), **succhi di frutta** (*ßuk-ki di frut-ta*, Obstsäfte) und auch die unterschiedlichsten Mineralwasser.

Wenn Sie Wasser bestellen wollen, müssen Sie sich zwischen **acqua naturale** (*a-ku-a na-tu-ra-le*, Quellwasser), **gassata** (*gaß-ßa-ta*, mit Kohlensäure) oder **frizzante** (*frit-tzan-te*, Sprudelwasser) und **acqua liscia** (*a-ku-a li-scha*, stilles Wasser) entscheiden.

Wollen Sie im Sommer einen Kaffee oder Eistee mit **ghiaccio** (*gi-at-tscho*, Eis) trinken, bestellen Sie **un caffè freddo** (*un kaf-fä fred-do*)/**shakerato** (*sche-ke-ra-to*, Eiskaffee) beziehungsweise **un tè freddo** (*un tä fred-do*, Eistee).

Espresso – das italienische Nationalgetränk

Italiener trinken gern Espresso – aber nicht nur. Es gibt unzählige Espressovariationen. Im Folgenden sind sämtliche Getränke aufgeführt, die Kaffee enthalten.

Gut zu wissen: Espresso ist die Abkürzung für espressamente preparato per chi lo richiede (*e-ßpreß-ßa-men-te pre-pa-ra-to per ki lo ri-kie-de*, extra Expresszubereitung für denjenigen, der ihn bestellt).

- ✔ **Caffè Hag** (*kaf-fä ag*) ist eine bekannte Marke für koffeinfreien Kaffee.
- ✔ **Caffè** (*kaf-fä*): Wenn Sie einen **caffè** bestellen, bekommen Sie einen Espresso. Dieser wird auch **caffè normale** (*kaf-fä nor-ma-le*) genannt.
- ✔ **Ristretto** (*ri-ßtret-to*) ist ein sehr starker Espresso. Sie bekommen ein Tässchen, das zu einem Drittel gefüllt ist.
- ✔ **Doppio** (*dop-pio*) ist die doppelte Menge eines normalen Espressos.
- ✔ **Lungo** (*lun-go*) ist ein Espresso mit mehr Wasser, aber mit derselben Menge Kaffee, das heißt, er ist weniger stark.
- ✔ **Corretto** (*kor-rät-to*) ist ein Espresso mit einem kleinen Schuss Schnaps oder Likör.
- ✔ **Cappuccino** (*ka-put-tschi-no*) ist Espresso mit aufgeschäumter Milch.
- ✔ **Caffellatte** (*kaf-fä-lat-te*) ist ein Espresso mit viel Milch.
- ✔ **Caffè macchiato** (*kaf-fä mak-ki-a-to*) ist ein Espresso mit einem kleinen Schuss Milchschaum.
- ✔ **Latte macchiato** (*lat-te mak-ki-a-to*) ist Milch mit einem Schuss Espresso.
- ✔ **Caffè americano** (*kaf-fä a-me-ri-ka-no*) ist Filterkaffee (aber auch löslicher Kaffee).
- ✔ **Decaffeinato** (*de-kaf-fe-i-na-to*) ist koffeinfreier Kaffee.
- ✔ **Caffè d'orzo** (*kaf-fä dor-dzo*) ist Gerstenkaffee.

Cappuccino und **caffellatte** werden von den Italienern meist zum Frühstück getrunken und nicht nach dem Mittagessen oder nachmittags. Wenn Sie nicht als Ausländer auffallen wollen, bestellen Sie nach dem Essen lieber keinen Cappuccino.

Italiener trinken mehrmals am Tag einen **espresso** entweder zu Hause oder im Café. Sie gehen auf einen Sprung in die **bar** (*ba-r*, Bar, eigentlich Café) und trinken schnell im Stehen an der Theke. Normalerweise zahlt man vorher an der Kasse. Dann zeigt man dem Barkeeper den Kassenbon und erhält das Getränk.

Wollen Sie etwas zu trinken bestellen, brauchen Sie auch folgende Redewendungen:

- ✔ **Vorrei ...** (*wor-re-i*, Ich möchte)
- ✔ **una bottiglia di ...** (*u-na bot-ti-lja di*, eine Flasche ...)
- ✔ **una caraffa di ...** (*u-na ka-raf-fa di*, eine Karaffe ...)
- ✔ **un bicchiere di ...** (*un bik-ki-ä-re di*, ein Glas ...)
- ✔ **una tazza di ...** (*u-na tat-tza di*, eine Tasse ...)
- ✔ **una tazzina di ...** (*u-na tat-tzi-na di*, eine kleine Tasse ...)

Getränke mit Schuss

Italien ist bekannt für seine **vini** (*wi-ni*, Weine). Bereits der Anblick einer Flasche Chianti versetzt einen in die romantische Stimmung eines Abendessens bei Kerzenschein. Der **grappa** (*grap-pa*) nach dem Essen ist ebenfalls sehr bekannt.

Im Gespräch

Laura und Silvio sitzen in einer Pizzeria und überlegen, welchen Wein sie zum Essen bestellen sollen.

Laura: **La lista dei vini, per favore?**

la li-ßta de-i wi-ni per fa-wo-re

Die Weinkarte, bitte.

Kellner: **È l'ultima pagina.**

ä lul-ti-ma pa-dschi-na

Sie ist auf der letzten Seite.

Laura: **Ah, eccola.**

a äk-ko-la

Ah, hier.

Kellner: **Che tipo di vino volete?**

ke ti-po di wi-no wo-le-te

Was für einen Wein wünschen Sie?

Silvio: **Di solito bevo vino bianco, ma oggi preferisco il rosso.**

di ßo-li-to be-wo wi-no bian-ko ma od-dschi pre-fe-ri-sko il roß-ßo

Normalerweise trinke ich Weißwein, aber heute würde ich lieber einen Roten trinken.

Laura: **Che ne dici di una bottiglia di Chianti?**

ke ne di-tschi di u-na bot-ti-lja di kian-ti

Wie wäre ein Chianti?

Silvio: **Perfetto!**

per-fät-to

Perfekt!

Kleiner Wortschatz

Italienisch	Aussprache	Deutsch
il vino (m.)	*il wi-no*	Wein
bianco	*bi-an-ko*	weiß
rosso	*roß-ßo*	rot
oggi	*od-dschi*	heute
perfetto	*per-fät-to*	perfekt

Wenn es um Getränke geht, brauchen Sie auch das Verb **bere** (*be-re*, trinken). Hier die Konjugation.

Konjugation	Aussprache
io bevo	*i-o be-wo*
tu bevi	*tu be-wi*
Lei beve	*lä-i be-we*
lui/lei beve	*lu-i/lä-i be-we*
noi beviamo	*no-i be-wi-a-mo*
voi bevete	*wo-i be-we-te*
loro bevono	*lo-ro be-wo-no*

Im Gespräch

Herr Di Leo und Frau Fazio sind zum Essen in einem Restaurant. Sie bestellen gerade die Getränke.

Ober: **Desiderano un aperitivo?**

de-ßi-de-ra-no un a-pe-ri-ti-wo

Wünschen Sie einen Aperitif?

Sig.ra Fazio: **Io prendo un Campari. E tu?**

i-o prän-do un kam-pa-ri e tu

Ich trinke einen Campari, und du?

Sig. Di Leo: **Per me un Martini rosso, grazie.**

per me un mar-ti-ni roß-ßo gra-tzie

Für mich bitte einen Martini Rosso.

Ober: **E da bere dopo?**

e da be-re

Und was trinken Sie danach?

Sig.ra Fazio: **Che cosa ci consiglia?**

ke ko-ßa tschi kon-si-lja

Was empfehlen Sie uns?

Ober: **Abbiamo un ottimo Chianti.**

ab-bi-a-mo un ot-ti-mo kian-ti

Wir haben einen sehr guten Chianti.

Sig. Di Leo: **Io preferisco del vino bianco.**

io pre-fe-ri-sko del wi-no bian-ko

Ich bevorzuge einen Weißwein.

Sig.ra Fazio: **Un vino bianco allora.**

un wi-no bian-ko al-lo-ra

Dann einen Weißwein.

Vielleicht haben Sie vor dem Essen Lust auf einen **aperitivo** oder auf ein **birra** (*bir-ra*, Bier) **in bottiglia** (*in bot-ti-lja*, in der Flasche) oder **alla spina** (*al-la ßpi-na*, vom Faß). Nach dem Essen können Sie auch einen **espresso** mit einem Schuss **grappa** bestellen! Es gibt also sehr viele verschiedene Getränke zum Ausprobieren!

Im Gespräch

Nach dem Essen bestellen Herr Di Leo und Frau Fazio noch etwas zu trinken.

Ober: **Preferite un caffè o un amaro?**

pre-fe-ri-te un kaf-fä o un a-ma-ro

Möchten Sie einen Espresso oder einen Magenbitter?

Sig.ra Fazio: **Per me un caffè.**

per me un kaf-fä

Für mich einen Espresso.

Sig. Di Leo: **Per me un caffè corretto, grazie.**

per me un kaf-fä kor-rät-to

Für mich einen Espresso corretto, bitte.

Ober: **Con grappa?**

kon grap-pa

Mit Grappa?

Sig. Di Leo: **Si, va bene.**

ßi wa bä-ne

Ja, in Ordnung.

Essen gehen

Wer eine fremde Kultur kennenlernen möchte, kann dies auf angenehme und interessante Weise durch die Küche des Landes tun. Die italienische Küche ist weltweit bekannt und sehr beliebt, und viele Menschen kochen gerne zu Hause Italienisch. In Italien selbst haben Sie das Glück, sich mit der echten Küche vertraut zu machen und die von Region zu Region verschiedenen Spezialitäten auszuprobieren.

In diesem Abschnitt finden Sie Informationen und Redewendungen, die Sie brauchen, wenn Sie essen gehen, also zum Beispiel, wie man einen Tisch reserviert oder die Rechnung bezahlt. **Buon appetito!** (*bu-on ap-pe-ti-to*, Guten Appetit!)

Einen Tisch reservieren

Wenn Sie in einem Restaurant oder in einer Pizzeria essen wollen, sollten Sie vorher einen Tisch reservieren. Wie Sie einen Tisch reservieren, hören Sie im folgenden Dialog.

Track 10: Im Gespräch

Herr Di Leo ruft in seinem Lieblingsrestaurant an, um dort einen Tisch zu reservieren.

Bedienung: **Pronto, ristorante Roma.**

pron-to ri-ßto-ran-te ro-ma

Ristorante Roma. Guten Abend.

Sig. Di Leo: **Buonasera, vorrei prenotare un tavolo.**

bu-o-na ße-ra wor-re-i pre-no-ta-re un ta-wo-lo

Guten Abend, ich möchte einen Tisch reservieren.

Bedienung: **Per stasera?**

per ßta-se-ra

Für heute Abend?

Sig. Di Leo: **No, per domani.**

no per do-ma-ni

Nein, für morgen.

Bedienung: **Per quante persone?**

per ku-an-te per-ßo-ne

Für wie viele Personen?

Sig. Di Leo: **Per due.**

per du-e

Für zwei Personen.

Bedienung: **A che ora?**

a ke o-ra

Um wie viel Uhr?

Sig. Di Leo: **Alle nove.**

al-le no-we

Um neun Uhr.

Bedienung: **A che nome?**

a ke no-me

Auf welchen Namen?

Sig. Di Leo: **Di Leo.**

di le-o

Di Leo.

Kleiner Wortschatz

Italienisch	Aussprache	Deutsch
un tavolo (m.)	*un ta-wo-lo*	Tisch
un cameriere (m.)	*un ka-me-ri-e-re*	Kellner
domani	*do-ma-ni*	morgen
la prenotazione (w.)	*la pre-no-ta-tzio-ne*	Reservierung
stasera	*sta-ße-ra*	heute Abend

Die Rechnung bezahlen

Wenn Sie zahlen wollen, fragen Sie den Kellner nach **il conto** (*il kon-to*, Rechnung). Wenn Sie mit Kreditkarte bezahlen wollen, fragen Sie: **Posso pagare con la carta di credito?** (*poß-ßo pa-ga-re kon la kar-ta di kre-di-to*, Kann ich mit der Kreditkarte zahlen?) Wenn dies nicht möglich ist, wird die Bedienung sagen: **Mi dispiace, accettiamo solo contanti.** (*mi di-ßpi-a-tsche at-tschet-ti-a-mo ßo-lo kon-tan-ti*, Es tut mir leid, wir nehmen nur Bargeld.)

Wenn Sie besonders zufrieden mit dem Service im Restaurant sind, können Sie ein paar Münzen auf dem Tisch liegen lassen. In der Gastronomie in Italien ist Trinkgeld allerdings kein Muss, denn es ist schon in der Rechnung enthalten, ebenso wie unter **coperto** (*ko-pär-to*) ein Betrag für das Gedeck aufgeführt ist.

Wenn Sie eine Rechnung wollen, fragen Sie: **Mi porta il conto?** (*mi por-ta il kon-to*, Bringen Sie mir die Rechnung?)

Hier die Konjugation des Verbs **portare** (*por-ta-re*, bringen).

Konjugation	Aussprache
io porto	*i-o por-to*
tu porti	*tu por-ti*
Lei porta	*lä-i por-ta*
lui/lei porta	*lu-i/lä-i por-ta*
noi portiamo	*no-i por-ti-a-mo*
voi portate	*wo-i por-ta-te*
loro portano	*lo-ro por-ta-no*

Track 11: Im Gespräch

Herr Di Leo und seine Frau haben in einem Restaurant ausgezeichnet zu Abend gegessen. Herr Di Leo möchte jetzt die Rechnung haben.

Sig. Di Leo: **Ci porta il conto, per favore?**

tschi por-ta il kon-to per fa-wo-re

Bringen Sie uns bitte die Rechnung?

Bedienung: **Subito.**

ßu-bi-to

Sofort.

Sig.ra Di Leo: **Scusi, dov'è il bagno?**

sku-si do-wä il ba-njo

Entschuldigung, wo ist die Toilette?

Bedienung: **Al piano di sotto a sinistra.**

al pi-a-no di ßot-to a ßi-ni-ßtra

Die Treppe hinunter und dann links.

Sig.ra Di Leo: **Grazie.**

gra-tzie

Danke.

Wenig später bringt der Ober die Rechnung.

Bedienung: **Prego, signore.**

prä-go ßi-njo-re

Bitte schön.

Sig. Di Leo: **Accettate carte di credito?**

at-tschet-ta-te kar-te di kre-di-to

Kann ich mit Kreditkarte zahlen?

Bedienung: **Certo!**

tschär-to

Natürlich!

Echte italienische Restaurants

Wenn Sie im Urlaub Ihren Hunger stillen wollen, gibt es viele Möglichkeiten, den Verlockungen der unterschiedlichen Lokale zu erliegen:

Il bar (*il ba-r*) ist ein Lokal (nicht zu vergleichen mit einer deutschen Bar, eher ein Mittelding zwischen Café und Imbiss), in dem Sie Getränke und kleine Snacks bekommen.

- ✔ **La paninoteca** (*la pa-ni-no-tä-ka*) bietet eine große Auswahl an warmen und kalten belegten **panini** (*pa-ni-ni*, Brötchen) und **tramezzini** (*tra-met-tzi-ni*, Sandwiches).
- ✔ **L'osteria** (*lo-ßte-ri-a*) ist eine kleine, einfache Gaststätte. Hier kann man gute Weine aus der Region trinken und eine kleine Auswahl an regionalen Speisen ausprobieren. Die Preise sind günstig.
- ✔ **La trattoria** (*la trat-to-ri-a*) ist eine Gastwirtschaft, eher etwas größer als eine **osteria**. Hier sind die Preise günstig und die Speisekarte ist reich an regionalen Spezialitäten.
- ✔ **La taverna** (*la ta-wär-na*) ist eine Art Weinstube. Hier werden Weine und Speisen angeboten, aber es gibt keine große Auswahl an Speisen und Getränken; das Lokal ist auch recht klein.
- ✔ **Il ristorante** (*il ri-ßto-ran-te*) bietet das größte Angebot an Gerichten an. Die Preise variieren je nach Niveau des Restaurants.
- ✔ **La pizzeria** (*la pit-tze-ri-a*) bietet überall ganz gute Holzofen-Pizzen an. Italiener trinken gern Bier zur Pizza, nicht Wein.
- ✔ **La tavola calda** (*la ta-wo-la kal-da*) hat einfache Gerichte auf der Speisekarte wie **pollo arrosto** (*pol-lo ar-ro-ßto*, Brathähnchen) oder **patate arrosto** (*pa-ta-te ar-ro-ßto*, Bratkartoffeln).

Osterie, trattorie und **taverne** sind sehr gute Speiselokale. Dort essen meistens eher Einheimische als Touristen.

Zum Frühstück

Die erste Mahlzeit des **giornata** (*dschor-na-ta*, Tag) ist normalerweise **la (prima) colazione** (*la pri-ma ko-la-tzio-ne*, Frühstück).

Nehmen Sie den Kassenzettel mit!

In vielen italienischen Bars – vor allem an Orten, an denen sich viele Menschen befinden, zum Beispiel am Bahnhof – müssen Sie zuerst an die Kasse gehen und zahlen; erst danach können Sie an der Theke bestellen.

Denken Sie unbedingt daran, dass Sie den Kassenzettel mitnehmen, auch wenn Sie mit Ihrem Kaffee fertig sind, denn der Kassenzettel, **lo scontrino** (*lo skon-tri-no*), hat in Italien eine besondere Bedeutung: Hauptsächlich dient er als Beweis, dass der Gastwirt oder Händler seine Einnahmen ordnungsgemäß versteuert. Deswegen sind die Gastwirte und Verkäufer verpflichtet, ihren Kunden den Bon mitzugeben. Bis 2003 galt: Wenn ein Beamter der **Guardia di finanza** (*gu-ar-di-a di fi-nan-tza*, Finanzpolizei) Kunden nach einem Besuch in einer Bar oder Eisdiele ohne **scontrino** erwischte, hatte dies sogar eine Geldstrafe zur Folge.

Viele Italiener beginnen den Tag mit **un caffè** (*un kaf-fä*, Espresso) zu Hause und trinken einen zweiten auf dem Weg zur Arbeit in **un bar** (*un bar*, Café). Vielleicht essen sie dazu **un cornetto** (*un kor-net-to*, Croissant) mit **marmellata** (*mar-mel-la-ta*, Marmelade), **crema** (*krä-ma*, Vanillecreme) oder **cioccolata** (*tschok-ko-la-ta*, Schokolade). Es ist üblich, dass Italiener im Stehen an der Theke frühstücken. Viele **bar** sind nur klein und es gibt – wenn überhaupt – nur zwei, drei Tische zum Sitzen.

In Italien ist **un bar** etwas anderes als eine Bar in Deutschland. Sie können jederzeit tagsüber in **un bar** (*un ba-r*) gehen und dort Espresso, Cappuccino, Wein oder Grappa trinken und auch einen kleinen Imbiss zu sich nehmen. Der Barkeeper heißt auf Italienisch **barista** (*ba-ri-ßta*).

Um sich über das Thema Essen unterhalten zu können, müssen Sie das Grundverb **mangiare** (*man-dscha-re*, essen) kennen. Hier die Konjugation.

Konjugation	Aussprache
io mangio	*i-o man-dscho*
tu mangi	*tu man-dschi*
Lei mangia	*lä-i man-dscha*
lui/lei mangia	*lu-i/lä-i man-dscha*
noi mangiamo	*no-i man-dscha-mo*
voi mangiate	*wo-i man-dscha-te*
loro mangiano	*lo-ro man-dscha-no*

Im Gespräch

Herr Zampieri betritt eine Bar und bestellt beim Barkeeper.

Barkeeper: **Buongiorno!**

bu-on-dschor-no

Guten Tag!

Sig. Zampieri: **Buongiorno! Un caffè, per favore.**

bu-on-dschor-no un kaf-fä per fa-wo-re

Guten Tag! Einen Espresso, bitte!

Barkeeper: **Qualcosa da mangiare?**

ku-al-ko-ßa da man-dscha-re

Etwas zum Essen?

Sig. Zampieri: **No, grazie.**

no gra-tzie

Nein, danke.

Barkeeper: **Nient'altro?**

ni-än-tal-tro

Darf es sonst noch etwas sein?

Sig. Zampieri: **Una spremuta d'arancia, per favore.**

u-na ßpre-mu-ta da-ran-tscha per fa-wo-re

Ein Glas frisch gepressten Orangensaft, bitte.

Barkeeper: **Prego.**

prä-go

Bitte schön.

Kleiner Wortschatz

Italienisch	Aussprache	Deutsch
il barista	*il ba-ri-ßta*	Barkeeper
certo	*tschär-to*	gewiss, sicher
Scusi.	*sku-si*	Entschuldigen Sie.
la spremuta d'arancia (w.)	*la ßpre-mu-ta da-ran-tscha*	gepresster Orangensaft
la tazza (w.)	*la tat-tza*	Tasse
la tazzina (w.)	*la tat-tzi-na*	Tässchen
buongiorno	*bu-on-dschor-no*	Guten Tag

Zu Mittag essen

In Deutschland bleibt den meisten Berufstätigen für **il pranzo** (*il pran-dzo*, Mittagessen) nur eine kurze Mittagspause. Man holt sich schnell von einer Imbissstube etwas zum Essen auf die Hand, eventuell auch **qualcosa di caldo** (*ku-al-ko-ßa di kal-do*, etwas Warmes).

Die meisten Italiener haben jedoch drei Stunden Pause für das Mittagessen. Manche Italiener essen lediglich **un panino** (*un pa-ni-no*, ein belegtes Brötchen) aus dem **alimentari** (*a-li-men-ta-ri*, Lebensmittelgeschäft) um die Ecke; andere gönnen sich ein komplettes Mittagessen.

Ein typisches Mittagessen läuft in Italien normalerweise wie folgt ab:

- ✔ **Antipasti** (*an-ti-pa-ßti*, Vorspeisen) werden gewöhnlich kalt serviert, sie reichen von **verdure miste** (*wer-du-re mi-ßte*, gemischtes Gemüse) bis hin zu **frutti di mare** (*frut-ti di ma-re*, Meeresfrüchte).
- ✔ **Primo piatto** (*pri-mo pi-at-to*, erstes Gericht) ist häufig das Hauptgericht bestehend aus **pasta** (*pa-ßta*), **risotto** (*ri-ßot-to*), **riso** (*ri-ßo*, Reis) oder **minestra** (*mi-nä-ßtra*, Suppe).
- ✔ Beliebt als **primo** sind **spaghetti con le vongole** (*ßpa-get-ti con le won-go-le*, Spaghetti mit Venusmuscheln), auch **spaghetti alle veraci** (*ßpa-get-ti al-le we-ra-tschi*) genannt. **Verace** bedeutet »echt« oder »authentisch«, in diesem Fall bedeutet **alle veraci** »mit echten neapolitanischen Venusmuscheln«.
- ✔ **Il secondo** (*il ße-kon-do*, zweites Gericht) ist normalerweise **carne** (*kar-ne*, Fleisch), **pesce** (*pe-sche*, Fisch) oder **piatti vegetariani** (*pi-at-ti ve-dsche-ta-ria-ni*, vegetarische Gerichte). **Contorni** (*kon-tor-ni*, Beilagen) werden extra bestellt.
- ✔ Last, but not least gibt es dann noch **il dolce** (*il dol-tsche*, Nachspeise) oder **la frutta** (*la frut-ta*, Obst).

Das Verb **prendere** (*prän-de-re*, nehmen) wird häufig gebraucht, wenn es ums Essen geht. Hier die Konjugation.

Konjugation	Aussprache
io prendo	*i-o prän-do*
tu prendi	*tu prän-di*
Lei prende	*lä-i prän-de*
lui/lei prende	*lu-i/lä-i prän-de*
noi prendiamo	*no-i prän-di-a-mo*
voi prendete	*wo-i prän-de-te*
loro prendono	*lo-ro prän-do-no*

Zur italienischen Küche gehören auch Suppen, zum Beispiel **il minestrone** (*il mi-ne-ßtro-ne*, Gemüsesuppe) oder **una zuppa** (*u-na dzup-pa*, dicke Suppe/Eintopf). **Il minestrone** enthält außer Gemüse auch kleine Nudeln. **Il brodo** (*il bro-do*, Brühe) kann von **vegetale** (*we-dsche-ta-le*, Gemüse), vom **pollo** (*pol-lo*, Hähnchen), **manzo** (*man-dzo*, Rind) oder **pesce** (*pe-sche*, Fisch) sein.

La zuppa (*la dzup-pa*, dicke Suppe/Eintopf) wird gewöhnlich mit **legumi** (*le-gu-mi*, Hülsenfrüchte), **cereali** (*tsche-re-a-li*, Getreide) oder mit Gemüse zubereitet. Weitere Suppenvariationen:

- ✔ **la zuppa di piselli** (*la dzup-pa di pi-ßäl-li*, Erbsensuppe)
- ✔ **la zuppa di ceci** (*la dzup-pa di tsche-tschi*, Kichererbsensuppe)
- ✔ **la zuppa di lenticchie** (*la dzup-pa di len-tik-kie*, Linsensuppe)
- ✔ **la zuppa di patate** (*la dzup-pa di pa-ta-te*, Kartoffelsuppe)
- ✔ **la zuppa di pomodori** (*la dzup-pa di po-mo-do-ri*, Tomatensuppe)
- ✔ **la zuppa di pesce** (*la dzup-pa di pe-sche*, Fischsuppe)

Zu dieser Gruppe gehört auch das Gericht **pasta e fagioli** (*pa-ßta e fa-dscho-li*, Nudeln mit weißen Bohnen). Es ist ebenfalls sehr beliebt und wird vor allem in der Toskana gegessen.

La zuppa inglese (*la dzup-pa in-glä-ße, wörtlich:* englische Suppe; mit Likör beträufeltes Biskuit) finden Sie aber nur auf der Nachspeisenkarte.

Im Gespräch

Frau Fazio und Herr Di Leo bestellen ihr Essen beim Kellner.

Kellner: **Per primo, signori?**

per pri-mo ßi-njo-ri

Was möchten Sie als ersten Gang bestellen?

Sig.ra Fazio: **Che cosa consiglia la casa?**

ke ko-ßa kon-ßi-lja la ka-ßa

Was können Sie empfehlen? (wörtlich: Was rät das Haus?)

Kellner: **Oggi abbiamo penne all'arrabbiata, risotto alla milanese e tortelli di zucca.**

od-dschi ab-bi-a-mo pen-ne al-lar-rab-bia-ta ri-ßot-to al-la mi-la-ne-ße e tor-tel-li di dzuk-ka

Heute empfehlen wir Penne all'arrabbiata, Risotto nach Mailänder Art und Tortelli mit Kürbisfüllung.

Sig. Di Leo: **C'è formaggio nei tortelli?**

tschä for-mad-dscho ne-i tor-tel-li

Sind die Tortelli mit Käse gefüllt?

Kellner: **No, soltanto zucca.**

no ßol-tan-to dzuk-ka

Nein, nur mit Kürbis.

Sig. Di Leo: **Nelle penne c'è aglio o peperoncino?**

nel-le pen-ne tschä a-ljo o pe-pe-ron-tschi-no

Gibt es die Penne mit Knoblauch oder Chili?

Kellner: **Tutt'e due.**

tut-te du-e

Mit beidem.

Sig. Di Leo: **Sono molto piccanti?**

ßo-no mol-to pik-kan-ti

Sind die Penne sehr scharf?

Kellner: **Un po', ma molto saporite.**

un po ma mol-to ßa-po-ri-te

Etwas, aber sie sind sehr köstlich.

Sig. Di Leo: **Allora le prendo.**

al-lo-ra le prän-do

Dann nehme ich sie.

Die vielen Bedeutungen von »prego«

Das Wort prego (*prä-go*) hat viele Bedeutungen. Sie können mit prego auf grazie antworten, dann bedeutet es »Bitte schön!«. Verkäufer und Kellner hingegen sagen dies, um zu fragen, ob Sie etwas wünschen oder ob sie Ihnen helfen können. Sie werden prego auch oft hören, wenn Sie ein Geschäft oder ein Büro betreten. Außerdem verwenden Sie das Wort prego, wenn Sie jemandem etwas anbieten. In diesem Fall bedeutet es »hier, bitte schön«. Prego hat auch eine höfliche Bedeutung, wenn Sie um Erlaubnis bitten. Hier einige Beispiele, in welchen Zusammenhängen Sie das Wort prego anwenden können:

- **Grazie.** (*gra-tzi-e*, Danke.)

  Prego. (*prä-go*, Bitte schön.)

- **Prego?** (*prä-go*, Ja, bitte?)

  Posso entrare? (*poß-ßo en-tra-re*, Kann/Darf ich eintreten?)

- **Prego.** (*prä-go*, Bitte schön. Kommen Sie.)

- **Prego, signore.** (*prä-go ßi-njo-re*, Hier für Sie, bitte schön.)

  Grazie. (*gra-tzi-e*, Danke schön!)

Pasta werden normalerweise aus Weizenmehl und Wasser zubereitet. Es gibt unterschiedliche Sorten: **gli spaghetti** (*lji ßpa-get-ti*, Spaghetti), **i bucatini** (*i bu-ka-ti-ni*, lang wie Spaghetti, haben einen größeren Durchmesser und sind hohl wie Röhren), **i fusilli** (*i fu-ßil-li*, spiralförmige Nudeln), **i rigatoni** (*i ri-ga-to-ni*, gerade abgeschnittene Röhrennudeln) und so weiter.

Pasta fresca (*pa-ßta fre-ska*, frische Nudeln) bedeutet **pasta all'uovo** (*pa-ßta al-lu-o-wo*, Eierteignudeln), auch **pasta fatta in casa** (*pa-ßta fat-ta in ka-ßa*, hausgemachte Nudeln) genannt. Einige Sorten sind **le tagliatelle** (*le ta-lja-täl-le*, Bandnudeln), **le fettuccine** (*le fet-tut-tschi-ne*, flache breite Streifen) und **i tonnarelli** (*i ton-na-räl-li*, dünne Eierteignudeln wie Spaghetti).

Ganz wichtig ist, dass die Nudeln **al dente** (*al dän-te*) gekocht werden. Dies bedeutet wörtlich »bissfest« – Sie sollen ja beim Essen auch Ihre Zähne verwenden!

In der nächsten Konjugation finden Sie die höfliche Form des Verbs **volere** (*wo-le-re*, wollen). Während im Deutschen das Verb »mögen« bevorzugt wird, wird im Italienischen die Konditionalform vom Verb »wollen« verwendet.

Konjugation	Aussprache
io vorrei	*i-o wor-re-i*
tu vorresti	*tu wor-re-ßti*
Lei vorrebbe	*lä-i wor-reb-be*
lui/lei vorrebbe	*lu-i/lä-i wor-reb-be*
noi vorremmo	*no-i wor-rem-mo*
voi vorreste	*wo-i wor-re-ßte*
loro vorrebbero	*lo-ro wor-reb-be-ro*

Kleiner Wortschatz

Italienisch	Aussprache	Deutsch
soltanto	*ßol-tan-to*	nur
saporito	*ßa-po-ri-to*	köstlich
piccante	*pik-kan-te*	scharf
la verdura (w.)	*wer-du-ra*	Gemüse
tutt'e due	*tut-te du-e*	beides

Zu Abend essen

Italiener essen oft **la cena** (*la tsche-na*, Abendessen) zu Hause, aber sie gehen auch auswärts essen. Am Abend gehen sie gern in eine Pizzeria oder auch in ein elegantes Restaurant.

In Italien unterscheidet sich eine Pizzeria von einem Restaurant nicht nur durch das Angebot an Speisen, sondern auch in Atmosphäre und Stil. Aus diesem Grund ist der Umgangston in einem guten Restaurant eher höflich und förmlich, hier wird die Form **Lei** (*lä-i*, Sie) oder **Loro** (*lo-ro*, Sie – Plural) bevorzugt.

Track 12: Im Gespräch

Silvio, Laura und Sandra treffen sich in einer Pizzeria. Ihre Unterhaltung ist ziemlich formlos.

Sandra: **Che cosa prendiamo?**

ke ko-ßa prän-di-a-mo

Was wollen wir bestellen?

Laura: **Non lo so! Guardiamo il menù.**

non lo ßo gu-ar-di-a-mo il me-nu

Ich weiß nicht. Schauen wir uns die Speisekarte an.

Silvio: **Hai fame?**

a-i fa-me

Hast du Hunger?

Laura: **Ho fame e sete!**

o fa-me e ße-te

Ich habe Hunger und Durst.

Sandra: **Anch'io!**

an-ki-o

Ich auch.

Silvio: **Sandra, che cosa prendi?**

ßan-dra ke ko-ßa prän-di

Was nimmst du, Sandra?

Sandra: **Vorrei qualcosa di leggero.**

wor-re-i ku-al-ko-ßa di led-dschä-ro

Ich möchte etwas Leichtes.

Silvio: **Spaghetti al pomodoro?**

ßpa-get-ti al po-mo-do-ro

Spaghetti mit Tomatensoße?

Sandra: **E un'insalata mista.**

e u-nin-sa-la-ta mi-ßta

Und einen gemischten Salat.

Silvio: **Poco originale …**

po-ko o-ri-dschi-na-le

Wie originell …

Sandra: **Ma buono e leggero!**

ma bu-o-no e led-dschä-ro

Aber sehr gut und leicht!

Kleiner Wortschatz

Italienisch	Aussprache	Deutsch
leggero	*led-dschä-ro*	leicht
l'insalata mista (w.)	*lin-ßa-la-ta mi-ßta*	gemischter Salat
buono	*bu-o-no*	gut
il menù (m.)	*il me-nu*	Speisekarte
avere fame	*a-we-re fa-me*	Hunger haben

Die Nachspeise aussuchen

Italiener beenden ihre Mahlzeit normalerweise mit **frutta fresca** (*frut-ta fres-ka*, frisches Obst) oder mit **un dolce** (*un dol-tsche*, Kuchen), manchmal sogar mit beidem. Sehr beliebt ist auch **il gelato** (*il dsche-la-to*, Eis) – cremig und lecker. Es stehen **gelati confezionati** (*dsche-la-ti kon-fe-tzio-na-ti*, aus der Gefriertruhe) und **gelati artigianali** (*dsche-la-ti ar-ti-dscha-na-li*, aus der Eisdiele) zur Auswahl. Letzteres können Sie **in cono** (*in ko-no*, in der Waffel) oder **in coppetta** (*in kop-pet-ta*, im Becher) genießen.

Es stellt sich auch die Frage nach dem **gusto** (*gu-ßto*, Geschmack) und nach der Anzahl der **palline** (*pal-li-ne*, Kugeln), außerdem ob Sie das Eis **con panna montata** (*kon pan-na mon-ta-ta*, mit Schlagsahne) oder **senza panna montata** (*sen-tza pan-na mon-ta-ta*, ohne Schlagsahne) wollen.

Track 13: Im Gespräch

Laura und Silvio wollen Eis essen und bestellen bei der Bedienung im Eiscafé.

Bedienung: **Prego?**

prä-go

Bitte schön?

Laura: **Due coni, per favore.**

du-e ko-ni per fa-wo-re

Zwei Eis in der Waffel, bitte.

Bedienung: **Quante palline?**

ku-an-te pal-li-ne

Wie viele Kugeln?

Silvio: **Per me due.**

per me du-e

Für mich zwei.

Laura: **Per me quattro.**

per me ku-at-tro

Für mich vier.

Bedienung: **Che gusti?**

ke gu-ßti

Welche Sorten?

Silvio: **Fragola e limone.**

fra-go-la e li-mo-ne

Erdbeere und Zitrone.

Bedienung: **Prego. E Lei?**

prä-go e lä-i

Bitte schön. Und für Sie?

Laura: **Crema, cioccolato, cocco e noce.**

krä-ma tschok-ko-la-to kok-ko e no-tsche

Vanille, Schokolade, Kokos und Nuss.

Bedienung: **Panna?**

pan-na

Mit Sahne?

Laura: **No, grazie. Sono a dieta!**

no gra-tzie ßo-no a di-ä-ta

Nein, danke. Ich bin auf Diät!

Viele Italiener essen nach dem Mittag- oder Abendessen **frutta fresca** (*frut-ta fre-ska*, Obst) oder **un dolce** (*un dol-tsche*, Nachspeise).

Obst kann man auf verschiedene Arten bestellen, zum Beispiel als **una macedonia** (*u-na ma-tsche-do-ni-a*, Obstsalat) oder als **spremuta d'agrumi** (*ßpre-mu-ta da-gru-mi*, frisch gepressten Saft aus Zitrusfrüchten), **succhi naturali** (*ßuk-ki na-tu-ra-li*, frische Obstsäfte), **frullati** (*frul-la-ti*, Milchmixgetränke), **frappé** (*frap-pe*, Milkshakes) oder **infusi alla frutta** (*in-fu-si alla frut-ta*, Früchtetee).

Kleiner Wortschatz

Italienisch	Aussprache	Deutsch
il cioccolato (m.)	*il tschok-ko-la-to*	Schoko
la crema (w.)	*la krä-ma*	Vanille
il cono (m.)	*il ko-no*	Waffel
il gelato (m.)	*il dsche-la-to*	Eis
la dieta (w.)	*la di-ä-ta*	Diät

Lebensmittel einkaufen

Normalerweise erledigen Italiener ihren Großeinkauf im **supermercato** (*ßu-per-mer-ka-to*, Supermarkt). In den italienischen Städten gibt es auch überall Märkte und kleine Lebensmittelgeschäfte, **alimentari** (*a-li-men-ta-ri*), in denen Sie **latte** (*lat-te*, Milch), **biscotti** (*bi-skot-ti*, Kekse), **salumi** (*ßa-lu-mi*, Wurstwaren) und **formaggio** (*for-mad-dscho*, Käse) einkaufen können.

Für andere Lebensmittel, wie zum Beispiel **carne** (*kar-ne*, Fleisch), gehen Sie in eine **macelleria** (*ma-tschel-le-ri-a*, Metzgerei) um die Ecke; frische **prodotti** (*pro-dot-ti*, Produkte) finden Sie auf dem Wochenmarkt, frisches **pane** (*pa-ne*, Brot) bekommen Sie in einer

panetteria (*pa-net-te-ri-a*, Bäckerei). Sie können das alles natürlich auch im Supermarkt kaufen.

In einer Metzgerei finden Sie folgende Fleischsorten:

- **l'agnello** (*la-njel-lo*, Lamm)
- **l'anatra** (*la-na-tra*, Ente)
- **il fegato** (*il fe-ga-to*, Leber)
- **il maiale** (*il ma-i-a-le*, Schwein)
- **il manzo** (*il man-dzo*, Rind)
- **il pollo** (*il pol-lo*, Hähnchen)
- **il vitello** (*il wi-täl-lo*, Kalb)
- **la bistecca** (*la bi-ßtek-ka*, Steak)
- **la cotoletta** (*la ko-to-let-ta*, Schnitzel)
- **il filetto** (*il fi-let-to*, Filet)

Auf dem Wochenmarkt bekommen Sie vor allem **frutta** (*frut-ta*, Obst) und **verdura** (*wer-du-ra*, Gemüse). In Tabelle 5.1 finden Sie eine Liste der Obstsorten, die es im **estate** (*e-ßta-te*, Sommer) und im **autunno** (*a-u-tun-no*, Herbst) gibt. Außerdem werden in der Tabelle auch **agrumi** (*a-gru-mi*, Zitrusfrüchte) und Obstsorten, die es **tutto l'anno** (*tut-to lan-no*, das ganze Jahr) zu kaufen gibt, aufgelistet. Zu jedem Wort ist die Singular- und die Pluralform angegeben.

Sie wissen, wie wichtig Obst und Gemüse für die Ernährung sind, weil sie so reich an **vitamine** (*wi-ta-mi-ne*, Vitamine) sind.

In Italien – insbesondere in Meeres- oder Seenähe – finden Sie immer frischen **pesce** (*pe-sche*, Fisch). Die besten Restaurants bieten frischen Fisch an. Um sicherzugehen, schauen Sie in einem Reiseführer nach, dort finden Sie Hinweise auf gute Restaurants. In den Städten am Meer werden auch in kleineren Restaurants Gerichte mit frischem Fisch zubereitet. Vergewissern Sie sich und fragen Sie zum Beispiel bei Einheimischen nach:

- **Dove si può mangiare pesce fresco?**

  do-we si pu-o man-dscha-re pe-sche fre-sko?

  Wo kann man frischen Fisch essen?

Wenn Sie dann ein gutes Restaurant gefunden haben, können Sie alles bestellen, was Ihren Gaumen erfreut:

- **le acciughe fresche** (*le at-tschu-ge fre-ske*, frische Sardellen)
- **i calamari** (*i ka-la-ma-ri*, Calamares, Tintenfisch)

Italienisch/Plural	Aussprache	Deutsch
l'albicocca/le albicocche (w.)	*lal-bi-kok-ka/le al-bi-kok-ke*	Aprikose(-n)
l'ananas (m.)	*la-na-naß*	Ananas
l'arancia/le arance (w.)	*la-ran-tscha/le a-ran-tsche*	Orange(-n)
l'asparago/i (m.)	*la-ßpa-ra-go/a-ßpa-ra-dschi*	Spargel
la banana/e (w.)	*la ba-na-na/e*	Banane(-n)
i broccoli (m.)	*i brok-ko-li*	Brokkoli
la carota/e (w.)	*la ka-ro-ta/e*	Karotte(-n)
il cavolo/i (m.)	*il ka-wo-lo/i*	Kohl
la ciliegia/e (w.)	*la tschi-li-e-dscha/e*	Kirsche(-n)
il cocomero/i (m.)	*il ko-ko-me-ro/i*	Wassermelone(-n)
il fico/fichi (m.)	*il fi-ko/fi-ki*	Feige(-n)
la fragola/e (w.)	*la fra-go-la/e*	Erdbeere(-n)
il fungo/funghi (m.)	*il fun-go/fun-gi*	Pilz(-e)
il limone/i (m.)	*il li-mo-ne/i*	Zitrone(-n)
la mela/e (w.)	*la me-la/e*	Apfel (Äpfel)
la melanzana/e (w.)	*la me-lan-dza-na/e*	Aubergine(-n)
il melone/i (m.)	*il me-lo-ne/i*	Melone(-n)
il peperone/i (m.)	*il pe-pe-ro-ne/i*	Paprika(-s)
la pera/e (w.)	*la pe-ra/e*	Birne(-n)
la pesca/pesche (w.)	*la pä-ska/e*	Pfirsich(-e)
il pomodoro/i (m.)	*il po-mo-do-ro/i*	Tomate(-n)
il pompelmo/i (m.)	*il pom-päl-mo/i*	Grapefruit(-s)
la prugna/e (w.)	*la pru-nja/e*	Pflaume(-n)
gli spinaci (m.)	*lji ßpi-na-tschi*	Spinat
l'uva (w.)	*lu-wa*	Traube(-n)
le zucchine/i (w./m.)	*le dzuk-ki-ne/i*	Zucchini

Tabelle 5.1: Obst und Gemüse im Italienischen

- ✔ **il merluzzo** (*il mer-lut-tzo*, Kabeljau)
- ✔ **il polpo/polipo** (*il pol-po/po-li-po*, Tintenfisch)
- ✔ **il pesce spada** (*il pe-sche ßpa-da*, Schwertfisch)
- ✔ **la sogliola** (*la ßo-ljo-la*, Seezunge)
- ✔ **la spigola** (*la ßpi-go-la*, Seebarsch)
- ✔ **il tonno fresco** (*il ton-no fre-sko*, frischer Thunfisch)
- ✔ **i frutti di mare** (*i frut-ti di ma-re*, Meeresfrüchte)

- ✔ **le cozze** (*le kot-tze*, Miesmuscheln)
- ✔ **le vongole** (*le won-go-le*, Venusmuscheln)
- ✔ **i crostacei** (*i kro-ßta-tsche-i*, Schalentiere)
- ✔ **l'aragosta** (*la-ra-go-ßta*, Languste)
- ✔ **i gamberetti** (*i gam-be-ret-ti*, Garnelen)
- ✔ **i gamberi** (*i gam-be-ri*, Krebse)
- ✔ **i granchi** (*i gran-ki*, Krabben)

In einer **panetteria** (*pa-net-te-ri-a*, Bäckerei) finden Sie verschiedene Sorten **pane** (*pa-ne*, Brot), von **pane integrale** (*pa-ne in-te-gra-le*, Vollkornbrot) bis zu **dolci** (*dol-tschi*, süßes Gebäck).

In der Bäckerei können Sie normalerweise auch **pizza al taglio** (*pit-tza al ta-ljo*, Pizzaschnitte) kaufen, die nach Gewicht verkauft wird. Sie haben die Wahl zwischen **pizza bianca** (*pit-tza bi-an-ka*, weiße Pizza), das heißt Pizza mit Mozzarella und Olivenöl, und **pizza rossa** (*pit-tza roß-ßa*, rote Pizza), mit Tomatensoße und Mozzarella. Der Geschmack variiert je nach Bäckerei und Region.

In den letzten Jahren sind verschiedene Brotsorten in Mode gekommen. Früher haben Italiener nur Weißbrot gegessen, aber mittlerweile gibt es so viele Sorten, die sich auch noch je nach Region unterscheiden, dass hier unmöglich alle genannt werden können.

Im Gespräch

Dieses Gespräch könnten Sie in einer Bäckerei hören. **Il fornaio** (*il for-na-i-o*, Bäcker) redet mit den Kunden.

Sig.ra Belli: **Mi dà un chilo di pane integrale?**

mi da un ki-lo di pa-ne in-te-gra-le

Geben Sie mir bitte ein Kilo Vollkornbrot.

Bäcker: **Ecco a Lei.**

äk-ko a lä-i

Hier, bitte schön.

Sig.ra Belli: **Quant'è?**

ku-an-tä

Wie viel macht das?

Bäcker: **Tre Euro e settanta.**

tre e-u-ro e ßet-tan-ta

Drei Euro siebzig.

Zu einem anderen Kunden: **Desidera?**

de-ßi-de-ra

Sie wünschen?

Paolo: **Un pezzo di pizza rossa.**

un pet-tzo di pit-tza roß-ßa

Ein Stück Pizza.

Bäcker: **Così va bene?**

ko-ßi wa bä-ne

Passt es so?

Paolo: **Si, quanto pago?**

ßi ku-an-to pa-go

Ja, wie viel macht es?

Bäcker: **Un euro e cinquanta.**

un e-u-ro e tschin-ku-an-ta

Einen Euro fünfzig.

Un etto (*u-nät-to*) entspricht 100 Gramm. **Mezz'etto** (*med-dzät-to*) entspricht 50 Gramm, weil **mezzo** »halb« bedeutet. Also ist **mezzo chilo** (*med-dzo ki-lo*) ein halbes Kilo.

1,50 Euro ist **un euro e cinquanta** (*un e-u-ro e tschin-ku-an-ta*). Cents heißen **centesimi** (*tschen-te-si-mi*), aber Sie können das Wort weglassen. Über Zahlen erfahren Sie mehr in Kapitel 2.

Im Gespräch

Giulio kauft auf dem Markt beim Obsthändler ein.

Giulio: **Mi dà un chilo di ciliegie?**

mi da un ki-lo di tschi-li-ä-dsche

Geben Sie mir bitte ein Kilo Kirschen.

Obsthändler: **Sono un po' di più.**

ßo-no un po di pi-u

Es ist etwas mehr als ein Kilo.

Giulio: **Va bene.**

wa bä-ne

In Ordnung.

Obsthändler: **Che altro?**

ke al-tro

Noch etwas?

Giulio: **Quanto vengono le albicocche?**

ku-an-to wän-go-no le al-bi-kok-ke

Was kosten die Aprikosen?

Obsthändler: **Due euro e cinquanta.**

du-e e-u-ro e tschin-ku-an-ta

Zwei Euro fünfzig.

Giulio: **Sono care!**

ßo-no ka-re

Sie sind teuer!

Obsthändler: **Perché sono le prime! Ne provi una.**

per-ke ßo-no le pri-me ne pro-wi u-na

Es sind die ersten. Probieren Sie eine.

Giulio: **È dolcissima! Ne prendo mezzo chilo.**

ä dol-tschiß-ßi-ma ne prän-do mät-tzo ki-lo

Hm, sehr süß! Ich nehme ein halbes Kilo.

Obsthändler: **Altro?**

al-tro

Sonst noch etwas?

Giulio: **Basta così. Quant'è?**

ba-ßta ko-ßi ku-an-tä

Es ist alles. Wie viel macht es?

Obsthändler: **Sono tre euro e cinquanta.**

ßo-no tre e-u-ro e tschin-ku-ant-a

Drei Euro fünfzig.

Im Dialog fragt Giulio **quanto vengono**? Er hätte auch fragen können **quanto costano**? (*ku-an-to ko-ßta-no*, Wie viel kosten sie?). Am Ende fragt er nach dem gesamten Betrag mit: **quant'è?** (*ku-an-tä*, Wie viel macht es?)

Der typische italienische Wochenmarkt

Sie wissen wahrscheinlich vom Urlaub in Italien oder aus Filmen, wie ein typischer italienischer Wochenmarkt aussieht. Und italienische Wochenmärkte sind wirklich etwas Besonderes! Einige scheinen nur für Touristen gemacht zu sein, aber dennoch gehen viele Italiener dorthin einkaufen. Auf großen Märkten kann man außer Lebensmitteln unter anderem auch Kleidung, Taschen und CDs kaufen. Außerdem sind viele italienische Märkte ziemlich chaotisch. Man wird von der Menschenmenge geschoben und gedrückt, hat kaum einmal Platz, um einen Schritt zur Seite zu machen, geschweige denn die Richtung zu ändern.

Kleinere Märkte sind weniger überfüllt. Dort findet man frisches Obst und Gemüse, manchmal auch frischen Fisch. Einige Märkte sind nur an einem bestimmten Tag in der Woche geöffnet, während andere an allen Wochentagen geöffnet haben. Gerade diese Märkte versprühen echte italienische Atmosphäre, weil die Menschen sich gern unterhalten und der Obsthändler Sie durchaus fragt: **Da dove viene?** (*da do-we wi-ä-ne*, Woher kommen Sie?), sobald er merkt, dass Sie nicht aus dem Ort kommen.

Auf jeden Fall erwartet der Obsthändler aber, dass Sie sagen, was Sie brauchen. Er wird schnell alles für Sie holen und abwiegen. Die Preise gehen nach **chilo** (*ki-lo*, Kilo). Manchmal finden Sie am Stand auch Körbchen oder Tüten, was bedeutet, dass Sie sich selbst bedienen und **frutta** (*frut-ta*, Obst) und **verdura** (*wer-du-ra*, Gemüse) in den Korb beziehungsweise die Tüte packen können.

Aber aufgepasst: Der Käufer darf die Ware nicht anfassen, bevor er sie nicht gekauft hat, es sei denn, er trägt Einweghandschuhe, die manche Verkäufer zur Verfügung stellen. In Supermärkten und in manchen kleinen Lebensmittelläden müssen Sie unbedingt Einweghandschuhe tragen, um das gewünschte Obst oder Gemüse anfassen und einpacken zu können.

Wenn Sie glauben, auf einem italienischen Markt sei es üblich zu handeln, müssen wir Sie leider enttäuschen! Passen Sie auf, dass der Händler Ihnen nicht ein **mandare a quel paese** (*man-da-re a ku-el pa-e-se*, zum Teufel schicken) an den Kopf wirft.

Kleiner Wortschatz

Italienisch	Aussprache	Deutsch
l'alimentari (m.)	*la-li-men-ta-ri*	Lebensmittelgeschäft
la drogheria (w.)	*la dro-ge-ri-a*	Drogerie
il fruttivendolo (m.)	*il frut-ti-wen-do-lo*	Obsthändler
il mercato (m.)	*il mer-ka-to*	Markt
la panetteria (w.)/il forno (m.)	*la pa-net-te-ri-a, il-for-no*	Bäckerei
la pescheria (w.)	*la pe-ske-ri-a*	Fischladen
la salumeria (w.)	*la sa-lu-me-ri-a*	Metzgerei (Wurstwaren)

Spiel und Spaß

Übung 5.1

Wo hören Sie folgende Sätze?

1) **Un caffè ristretto, per favore.** ________
2) **Di solito bevo vino bianco, ma oggi preferisco il rosso.** ________
3) **Mi porta il conto?** ________
4) **Prendo un cornetto alla marmellata e mezzo chilo di pane.** ________
5) **Limone e fragola. Senza panna, per favore!** ________
6) **Quanto vengono le albicocche?** ________
7) **Una pizza quattro stagioni e una birra piccola alla spina.** ________

a) **dal fruttivendolo**
b) **in panetteria**
c) **in osteria**
d) **al bar**
e) **in gelateria**
f) **in pizzeria**
g) **al ristorante**

Übung 5.2

In diesem Kapitel geht es ums Essen. Nun bereiten Sie einen Obstsalat zu. Setzen Sie die italienischen Bezeichnungen ein. Viel Spaß!

1. Apfel ________________
2. Kirsche ________________
3. Trauben ________________
4. Birne ________________
5. Wassermelone ________________
6. Erdbeere ________________

Die Lösung finden Sie in Anhang D.

IN DIESEM KAPITEL

Im Kaufhaus

Die richtige Größe finden

Der bestimmte Artikel

Passende Farbe, Stoff und Accessoires finden

Schuhe anprobieren

Kapitel 6
Schönes Shoppen

Italien ist für Modegeschmack und für seine **stilisti** (*ßti-lis-ti*, Designer) wie **Armani** (*ar-ma-ni*), **Ferré** (*fer-re*) und **Valentino** (*wa-len-ti-no*) bekannt, die zu den besten Modedesignern der Welt zählen. Wenn Sie in Italien spazieren gehen, werden Sie sich auch so zeigen wollen, wie all die gut gekleideten Menschen in den Straßen. Und in welchem Land können Sie modische Kleidung besser kaufen, wenn nicht in dem Land, das die Trends für Kleidung und Schuhe setzt?

Übrigens: Im Italienischen gibt es zwei Bezeichnungen für Markenartikel: **la griffe** (*la gref*, aus dem Französischen, Designeretikett) und **la firma** (*la fir-ma*, Marke, *wörtlich:* Unterschrift). Daher sagt man für ein Markenkleid **griffato** (*grif-fa-to*, Marken-) oder **firmato** (*fir-ma-to*, Marken-).

Klamotten shoppen

Einkaufen gehen kann richtig Spaß machen und dabei erfährt man gleich auch etwas über die Kultur und das Land. Sie entdecken neue Stilrichtungen und ausgefallene Produkte – in Italien einkaufen gehen ist auf jeden Fall interessant und macht Spaß. Außerdem gibt es jede Menge Läden und Boutiquen sowie Kaufhäuser zu entdecken.

Im Geschäft

In Italien sind wie in Deutschland **centri commerciali** (*tschän-tri kom-mer-tscha-li*, Einkaufszentren) weitverbreitet. Daneben gibt es noch **grandi magazzini** (*gran-di ma-gad-dzi-ni*, Kaufhäuser). Die größten Kaufhäuser in Italien sind **Upim** (*u-pim*), **la Rinascente** (*la ri-na-schen-te*), **Coin** (*ko-in*) und **Oviesse** (*o-wi-eß-ße*). **La Rinascente** gibt es in vielen italienischen Städten; dort finden Sie alles, was Sie brauchen.

Apropos, wie sagt man »einkaufen« auf Italienisch? **Fare la spesa** (*fa-re la ßpe-sa*) bezieht sich auf Lebensmitteleinkäufe. Dagegen verwendet man **fare spese**, wenn man alles andere einkaufen möchte oder sozusagen »shoppen« geht. In beiden Fällen konjugieren Sie das Verb **fare** (*fa-re*, machen) wie folgt:

Konjugation	Aussprache
io faccio	*i-o fat-tscho*
tu fai	*tu fa-i*
lui/lei fa	*lu-i/lä-i fa*
noi facciamo	*no-i fat-tschi-a-mo*
voi fate	*wo-i fa-te*
loro fanno	*lo-ro fan-no*

In jeder Kaufhausabteilung finden Sie Hinweisschilder wie **uscita di sicurezza** (*u-schi-ta di ßi-ku-ret-tza*, Notausgang). Hier noch einige weitere:

- ✔ **entrata** (*en-tra-ta*, Eingang)
- ✔ **uscita** (*u-schi-ta*, Ausgang)
- ✔ **spingere** (*ßpin-dsche-re*, drücken)
- ✔ **tirare** (*ti-ra-re*, ziehen)
- ✔ **orario di apertura** (*o-ra-ri-o di a-per-tu-ra*, Öffnungszeiten)
- ✔ **aperto** (*a-pär-to*, offen)
- ✔ **chiuso** (*ki-u-ßo*, geschlossen)
- ✔ **scala mobile** (*ska-la mo-bi-le*, Rolltreppe)
- ✔ **ascensore** (*a-schen-ßo-re*, Fahrstuhl)
- ✔ **cassa** (*kaß-ßa*, Kasse)

In Italien müssen alle Produkte mit Preisetiketten ausgezeichnet sein. Die Mehrwertsteuer ist dabei bereits inbegriffen. Während des **saldi** (*ßal-di*, Schlussverkauf) ist **il prezzo** (*il pret-tzo*, Preis) auf dem Preisschild schon reduziert. In manchen Geschäften finden Sie aber auch den Hinweis **saldi alla cassa** (*ßal-di al-la kaß-ßa*, Rabatt an der Kasse). Kartenzahlung ist fast überall möglich, aber normalerweise wird, vor allem in kleinen Orten, **in contanti** (*in kon-tan-ti*, Bargeld) bevorzugt.

Die Bezeichnungen für die verschiedenen **reparti** (*re-par-ti*, Abteilungen) enthalten manchmal die Präposition **da** (*da*, für), wie in **abbigliamento da donna** (*ab-bi-lja-men-to da don-na*, Damenbekleidung) und **abbigliamento da uomo** (*ab-bi-lja-men-to da u-o-mo*, Herrenbekleidung). Weitere Abteilungen – diesmal ohne die Präposition **da** – sind hier aufgelistet:

- **intimo donna** (*in-ti-mo don-na*, Unterwäsche für Damen)
- **intimo uomo** (*in-ti-mo u-o-mo*, Unterwäsche für Herren)
- **accessori** (*at-tscheß-ßo-ri*, Accessoires)
- **profumeria** (*pro-fu-me-ri-a*, Parfümerie)
- **articoli da toletta** (*ar-ti-ko-li da to-let-ta*, Toilettenartikel)
- **casalinghi** (*ka-ßa-lin-gi*, Haushaltswaren)
- **biancheria per la casa** (*bi-an-ke-ri-a per la ka-ßa*, Bettwäsche und Handtücher)
- **articoli sportivi** (*ar-ti-ko-li ßpor-ti-wi*, Sportartikel)
- **articoli da regalo** (*ar-ti-ko-li da re-ga-lo*, Geschenkartikel)

Im Gespräch

Signora Verdi besucht ein Kaufhaus. Ein Verkäufer erklärt ihr, wo sie die verschiedenen Abteilungen im Kaufhaus findet.

Sig.ra Verdi: **Sto cercando l'abbigliamento da bambino.**

ßto tscher-kan-do lab-bi-lja-men-to da bam-bi-no

Ich suche die Kinderabteilung.

Verkäufer: **Al secondo piano, sulla destra quando esce dall'ascensore.**

al ße-kon-do pi-a-no ßul-la dä-ßtra ku-an-do e-sche dal-la-schen-ßo-re

Im zweiten Stock, gleich rechts, wenn Sie aus dem Fahrstuhl rausgehen.

Sig. Marchi: **Devo cambiare un paio di pantaloni. Dove devo andare?**

de-wo kam-bi-a-re un pa-i-o di pan-ta-lo-ni do-we de-wo an-da-re

Ich möchte eine Hose umtauschen. Wo kann ich das tun? (wörtlich: Wohin muss ich gehen?)

Verkäufer: **Deve rivolgersi al commesso del reparto uomo.**

de-we ri-wol-dscher-ßi al kom-meß-ßo del re-par-to u-o-mo

Sie müssen sich an den Verkäufer in der Herrenbekleidung wenden.

Anna: **Vorrei provare questi abiti. Dove sono i camerini, per favore?**

wor-re-i pro-wa-re ku-es-ti a-bi-ti do-we ßo-no i ka-me-ri-ni per fa-wo-re

Ich möchte dies anprobieren. Wo sind die Umkleidekabinen?

Verkäufer: **Vede l'uscita di sicurezza? I camerini sono sulla sinistra.**

we-de lu-schi-ta di ßi-ku-ret-tza i ka-me-ri-ni ßo-no ßul-la ßi-ni-ßtra

Sehen Sie den Notausgang? Die Umkleidekabinen sind links davon.

Sig.ra Alberti: **C'è un reparto casalinghi?**

tschä un re-par-to ka-ßa-lin-gi

Gibt es hier eine Abteilung für Haushaltswaren?

Verkäufer: **Si, è su questo piano dopo le scarpe.**

ßi ä ßu ku-e-ßto pi-a-no do-po le skar-pe

Ja, in diesem Stock hinter der Schuhabteilung.

Sergio: **Dov'è la scala mobile?**

do-wä la ska-la mo-bi-le

Wo ist die Rolltreppe?

Verkäufer: **Dietro a questo bancone.**

di-ä-tro a ku-e-ßto ban-ko-ne

Gleich hinter der Theke.

Sergio: **Grazie.**

gra-tzie

Danke.

Kleiner Wortschatz

Italienisch	Aussprache	Deutsch
il centro commerciale (m.)	*il tschän-tro kom-mer-tschi-a-le*	Einkaufszentrum
il grande magazzino (m.)	*il gran-de ma-gad-dzi-no*	Kaufhaus
il camerino (m.)	*il ka-me-ri-no*	Umkleidekabine
la libreria (w.)	*la li-bre-ri-a*	Buchhandlung

Avere bisogno di (*a-we-re bi-so-njo di*, brauchen) ist ein sehr verbreiteter Ausdruck, wenn Sie ausdrücken möchten, dass Sie etwas Bestimmtes benötigen. Sie können ihn in jedem Geschäft anwenden – und zwar in dieser Form:

Ho bisogno di ... (*o bi-so-njo di*, Ich brauche ...)

Und so wird **avere bisogno** konjugiert.

Konjugation	Aussprache
io ho bisogno	*i-o o bi-so-njo*
tu hai bisogno	*tu a-i bi-so-njo*
lui/lei ha bisogno	*lu-i/lä-i a bi-so-njo*
noi abbiamo bisogno	*no-i ab-bi-a-mo bi-so-njo*
voi avete bisogno	*wo-i a-we-te bi-so-njo*
loro hanno bisogno	*lo-ro an-no bi-so-njo*

Track 14: Im Gespräch

Marisa sucht ein Kleid und bittet die Verkäuferin um Hilfe.

Marisa: **Scusi?**

sku-si

Entschuldigen Sie!

Verkäuferin: **Prego, signora!**

prä-go ßi-njo-ra

Ja, bitte.

Marisa: **Mi può aiutare? Sto cercando un vestito.**

mi pu-o a-i-u-ta-re ßto tscher-kan-do un we-ßti-to

Können Sie mir helfen? Ich suche ein Kleid.

Verkäuferin: **Elegante?**

e-le-gan-te

Etwas Elegantes?

Marisa: **No, per tutti i giorni.**

no per tut-ti i dschor-ni

Nein, für jeden Tag.

Verkäuferin: **Vediamo ...**

we-di-a-mo

Mal sehen ...

Wenn Sie eine Frage haben oder im Geschäft Hilfe benötigen, wenden Sie sich an **la commessa** (*la kom-meß-ßa*, Verkäuferin) oder **il commesso** (*il kom-meß-ßo*, Verkäufer) mit der Frage: **Mi può aiutare, per favore** (*mi pu-o a-i-u-ta-re per fa-wo-re*, Können Sie mir bitte helfen?). Wenn Sie sich im Geschäft nur umsehen wollen und der Verkäufer fragt: **Posso essere d'aiuto?** (*poß-ßo äß-ße-re da-i-u-to*, Kann ich behilflich sein?) oder **Desidera?** (*de-ßi-de-ra*, Sie wünschen?), antworten Sie: **Sto dando un'occhiata, grazie** (*ßto dan-do un-ok-kia-ta gra-tzie*, Danke, ich sehe mich um).

Kleiner Wortschatz

Italienisch	Aussprache	Deutsch
i vestiti (m.)	*i we-ßti-ti*	Kleidung
l'abito (m.)	*la-bi-to*	Kleid
la camicetta (w.)	*la ka-mi-tschet-ta*	Bluse
la camicia (w.)	*la ka-mi-tscha*	Hemd
il cappotto (m.)	*il kap-pot-to*	Mantel
il completo (m.)	*il kom-plä-to*	Anzug
la giacca (w.)	*la dschak-ka*	Jacke, Blazer
la gonna (w.)	*la gon-na*	Rock
l'impermeabile (m.)	*lim-per-me-a-bi-le*	Regenmantel
il paio di jeans (m.)	*il pa-i-o di dschins*	Jeanshose
la maglia (w.)	*la ma-lja*	Sweatshirt
la maglietta (w.)	*la ma-ljet-ta*	T-Shirt
la t-shirt (w.)	*la ti-schirt*	T-Shirt
i pantaloni (m.)	*i pan-ta-lo-ni*	Hose
il tailleur (m.)	*il ta-jör*	Hosenanzug für Frauen
il vestito (m.)	*il we-ßti-to*	Kleid

Italienische Kleidergrößen

Wollen Sie in Italien ein Kleidungsstück anprobieren, sollten Sie daran denken, dass **taglie** (*ta-lje*) oder **misure** (*mi-su-re*, Größe) in Italien anders angegeben werden als in Deutschland. In Tabelle 6.1 finden Sie die italienischen Größen und ihre deutschen Entsprechungen. Wenn Ihre Größe nicht dabei ist, rechnen Sie einfach wie folgt um: Bei Damenbekleidung addieren Sie die Zahl 4 zu Ihrer deutschen Größe, um die italienische Größe zu erhalten.

Bei Herrenbekleidung kann man die Größen leider nicht einfach pauschal umrechnen wie bei den Damengrößen. Oft ist eine deutsche Größe 50 auch eine italienische Größe 50. Der Unterschied liegt zum Beispiel darin, dass die Oberweite einer Jacke der deutschen Größe entspricht, aber die Taille viel enger geschnitten ist als bei der deutschen 50. Deswegen finden Sie in der Tabelle für die deutsche Größe 50 die italienische 52.

Italienische Größe	Deutsche Größe
Damengröße	Damengröße
38	34
40	36
42	38
44	40
46	42
48	44
50	46
Herrengröße	Herrengröße
48	46
50	48
52	50
54	52
56	54
58	56

Tabelle 6.1: Italienische Kleidergrößen und ihre deutschen Entsprechungen

Sie werden keine Schwierigkeit mit den Größen wie S, M und L haben, weil sie auch in Italien gelten, genauso wie XS (Extra-Small), XL (Extra-Large). Auf die Frage: **Che taglia porta?** (*ke ta-lja por-ta*, Welche Größe tragen Sie?), können Sie wie folgt antworten:

- ✔ **La S** (*la eß-ße*)
- ✔ **La M** (*la em-me*)
- ✔ **La L** (*la el-le*)
- ✔ **La XS** (*la iks eß-ße*)
- ✔ **La XL** (*la iks el-le*)

Track 15: Im Gespräch

Giovanna findet im Geschäft einen Rock, der ihr gut gefällt. Sie fragt die Verkäuferin, ob sie ihn anprobieren darf.

Giovanna: **Posso provare questa gonna?**

poß-ßo pro-wa-re ku-e-ßta gon-na

Darf ich diesen Rock anprobieren?

Verkäuferin: **Certo. Che taglia porta?**

tschär-to ke ta-lja por-ta

Natürlich. Welche Größe haben Sie?

Giovanna: **La quarantadue.**

la ku-a-ran-ta-du-e

Zweiundvierzig.

Verkäuferin: **Forse è un po' piccola.**

for-ße ä un po pik-ko-la

Vielleicht ist der Rock etwas zu klein.

Giovanna: **Me la provo.**

me la pro-wo

Ich probiere ihn an.

Track 16: Im Gespräch

Giovanna hat den Rock angezogen und kommt aus der Kabine.

Verkäuferin: **Va bene?**

wa bä-ne

Passt er?

Giovanna: **È troppo stretta. Avete una taglia più grande?**

ä trop-po ßtret-ta a-we-te u-na ta-lja pi-u gran-de

Er ist etwas zu eng. Haben Sie ihn eine Nummer größer?

Verkäuferin: **Nella sua taglia solo blu.**

nel-la ßu-a ta-lja ßo-lo blu

In Ihrer Größe nur in Blau.

Giovanna: **No, il blu non mi sta bene.**

no il blu non mi ßta bä-ne

Nein, Blau steht mir nicht.

Auf den Punkt kommen: Der bestimmte Artikel

Wenn Sie etwas Bestimmtes kaufen wollen wie zum Beispiel einen blauen Rock, dann sagen Sie nicht: Ich suche *den* blauen Rock, sondern: Ich suche *einen* blauen Rock (»einen« ist der unbestimmte Artikel), und meinen damit, dass Sie noch keine bestimmte Vorstellung von dem Rock haben.

Dieselbe Regel gilt im Italienischen. Hier gibt es auch den bestimmten Artikel – **il**, **la** und **l'** – und den unbestimmten Artikel wie im Deutschen »ein, eine, ein«. Auf Italienisch steht **una** (unbestimmter Artikel) bei weiblichen Substantiven, die auf -**a** enden, und **un** bei männlichen Wörtern, die auf -**o** enden.

Noch eine wichtige Sache: Nur wenige Wörter enden im Italienischen auf Konsonanten. Solche Wörter sind zum Beispiel **la t-shirt** oder **il gilet** (*il dschi-le*, Weste). Leider gibt es keine Regel, von der man ableiten kann, ob solche Wörter weiblich oder männlich sind, deshalb muss man sie zusammen mit dem Artikel auswendig lernen.

Im Gespräch

Alberto sucht nach einer Jacke und bittet einen Verkäufer um Rat. Dieser fragt Alberto nach seiner Konfektionsgröße.

Alberto: **Mi posso provare questa giacca?**

mi poß-ßo pro-wa-re ku-e-ßta dschak-ka

Darf / Kann ich diese Jacke anprobieren?

Verkäufer: **Certo, è la sua misura?**

tschär-to ä la ßu-a mi-su-ra

Natürlich. Ist das Ihre Größe?

Alberto: **Che taglia è? La M?**

ke ta-lja ä la em-me

Welche Größe ist es? M?

Verkäufer: **È la L, ma forse le sta bene.**

ä la el-le ma for-ße le ßta bä-ne

Es ist L, aber vielleicht passt sie Ihnen.

Alberto: **È troppo lunga.**

ä trop-po lun-ga

Sie ist zu lang.

Verkäufer: **Si, è vero.**

ßi ä we-ro

Ja, das stimmt.

Alberto: **Non c'è più piccola?**

non tschä pi-u pik-ko-la

Haben Sie die Jacke nicht eine Nummer kleiner?

Verkäufer: **No, mi dispiace.**

no mi di-ßpi-a-tsche

Nein, tut mir leid.

Farbe bekennen – auch auf Italienisch

Es ist sehr wichtig, auch die Farben auf Italienisch zu kennen. Das weiß jeder, der schon mal versucht hat, Farben mit Händen und mit Füßen zu beschreiben. In Tabelle 6.2 sind die wichtigsten Farben auf Italienisch aufgeführt.

Zwei unersetzliche Wörter, die mit Farben zu tun haben, sind **scuro/a/i/e** (*sku-ro/a/i/e*, dunkel) und **chiaro/a/i/e** (*kia-ro/a/i/e*, hell). Erschrecken Sie nicht wegen der vielen Vokale am Ende der Wörter. Sie brauchen davon nur die Endung, die zum Geschlecht des Hauptworts passt, beziehungsweise die für den Singular oder den Plural:

- ✔ Das **-o** nehmen Sie für männliche Wörter im Singular.
- ✔ Das **-a** nehmen Sie für weibliche Wörter im Singular.
- ✔ Das **-i** (m.) und das **-e** (w.) nehmen Sie für die entsprechende Pluralform.

In der Tabelle werden die Farben nur in der männlichen Form aufgelistet. Bei der Bildung der weiblichen Form und des Plurals wird die Endung nur durch **-a** beziehungsweise **-i** oder **-e** ersetzt.

Italienisch	Aussprache	Deutsch
arancione	*aran-tscho-ne*	orange
azzurro	*ad-dzur-ro*	himmelblau
beige	*bä-i-sch*	beige
bianco	*bi-an-ko*	weiß
blu	*blu*	blau
giallo	*dschal-lo*	gelb
grigio	*gri-dscho*	grau
marrone	*mar-ro-ne*	braun
nero	*ne-ro*	schwarz
rosa	*ro-sa*	rosa
rosso	*roß-ßo*	rot
verde	*wer-de*	grün
viola	*wi-o-la*	violett

Tabelle 6.2: Die Farben

Einige Farben in der Liste enden auf **-e**. Diese Endung gilt sowohl für die männliche als auch für die weibliche Form, das heißt, hier müssen Sie nichts ändern. Zum Beispiel:

- ✔ **una t-shirt arancione** (*u-na t-schirt a-ran-tscho-ne*, ein oranges T-Shirt)
- ✔ **un abito arancione** (*un a-bi-to a-ran-tscho-ne*, ein oranges Kleid)

Ausnahmen bestätigen die Regel: Einige Farben bleiben unverändert, zum Beispiel **beige**, **blu**, **rosa** und **viola**.

Track 17: Im Gespräch

Matteo sucht neue Sommerkleidung. Die Verkäuferin berät ihn dabei.

Verkäuferin: **La posso aiutare?**

la poß-ßo a-i-u-ta-re

Kann ich Ihnen helfen?

Matteo: **Si. Cerco un abito sportivo.**

si tscher-ko un a-bi-to ßpor-ti-wo

Ja, ich suche etwas Sportliches.

Verkäuferin: **Benissimo. Per l'estate?**

bä-niß-ßi-mo per le-ßta-te

Gut. Für den Sommer?

Matteo: **Si, leggero.**

si led-dschä-ro

Ja, etwas Leichtes.

Verkäuferin: **Ecco... provi questo.**

äk-ko pro-wi ku-e-ßto

Hier ... Probieren Sie das mal.

Matteo kommt zufrieden aus der Kabine zurück.

Verkäuferin: **Va bene?**

wa bä-ne

Passt es Ihnen?

Matteo: **Si, mi va bene. Lo prendo.**

ßi mi wa bä-ne lo prän-do

Ja, es passt gut. Ich nehme es.

Stoffe

Bei der Kleidung spielt der Stoff eine wichtige Rolle, denn davon hängen Qualität, Preis, Haltbarkeit und Bequemlichkeit ab. Es gibt sehr viele verschiedene Stoffarten, von **fibre naturali** (*fi-bre na-tu-ra-li*, Naturfasern) und **fibre sintetiche** (*fi-bre ßin-tä-ti-ke*, synthetische Fasern) wie **la viscosa** (*la wi-sko-sa*, Viskose) oder **l'acrilico** (*la-kri-li-ko*, Acryl). Wenn Sie etwas aus reiner Baumwolle kaufen wollen, fragen Sie: **È puro cotone?** (*ä pu-ro ko-to-ne*, Ist es reine Baumwolle?) Und vielleicht wird Ihnen geantwortet: **Il vestito è di lino.** (*il we-ßti-to ä di li-no*, Das Kleid ist aus Leinen.)

Kleiner Wortschatz

Italienisch	Aussprache	Deutsch
il camoscio (m.)	*il ka-mo-scho*	Wildleder
il cotone (m.)	*il ko-to-ne*	Baumwolle
la flanella (w.)	*la fla-näl-la*	Flanell
la fodera (w.)	*la fo-de-ra*	Futter
la lana (w.)	*la la-na*	Wolle
il lino (m.)	*il li-no*	Leinen
la pelle (w.)	*la päl-le*	Leder
la seta (w.)	*la ße-ta*	Seide
il velluto (m.)	*il wel-lu-to*	Samt
la viscosa (w.)	*la wi-sko-sa*	Viskose

Accessoires

Natürlich wollen Sie Ihrem Outfit den letzten Schliff durch schöne **accessori** (*at-tsches-so-ri*, Accessoires) verleihen, zum Beispiel durch:

- ✔ **il berretto** (*il ber-ret-to*, Mütze)
- ✔ **la borsa** (*la bor-ßa*, Tasche)
- ✔ **le calze** (*le kal-tze*, Strümpfe)
- ✔ **i calzini** (*i kal-tzi-ni*, Socken)
- ✔ **il cappello** (*il kap-päl-lo*, Hut)
- ✔ **la cintura** (*la tschin-tu-ra*, Gürtel)
- ✔ **i collant** (*i kol-lan*, Strumpfhose)

- ✔ **la cravatta** (*la kra-wat-ta*, Krawatte)
- ✔ **i guanti** (*i gu-an-ti*, Handschuhe)
- ✔ **l'ombrello** (*lom-bräl-lo*, Regenschirm)
- ✔ **la sciarpa** (*la schar-pa*, Schal)

Wenn Sie beim Einkaufen nach bestimmten **accessori** fragen möchten, hilft Ihnen das folgende Gespräch weiter.

Im Gespräch

Giovanni möchte einen Schal kaufen. Er bittet den Verkäufer um Hilfe.

Giovanni: **Vorrei una sciarpa rossa.**

wor-re-i u-na schar-pa roß-ßa

Ich suche einen roten Schal.

Verkäufer: **Ne abbiamo una bellissima, di cachemire.**

ne ab-bi-a-mo u-na bäl-liß-ßi-ma di ka-schmir

Wir haben einen sehr schönen aus Kaschmirwolle.

Giovanni: **Deve essere carissima.**

de-we äß-ße-re ka-riß-ßi-ma

Der ist bestimmt teuer.

Verkäufer: **Si, ma è in saldo. Non ha bisogno di guanti?**

si ma ä in ßal-do non a bi-so-njo di gu-an-ti

Ja, aber er ist heruntergesetzt. Brauchen Sie Handschuhe?

Giovanni: **Veramente no.**

we-ra-men-te no

Eigentlich nicht.

Verkäufer: **Guardi questi: un'occasione.**

gu-ar-di ku-e-ßti u-nok-ka-sio-ne

Schauen Sie mal diese an: ein Schnäppchen.

Giovanni: **Sono veramente belli.**

ßo-no ve-ra-men-te bäl-li

Sie sind wirklich schön.

Verkäufer: **Li vuole provare?**

li wu-o-le pro-wa-re

Wollen Sie sie anprobieren?

Giovanni: **Si.**

ßi

Ja.

Auftreten mit Stil

Italienische Schuhe sind weltberühmt. In Ihrem nächsten Italienurlaub sollten Sie daher unbedingt in eines der vielen Schuhgeschäfte hineinschauen – oder am besten in alle. Sie werden schnell merken, dass Italiener einen guten Geschmack für **scarpe** (*skar-pe*, Schuhe) haben, und Sie werden hier sicher Ihre Traumschuhe finden – egal ob ein normales **paio di scarpe** (*pa-i-o di skar-pe*, Paar Schuhe), **pantofole** (*pan-to-fo-le*, Pantoffeln), **sandali** (*ßan-da-li*, Sandalen) oder **stivali** (*ßti-wa-li*, Stiefel).

Fürs Anprobieren von Schuhen benötigen Sie die folgenden Vokabeln:

- ✔ **stretta/e** (*ßtret-ta/e*, eng)
- ✔ **larga/e** (*lar-ga/e*, breit)
- ✔ **corta/e** (*kor-ta/e*, kurz)
- ✔ **lunga/e** (*lun-ga/e*, lang)

Weil **la scarpa** (*la skar-pa*, der Schuh) im Italienischen weiblich ist, finden Sie die oben aufgeführten Adjektive nur in der weiblichen Form auf **-a** (Singular) und auf **-e** (Plural).

Die Schuhgröße heißt auf Italienisch **numero** (*nu-me-ro*) im Gegensatz zu **taglie** (*ta-lje*) oder **misure** (*mi-su-re*), die für Kleidung verwendet werden.

Track 18: Im Gespräch

Michaela hat ihre Traumschuhe in dem Schaufenster eines Schuhgeschäfts gesehen. Sie betritt das Geschäft.

Michaela: **Vorrei provare un paio di scarpe.**

wor-re-i pro-wa-re un pa-i-o di skar-pe

Ich möchte ein Paar Schuhe anprobieren.

Verkäuferin: **Quali sono?**

ku-a-li ßo-no

Welche meinen Sie?

Michaela: **Quelle blu a destra.**

ku-el-le blu a dä-ßtra

Die blauen rechts.

Verkäuferin: **Che numero porta?**

ke nu-me-ro por-ta

Welche Größe tragen Sie?

Michaela: **Trentasette.**

tren-ta-ßät-te

Siebenunddreißig.

Verkäuferin: **Ecco qua. Un trentasette … è stretta?**

äk-ko ku-a un tren-ta-ßät-te ä ßtret-ta

Hier die (Schuhe in) siebenunddreißig. Sind sie zu eng?

Michaela: **No. Sono comodissime.**

no ßo-no ko-mo-diß-ßi-me

Nein, sie sind sehr bequem.

Verkäuferin: **È un'ottima pelle.**

ä un-ot-ti-ma päl-le

Es ist sehr gutes Leder.

Michaela: **Quanto vengono?**

ku-an-to wän-go-no

Wie viel kosten sie?

Verkäuferin: **Novanta euro.**

no-wan-ta e-u-ro

Neunzig Euro.

Michaela: **Hmm …**

Apropos **carina e cara** (*ka-ri-na e ka-ra*, hübsch und teuer). Es gibt im Italienischen drei ähnliche Wörter, die aber ganz unterschiedliche Bedeutungen haben:

- ✔ **cara** (*ka-ra*) bedeutet »teuer«, aber auch »lieb«.
- ✔ **carina** (*ka-ri-na*) bedeutet »hübsch«.
- ✔ **carissima** (*ka-riß-ßi-ma*) bedeutet »sehr teuer« und »liebste«.

Spiel und Spaß

Übung 6.1

Kreuzen Sie das Passende an.

1. **Che taglia porta?**
   a. **Il trentasette**
   b. **La S**
   c. **Elegante**
2. **Dove sono i camerini per favore?**
   a. **Scusi**
   b. **Sulla sinistra**
   c. **C'è un reparto casalinghi?**
3. **Dov'è la scala mobile?**
   a. **Dietro la cassa.**
   b. **Va bene?**
   c. **Me la provo.**
4. **Posso provare questa gonna?**
   a. **Si, è vero.**
   b. **Nella sua taglia solo blu.**
   c. **Certo. È la sua misura?**
5. **Vorrei provare un paio di scarpe.**
   a. **Veramente no.**
   b. **Novanta Euro.**
   c. **Che numero porta?**

Übung 6.2

In diesem Kapitel ging es meist um Kleidung. Was haben Sie gelernt? Ordnen Sie die richtigen italienischen Begriffe zu.

Die Lösung finden Sie in Anhang D.

IN DIESEM KAPITEL

Tageszeiten und Wochentage kennenlernen

Sich auf Kino, Kunst, Theater und alle andere Arten der Unterhaltung freuen

Einladen und eingeladen werden

Kapitel 7
Sich in der Stadt amüsieren

Es macht immer wieder Spaß, durch eine Stadt zu bummeln oder einen Ort als **turista** (*tu-ri-ßta*, Tourist) zu besichtigen. In diesem Kapitel finden Sie alle notwendigen Vokabeln und Redewendungen, um von Ihrer Freizeit und Ihren Freunden erzählen zu können – und zwar auf Italienisch.

Italiener sind gesellige Menschen und amüsieren sich gerne. Sie trinken zusammen einen Espresso **al bar** (*al ba-r*, im Café) oder genießen abends einen Wein **in piazza** (*in piat-tza*, auf dem Marktplatz). Viele Italiener gehen gerne abends aus und bevölkern die Straßen der Stadt bis spät in die Nacht. Am Wochenende treffen sie sich mit **gli amici** (*lji a-mi-tschi*, Freunde).

Italien ist ein beliebtes Urlaubsziel und italienische Städte haben ein reichhaltiges Angebot an Kultur, Open-Air-Festivals und klassischer Musik. Abwechslung und Spaß sind in einem Italienurlaub also garantiert.

Tageszeiten und Wochentage

Bevor Sie sich mit jemandem verabreden, müssen Sie wissen, wie die Wochentage auf Italienisch heißen. Sie finden sie in Tabelle 7.1. Hinter den italienischen Bezeichnungen stehen die Abkürzungen.

Für Verabredungen und um über ein Ereignis sprechen zu können, brauchen Sie neben den Wochentagen auch die italienischen Bezeichnungen für die Tageszeiten. Wenn Sie **ieri** (*i-ä-ri*, gestern) eine Verabredung für **domani sera** (*do-ma-ni ße-ra*, morgen Abend) **alle sette e mezza** (*al-le ßät-te e med-dza*, um halb acht) abgemacht haben, aber **oggi** (*od-dschi*,

Italienisch/Abkürzung	Aussprache	Deutsch
la domenica (w.)/dom.	*la do-me-ni-ka*	Sonntag
il lunedì (m.)/lun.	*il lu-ne-di*	Montag
il martedì (m.)/mar.	*il mar-te-di*	Dienstag
il mercoledì (m.)/mer.	*il mer-ko-le-di*	Mittwoch
il giovedì (m.)/gio.	*il dscho-we-di*	Donnerstag
il venerdì (m.)/ven.	*il ve-ner-di*	Freitag
il sabato (m.)/sab.	*il ßa-ba-to*	Samstag

Tabelle 7.1: Die Wochentage und ihre Abkürzungen

heute) erfahren, dass die Vorstellung schon **alle sette** (*al-le ßät-te*, um sieben) beginnt, müssen Sie Ihrer Begleitung schnell Bescheid geben.

Kurz zu den Uhrzeiten: Halb acht heißt auf Italienisch **sette e mezza** (*ßät-te e med-dza*), viertel nach acht ist **le otto e un quarto** (*le ot-to e un* ku-*ar-to)* und **un quarto alle nove** (*un* ku-*ar-to al-le no-we*) ist viertel vor neun.

In der Schriftsprache geben Sie auf Italienisch die Zeit von 01:00 bis 24:00 (0:00) Uhr an, aber in der gesprochenen Sprache verwenden Sie nur die Zahlen 1 bis 12. Ist nicht klar, ob von morgens oder abends die Rede ist, fügen Sie **di mattina** (*di mat-ti-na*, morgens), **di pomeriggio** (*di po-me-rid-dscho*, nachmittags) beziehungsweise **di sera** (*di ße-ra*, abends) hinzu.

Wollen Sie Ihre Termine kurzfristig organisieren, brauchen Sie auch **dopodomani** (*do-po-do-ma-ni*, übermorgen). Dabei bedeutet **dopo** (*do-po*) »nach«. Wenn Sie über zurückliegende Ereignisse berichten wollen, benötigen Sie zusätzlich **l'altro ieri** (*lal-tro i-ä-ri*, vorgestern).

Im Folgenden einige Beispiele, wie die neuen Ausdrücke angewendet werden:

- ✔ **Il concerto è martedì sera.** (*il kon-tschär-to ä mar-te-di ße-ra*, Das Konzert ist am Dienstagabend.)
- ✔ **Arrivo a Milano dopodomani.** (*ar-ri-wo a mi-la-no do-po-do-ma-ni*, Ich komme übermorgen in Mailand an.)
- ✔ **Dov'eri ieri pomeriggio?** (*do-we ä-ri i-ä-ri po-me-rid-scho*, Wo warst du gestern Nachmittag?)
- ✔ **Il concerto è stato l'altro ieri. L'hai perso!** (*il kon-tschär-to ä ßta-to lal-tro i-ä-ri la-i pär-ßo*, Das Konzert war vorgestern. Du hast es verpasst.)

Hier noch zwei wichtige Verben und ihre Konjugation, wenn Sie über einen Theaterbesuch und Besichtigungen sprechen: **vedere** (*we-de-re*, sehen) und **visitare** (*wi-si-ta-re*, besuchen).

Konjugation	Aussprache
vedere	
io vedo	*i-o we-do*
tu vedi	*tu we-di*
lui/lei vede	*lu-i/lä-i we-de*
noi vediamo	*no-i we-di-a-mo*
voi vedete	*wo-i we-de-te*
loro vedono	*lo-ro we-do-no*
visitare	
io visito	*i-o wi-si-to*
tu visiti	*tu wi-si-ti*
lui/lei visita	*lu-i/lä-i wi-si-ta*
noi visitiamo	*no-i wi-si-ti-a-mo*
voi visitate	*wo-i wi-si-ta-te*
loro visitano	*lo-ro wi-si-ta-no*

Im Gespräch

Paola und Martino besuchen Mailand und machen einen Stadtrundgang. Paola möchte Martino überreden, die Kathedrale zu besichtigen.

Paola: **Andiamo a visitare la cattedrale?**

an-di-a-mo a vi-si-ta-re la kat-te-dra-le

Wollen wir die Kathedrale besichtigen?

Martino: **Ma no, facciamo una passeggiata!**

ma no fat-tscha-mo u-na paß-ßed-dscha-ta

Lass uns lieber einen Spaziergang machen!

Paola: **Per il centro?**

per il tschän-tro

Ins Stadtzentrum?

Martino: **Si, perché no?**

ßi per-ke no

Ja, warum nicht?

Paola: **Ma la cattedrale è al centro!**

ma la kat-te-dra-le ä al tschän-tro

Aber die Kirche liegt im Zentrum!

Martino: **Allora mentre io passeggio . . .**

al-lo-ra men-tre i-o paß-ßed-dscho

Gut, dann mache ich den Spaziergang, und ...

Paola: **... io visito la chiesa!**

i-o wi-si-to la ki-ä-sa

... und ich besichtige die Kirche!

Kultur – ein Genuss

Egal wo Sie in Italien sind, in fast allen großen und mittleren Städten gibt es ein wöchentlich erscheinendes **pubblicazione** (*pub-bli-ka-tzio-ne*, Stadtmagazin), in dem die bevorstehenden Veranstaltungen angekündigt werden. In einem solchen Verzeichnis finden Sie detaillierte Informationen zum Beispiel zum Theater- und Kinoprogramm, zu Ausstellungen und zu Festivals. Natürlich ist auch Werbung enthalten, aber Sie werden den Unterschied zwischen **annuncio** (*an-nun-tschio*, Ankündigung) und **pubblicità** (*pub-bli-tschi-ta*, Werbung) schon erkennen.

Sie erhalten sämtliche Informationen zu Veranstaltungen auch am Zeitungskiosk. In kleineren Städten werden Plakate in Geschäften oder an den Straßen aufgehängt.

Die Veranstaltungsinformationen finden Sie nicht nur in Zeitungen und Veranstaltungskalendern, Sie können auch andere Menschen um Tipps bitten. Dafür sind die folgenden Redewendungen hilfreich:

- ✔ **Cosa c'è da fare di sera?** (*ko-ßa tschä da fa-re di ße-ra*, Was kann man am Abend unternehmen?)
- ✔ **Può suggerirmi qualcosa?** (*pu-o ßud-dsche-rir-mi ku-al-ko-ßa*, Können Sie mir etwas empfehlen?)
- ✔ **C'è un concerto stasera?** (*tschä un kon-tscher-to ßta-ße-ra*, Gibt es heute Abend ein Konzert?)
- ✔ **Ci sono ancora posti?** (*tschi ßo-no an-ko-ra po-ßti*, Gibt es noch freie Plätze?)
- ✔ **Dove si comprano i biglietti?** (*do-we ßi kom-pra-no i bi-ljet-ti*, Wo kann man die Karten kaufen?)
- ✔ **Quanto vengono i biglietti?** (*ku-an-to wän-go-no i bi-ljet-ti*, Wie viel kosten die Eintrittskarten?)
- ✔ **Non c'è niente di più economico?** (*non tschä ni-än-te di pi-u e-ko-no-mi-ko*, Gibt es nichts Günstigeres?)

Zwei weitere hilfreiche Verben, die für den Kulturgenuss unerlässlich sind: **cominciare** (*ko-min-tscha-re*, beginnen) und **finire** (*fi-ni-re*, enden).

Konjugation	Aussprache
cominciare	
io comincio	*i-o ko-min-tscho*
tu cominci	*tu ko-min-tschi*
lui/lei comincia	*lu-i/lä-i ko-min-tscha*
noi cominciamo	*no-i ko-min-tscha-mo*
voi cominciate	*wo-i ko-min-tscha-te*
loro cominciano	*lo-ro ko-min-tscha-no*
finire	
io finisco	*i-o fi-ni-sko*
tu finisci	*tu fi-ni-schi*
lui/lei finisce	*lu-i/lä-i fi-ni-sche*
noi finiamo	*no-i fi-ni-a-mo*
voi finite	*wo-i fi-ni-te*
loro finiscono	*lo-ro fi-ni-sko-no*

Übrigens: Für alle Veranstaltungen gibt es in der Regel Vorverkaufstellen, die Sie ebenfalls in den genannten Veröffentlichungen finden.

Im Gespräch

Arturo arbeitet an der Theaterkasse und gibt den Besuchern Auskunft.

Sig. Paoli: **Quando comincia lo spettacolo?**

ku-an-do ko-min-tscha lo ßpet-ta-ko-lo

Wann beginnt die Vorstellung?

Arturo: **Alle sette e mezza.**

al-le ßät-te e met-tza

Um halb acht.

Erika: **A che ora finisce lo spettacolo?**

a ke o-ra fi-ni-sche lo ßpet-ta-ko-lo

Um wie viel Uhr endet die Vorstellung?

Arturo: **Verso le dieci.**

wär-ßo le di-ä-ci

Gegen zehn Uhr.

Erika: **C'è un intervallo?**

tschä un in-ter-wal-lo

Gibt es eine Pause?

Arturo: **Si, tra il secondo e il terzo atto.**

ßi tra il ße-kon-do e il tär-tzo at-to

Ja, zwischen dem zweiten und dritten Akt.

Sig.ra Battiato: **Ha un programma, per favore?**

a un pro-gram-ma per fa-wo-re

Haben Sie ein Programm?

Arturo: **Certo signora. Eccolo qua.**

tschär-to ßi-njo-ra äk-ko-lo ku-a

Natürlich. Hier bitte schön.

Kleiner Wortschatz

Italienisch	Aussprache	Deutsch
A che ora?	*a ke o-ra*	Um wie viel Uhr?
Quando?	*ku-an-do*	Wann?
Dove?	*do-we*	Wo?
il biglietto (m.)	*il bi-ljet-to*	Eintrittskarte
lo spettacolo (m.)	*lo ßpet-ta-ko-lo*	Vorstellung
cominciare	*ko-min-tscha-re*	beginnen
finire	*fi-ni-re*	beenden

Ins Kino gehen

Fast überall geht man in der Freizeit **al cinema** (*al tschi-ne-ma*, ins Kino). Sie gehen **da solo** (*da ßo-lo*, allein) ins Kino, **con un amico** (*kon un a-mi-ko*, mit einem Freund) oder **in gruppo** (*in grup-po*, in der Gruppe). Oft läuft **il film** (*il film*, der Film), den Sie sehen wollen, in einem **multisala** (*mul-ti-ßa-la*, Multiplex-Kino).

Italienische Filme

Italien ist bekannt für seine Filme, vor allem die der großen italienischen Regisseure wie Fellini, Visconti, Bertolucci, De Sica und Nanni Moretti. Einige Filme gelten als Meilensteine der italienischen Kultur und es ist mit Sicherheit keine Zeitverschwendung, wenn Sie sich solche Kunstwerke auf DVD ausleihen und zu Hause anschauen.

Hier ein paar Tipps:

- **Le notti di Cabiria** (Die Nächte der Cabiria) und **La strada** (La strada – Das Lied der Straße) sind Fellinis Meisterwerke.
- Der dramatische und berührende **Bellissima** zählt zu den wichtigsten Filmen von Visconti.
- **Ladri di biciclette** (Fahrraddiebe) gehört ebenfalls zu den wichtigsten Werken der Filmkunst aus den Jahren 1948 bis 1957.
- Bertolucci folgte in den 70er-Jahren und hatte mit **L'ultimo tango a Parigi** (Der letzte Tango) weltweit großen Erfolg.
- **Caro Diario** (Liebes Tagesbuch) erschien erst in den 90er-Jahren.
- Und vergessen Sie nicht Roberto Benignis **La vita è bella** (Das Leben ist schön), der mit vielen internationalen Preisen ausgezeichnet wurde.

In Italien sind die meisten ausländischen Filme **doppiati** (*dop-pi-a-ti*, synchronisiert). Manchmal werden auch Filme in Originalsprache mit Untertiteln gezeigt. Nutzen Sie die Chance, sich einen Film auf Italienisch anzuschauen, denn so können Sie Ihre Italienischkenntnisse testen.

Hier einige wichtige Fragen im Zusammenhang mit dem Thema Kino:

- **Andiamo al cinema?** (*an-di-a-mo al tschi-ne-ma*, Wollen wir ins Kino gehen?)
- **Cosa danno?** (*ko-ßa dan-no*, Was gibt es?)
- **Dove lo fanno?** (*do-we lo fan-no*, Wo läuft der Film?)
- **È in lingua (versione) originale?** (*ä in lin-gua (wer-ßi-o-ne) o-ri-dschi-na-le*, Läuft der Film in der Originalsprache?)
- **Dov'è il cinema Trianon?** (*do-wä il tschi-ne-ma tri-a-non*, Wo ist das Kino ...?)

Bei der letzten Frage können Sie auch nur fragen: **Dov'è il Trianon?** (*do-wä il tri-a-non*, Wo ist das Trianon?) und das Wort **cinema** oder **teatro** weglassen.

Track 19: Im Gespräch

Ugo möchte ins Kino gehen und fragt seine Freundin Bianca, ob sie mitkommt.

Ugo: **Andiamo al cinema?**

an-di-a-mo al tschi-ne-ma

Wollen wir ins Kino gehen?

Bianca: **Che film vuoi vedere?**

ke film wu-o-i we-de-re

Welchen Film willst du sehen?

Ugo: **La dolce vita, naturalmente.**

la dol-tsche wi-ta na-tu-ral-men-te

La dolce vita – Das süße Leben, natürlich.

Bianca: **Oh, l'ho visto solo cinque volte! Dove lo fanno?**

o lo wi-ßto ßo-lo tschin-ku-e wol-te do-we lo fan-no

Oh, den habe ich fünf Mal gesehen! Wo läuft er?

Ugo: **Al Tiziano, qui vicino.**

al ti-tzi-a-no ku-i wi-tschi-no

Im Tiziano, hier in der Nähe.

Bianca: **A che ora comincia?**

a ke o-ra ko-min-tscha

Um wie viel Uhr fängt er an?

Ugo: **Esattamente fra cinque minuti.**

e-sat-ta-men-te fra tschin-ku-e mi-nu-ti

Genau in fünf Minuten.

Bianca: **Cosa aspettiamo?**

ko-ßa a-ßpet-ti-a-mo

Worauf warten wir noch?

In den großen Städten in Italien gibt es noch kleine Kinos. Dort werden nur ein, höchstens zwei Filme am Tag gezeigt. In den **multisala** (*mul-ti-ßa-la*, Multiplex-Kino) ist es natürlich anders, dort laufen die Filme den ganzen Tag über zu verschiedenen Uhrzeiten.

Kinofilme sind manchmal schnell ausverkauft. Deshalb sollten Sie ihre **biglietto** (*bi-ljet-to*, Eintrittskarte) für den Film vorbestellen.

Im Gespräch

Chiara und Alberto unterhalten sich über Filme.

Chiara: **Hai visto l'ultimo film di Bellotti?**

a-i wi-ßto lul-ti-mo film di bel-lot-ti

Hast du den letzten Film von Bellotti gesehen?

Alberto: **Ancora no, e tu?**

an-ko-ra no e tu

Noch nicht, und du?

Chiara: **Si, ieri sera.**

ßi i-ä-ri ße-ra

Ja, gestern Abend.

Alberto: **Com'è?**

ko-mä

Und wie war's?

Chiara: **L'attore è bravissimo.**

lat-to-re ä bra-wiß-ßi-mo

Der Schauspieler ist sehr gut.

Alberto: **Ma dai! Lo dici perché è bello!**

ma da-i lo di-tschi per-ke ä bäl-lo

Komm schon! Du sagst es nur, weil er gut aussieht.

Chiara: **E allora? Il film è così divertente!**

e al-lo-ra il film ä ko-ßi di-wer-tän-te

Na und? Der Film ist sehr lustig.

Alberto: **L'ultimo film di Bellotti che ho visto era così serio.**

lul-ti-mo film di bel-lot-ti ke o wi-ßto ä-ra ko-ßi ßä-ri-o

Der letzte Film, den ich von Bellotti gesehen habe, war sehr ernst.

Chiara: **È questione di gusti.**

ä ku-e-ßtio-ne di gu-ßti

Es ist eben Geschmackssache.

Alberto: **Lo vado a vedere.**

lo wa-do a we-de-re

Ich werde ihn mir anschauen.

Kleiner Wortschatz

Italienisch	Aussprache	Deutsch
Chi è il regista?	*ki ä il re-dschi-ßta*	Wer ist der Regisseur?
Chi sono gli attori?	*ki ßo-no lji at-to-ri*	Welche Schauspieler spielen mit?
l'attore (m.)	*lat-to-re*	Schauspieler
il regista (m.)	*il re-dschi-ßta*	Regisseur
la trama (w.)	*la tra-ma*	Handlung
la scena (w.)	*la schä-na*	Szene

Ins Theater gehen

Für einen Theaterbesuch benötigen Sie fast den gleichen Wortschatz wie fürs Kino. Trotzdem: Wenn Sie ins Theater, die Oper oder in ein Konzert gehen möchten, müssen Sie die verschiedenen Platzarten unterscheiden können, um Tickets vorzubestellen. Die Plätze in **la platea** (*la pla-te-a*, Parkett) werden in **poltronissime** (*pol-tro-niß-ßi-me*, Plätze in den ersten beiden Reihen) und **poltrone** (*pol-tro-ne*, Plätze ab der dritten Reihe) unterteilt. Sie können auch **posti nei palchi** (*po-ßti ne-i pal-ki*, Logenplätze) wählen.

In einigen Theatern sind die Plätze der Reihe nach durchnummeriert: **i primi posti** (*i pri-mi po-ßti*, die Plätze der ersten Kategorie) befinden sich in den ersten fünf oder sechs Reihen; **i secondi posti** (*i ße-kon-di po-ßti*, die Plätze der zweiten Kategorie) befinden sich ab der fünften beziehungsweise sechsten Reihe und so weiter.

Bestimmt ist es Ihnen wichtig, wo Sie im Theater sitzen. Wenn Sie sich beispielsweise in der Mitte **centrale/i** (*tschen-tra-le/i*) eingeengt fühlen, reservieren Sie besser einen Platz **laterale/i** (*la-te-ra-le/i*, an der Seite).

In vielen Theatern gibt es auch Plätze **il loggione** (*il lod-dscho-ne*, in der Loge, Galerie), auch **piccionaia** (*pit-tscho-na-ia*, *wörtlich:* Taubenschlag) genannt. Die Logenplätze in der berühmten **La Scala di Milano** (*la ska-la di mi-la-no*, Mailänder Scala) sind den Honoratioren, VIPs und anderen wichtigen Personen vorbehalten.

Im Gespräch

Eugenio möchte wissen, ob noch Karten für eine bestimmte Vorstellung zu bekommen sind. Er ruft im Theater an.

Theaterschalter: **Pronto?**

pron-to

Hallo?

Eugenio: **Buongiorno. È il Teatro Valle?**

bu-on-dschor-no ä il te-a-tro wal-le

Guten Tag. Bin ich mit dem Teatro Valle verbunden?

Theaterschalter: **Si. Mi dica.**

ßi mi di-ka

Ja. Sie wünschen?

Eugenio: **Vorrei prenotare dei posti.**

wor-re-i pre-no-ta-re de-i po-ßti

Ich möchte Karten vorbestellen.

Theaterschalter: **Per quale spettacolo?**

per ku-a-le ßpet-ta-ko-lo

Für welche Vorstellung?

Eugenio: **Aspettando Godot, domani sera.**

a-ßpet-tan-do go-do do-ma-ni ße-ra

Warten auf Godot, für morgen Abend.

Theaterschalter: **Mi dispiace. È tutto esaurito.**

mi di-ßpi-a-tsche ä tut-to e-sa-u-ri-to

Das tut mir leid. Es ist ausverkauft.

Eugenio: **Ci sono repliche?**

tschi ßo-no rä-pli-ke

Gibt es noch weitere Aufführungen?

Theaterschalter: **L'ultima è dopodomani.**

lul-ti-ma ä do-po-do-ma-ni

Die letzte ist übermorgen.

Haben Sie es bemerkt? *Warten auf Godot* (**Aspettando Godot**) hat auf Italienisch keine Präposition. Im Deutschen sagt man »warten auf jemanden«, auf Italienisch heißt es hingegen **aspettare qualcuno** (*a-ßpet-ta-re ku-al-ku-no*). **Io ti aspetto** (*i-o ti a-ßpet-to*) bedeutet »ich warte auf dich«.

Im Gespräch

Eugenio ruft noch einmal im Theater an und bestellt die Karten für die Vorstellung.

Theaterschalter:	**Pronto?**
	pron-to
	Hallo? Teatro Valle.
Eugenio:	**Ho telefonato due minuti fa.**
	o te-le-fo-na-to du-e mi-nu-ti fa
	Ich habe vor zwei Minuten angerufen.
Theaterschalter:	**Si, vuole prenotare per dopodomani?**
	ßi wu-o-le pre-no-ta-re per do-po-do-ma-ni
	Ja. Wollen Sie für übermorgen vorbestellen?
Eugenio:	**Si, tre posti.**
	ßi tre po-ßti
	Ja. Drei Karten.
Theaterschalter:	**Che posti desidera?**
	ke po-ßti de-ßi-de-ra
	Wo wollen Sie sitzen?
Eugenio:	**Non troppo cari.**
	non trop-po ka-ri
	Nicht zu teuer.
Theaterschalter:	**La platea viene trentadue.**
	la pla-tä-a wiä-ne tren-ta-du-e
	Im Parkett kostet es zweiunddreißig.
Eugenio:	**Ci sono tre posti centrali?**
	tschi ßo-no tre po-ßti tschen-tra-li
	Sind noch drei Mittelplätze frei?
Theaterschalter:	**Un momento . . . si, ma non insieme.**
	un mo-men-to si ma non in-ßi-ä-me
	Einen Augenblick . . . ja, aber nicht nebeneinander.
Eugenio:	**In tre file diverse?**
	in tre fi-le di-wär-ße
	In drei verschiedenen Reihen?

Theaterschalter: **Due in ottava e uno in nona fila.**

du-e in ot-ta-wa e u-no in no-na fi-la

Zwei in der achten Reihe und einer in der neunten.

Wenn Sie in Italien sind, sollten Sie unbedingt in eine Oper von Verdi, Puccini oder Rossini gehen. Das ist ein einzigartiges Ereignis, besonders wenn Sie die Oper in **La Scala** (*la ska-la*, Mailänder Scala), in **San Carlo** (*ßan kar-lo*) in Neapel oder in Florenz und Palermo erleben. Im Sommer finden in der alten römischen **Arena** (*a-re-na*) in Verona Open-Air-Opern statt. Auch in anderen kleineren Städten werden im Sommer Veranstaltungen unter freiem Himmel angeboten.

Hier einige Ausdrücke zum Thema:

- **la danza classica/moderna/contemporanea** (*la dan-tza klaß-ßi-ka/mo-där-na/kon-tem-po-ra-ne-a*, Ballett/moderner Tanz/zeitgenössischer Tanz)
- **lo spettacolo** (*lo ßpet-ta-ko-lo*, Vorstellung)
- **la prova generale pubblica** (*la pro-wa dsche-ne-ra-le pub-bli-ka*, offene Generalprobe)
- **la replica** (*la rä-pli-ka*, Wiederaufführung)
- **la matinée** (*la ma-ti-ne*, Matinee)
- **lo spettacolo pomeridiano** (*lo ßpet-ta-ko-lo po-me-ri-di-a-no*, Nachmittagsvorstellung)

Im Gespräch

Stefano und Giorgio wollen eine Vorstellung im Theater besuchen.

Giorgio: **Voglio vedere lo spettacolo al Verdi.**

wo-ljo we-de-re lo ßpet-ta-ko-lo al wer-di

Ich möchte das Stück im Theater Verdi sehen.

Stefano: **Ci sono ancora biglietti per la prima?**

tschi ßo-no an-ko-ra bi-ljet-ti per la pri-ma

Gibt es noch Karten für die Premiere?

Giorgio: **No, è tutto esaurito.**

no ä tut-to e-sa-u-ri-to

Nein, es ist alles ausverkauft.

Stefano: **Peccato!**

pek-ka-to

Schade!

Giorgio: **Andiamo alla prova generale!**

an-di-a-mo al-la pro-wa dsche-ne-ra-le

Lass uns zur Generalprobe gehen.

Stefano: **È pubblica?**

ä pub-bli-ka

Ist sie öffentlich?

Giorgio: **Penso di sì. Ora telefono.**

pen-so di ßi o-ra te-le-fo-no

Ich glaube schon. Ich rufe gleich mal an.

Wenn Sie in Italien Eintrittskarten reservieren, müssen Sie dafür eine Servicegebühr zahlen. Einige Theater nehmen keine telefonischen Reservierungen an, das heißt, Vorbestellungen sind nur **prenotazione al botteghino** (*pre-no-ta-tzio-ne al bot-te-gi-no*, an der Theaterkasse) möglich. Sie bekommen die Karten sofort oder Sie können sie eine halbe Stunde vor der Vorstellung abholen.

Große Theater bieten auch die Möglichkeit an, Karten per Telefon oder per E-Mail vorzubestellen und mit Kreditkarte zu zahlen. In vielen Städten läuft der Vorverkauf auch über Agenturen, die in den Veranstaltungshinweisen bekannt gegeben werden.

Ins Museum gehen

Ein Museumsbesuch ist überall auf der Welt ein Erlebnis – vor allem in Italien. Ihre Kenntnisse in Geschichte, über die Gesellschaft, in Landeskunde und Politik werden ausgebaut, haben doch große Teile unserer heutigen westlichen Kultur ihre Wurzeln im alten Rom. Viele Grundsätze römischer Künstler, Philosophen und Politiker gelten noch heute. Und so spiegelt ein Rundgang durch italienische Museen die reiche Geschichte des Landes wider.

Ganz zu schweigen von den italienischen Malern und Bildhauern! Ihre Werke in ihrem unverwechselbaren Stil sind überall auf der Welt zu finden. Die Liste der italienischen Künstler ist lang und jeder hat schon einmal von den bedeutendsten und kreativsten wie Leonardo da Vinci, Michelangelo und Tizian gehört. Bei Ihrer nächsten Italienreise sollten Sie auf jeden Fall einen Besuch im Museum in der Nähe Ihres Aufenthaltsortes einplanen. Es lohnt sich.

Im Gespräch

Luisa und Flavia treffen sich vor der Picasso-Ausstellung im Kunstmuseum.

Luisa: **Ciao, Flavia, dove vai?**

tscha-o fla-wi-a do-we wa-i

Hallo, Flavia! Wo gehst du hin?

Flavia: **Ciao! Alla mostra di Picasso.**

tscha-o al-la mo-ßtra di pi-kaß-ßo

In die Picasso-Ausstellung.

Luisa: **Ma dai: ci vado anch'io!**

ma da-i tschi wa-do an-ki-o

Wirklich? Ich gehe auch dahin.

Flavia: **Allora andiamo insieme!**

al-lo-ra an-di-a-mo in-ßi-ä-me

Gut, dann gehen wir zusammen!

Luisa: **Certo! Viene anche Christa.**

tschär-to wi-ä-ne an-ke kri-ßta

Toll! Christa kommt auch mit.

Flavia: **La conosco?**

la ko-no-sko

Kenne ich sie?

Luisa: **Si, la mia amica tedesca.**

ßi la mi-a a-mi-ka te-de-ska

Ja, sie ist meine deutsche Freundin.

Flavia: **Dove avete un appuntamento?**

do-we a-we-te un ap-pun-ta-men-to

Wo seid ihr verabredet?

Luisa: **Davanti al museo.**

da-wan-ti al mu-sä-o

Hier vor dem Museum.

Ins Konzert gehen

Musik ist eine Sprache, die jeder versteht. Einige Musikformen, wie zum Beispiel **l'opera** (*lo-pe-ra*, Oper), haben enge Verbindungen zu Italien.

In Italien finden viele klassische Konzerte in Kirchen und Kathedralen statt. Dort spielen **i musicisti** (*i mu-ßi-tschi-ßti*, Musiker). Im Sommer werden Konzerte auch auf Plätzen und im Freien gegeben. Sie sind immer von einem ganz besonderen Zauber umgeben.

Im Gespräch

Frau und Herr Tiberi lesen Zeitung. Frau Tiberi hat plötzlich etwas entdeckt.

Sig.ra Tiberi: **Guarda qui!**

gu-ar-da ku-i

Guck mal!

Sig. Tiberi: **Che c'è?**

ke tschä

Was ist?

Sig.ra Tiberi: **Martedì c'è Pollini a Roma!**

mar-te-di tschä pol-li-ni a ro-ma

Am Dienstag ist Pollini in Rom.

Sig. Tiberi: **Dà un concerto?**

da un kon-tschär-to

Gibt er ein Konzert?

Sig.ra Tiberi: **Si. Al Conservatorio.**

ßi al kon-ßer-wa-to-ri-o

Ja, am Konservatorium.

Sig. Tiberi: **Sarà tutto esaurito?**

sa-ra tut-to e-sa-u-ri-to

Ob es schon ausverkauft ist?

Sig.ra Tiberi: **Forse no!**

for-ße no

Vielleicht nicht!

Sig. Tiberi: **Vai al botteghino?**

wa-i al bot-te-gi-no

Gehst du zur Theaterkasse?

Sig.ra Tiberi: **Si, subito.**

ßi ßu-bi-to

Ja. Sofort.

Maurizio Pollini ist ein berühmter Pianist, der nur noch sehr selten Konzerte gibt. Wir hoffen, dass Herr und Frau Tiberi Karten bekommen. **Buona fortuna!** (*bu-o-na for-tu-na*, Viel Glück!)

Kleiner Wortschatz

Italienisch	Aussprache	Deutsch
la musica (w.)	*la mu-si-ka*	Musik
il concerto (m.)	*il kon-tschär-to*	Konzert
esaurito	*e-sa-u-ri-to*	ausverkauft
il pianoforte (m.)	*il pi-a-no-for-te*	Klavier
il museo (m.)	*il mu-sä-o*	Museum
insieme	*in-ßi-ä-me*	zusammen

Kennen Sie jemanden, der in seiner Freizeit ein Instrument spielt? Mit folgenden Fragen können Sie das Gespräch beginnen:

- ✔ **Che strumento suoni?** (*ke ßtru-men-to ßu-o-ni*, Was spielst du?)

  Suono il violino. (*ßu-o-no il wio-li-no*, Ich spiele Geige.)

- ✔ **Dove suonate stasera?** (*do-we ßu-o-na-te ßta-ße-ra*, Wo spielt ihr heute Abend?)

  Suoniamo al Blu Notte. (*ßu-o-ni-a-mo al blu not-te*, Wir spielen im Blu Notte.)

- ✔ **Chi suona in famiglia?** (*ki ßu-o-na in fa-mi-lja*, Wer spielt in deiner Familie ein Instrument?)

  Suonano tutti. (*ßu-o-na-no tut-ti*, Alle spielen ein Instrument.)

Im Gespräch

Frau Tiberi trifft Frau Busi **in coda** (*in ko-da*, in der Schlange) an der Theaterkasse. Beide wollen Karten für das Pollini-Konzert kaufen.

Sig.ra Tiberi: **Buongiorno!**

bu-on-dschor-no

Guten Tag!

Sig.ra Busi: **Anche Lei per martedì?**

an-ke lä-i per mar-te-di

Stehen Sie auch für Dienstag an?

Sig.ra Tiberi:	**Si, spero di trovare due biglietti.**
	ßi ßpe-ro di tro-wa-re du-e bi-ljet-ti
	Ja, ich hoffe, ich bekomme noch zwei Karten.
Sig.ra Busi:	**Le piace il piano?**
	le pi-a-tsche il pi-a-no
	Mögen Sie Klaviermusik?
Sig.ra Tiberi:	**Molto, e lui è così bravo!**
	mol-to e lu-i ä ko-ßi bra-wo
	Sehr! Er ist auch sehr gut.
Sig.ra Busi:	**Suona divinamente!**
	ßu-o-na di-wi-na-men-te
	Er spielt göttlich!

Freunde einladen

Un invito (*un in-wi-to*, Einladung) ist immer ein Grund zur Freude, sei es, Sie laden Freunde zum Abendessen ein, sei es, Sie werden zu **la festa** (*la fä-ßta*, Party) eingeladen.

Eine Party ist eine gute Gelegenheit, um andere Menschen kennenzulernen. Wenn Sie selbst eine Party organisieren wollen, heißt das auf Italienisch: **dare una festa** (*da-re u-na fä-ßta*, eine Party geben). Der Ausdruck **fare una festa** (*fa-re u-na fä-ßta*) hat die gleiche Bedeutung.

Wie wird eine Einladung auf Italienisch formuliert? Hier die Konjugation des Verbs **invitare** (*in-wi-ta-re*, einladen).

Konjugation	Aussprache
io invito	*i-o in-wi-to*
tu inviti	*tu in-wi-ti*
lui/lei invita	*lu-i/lä-i in-wi-ta*
noi invitiamo	*no-i in-wi-ti-a-mo*
voi invitate	*wo-i in-wi-ta-te*
loro invitano	*lo-ro in-wi-ta-no*

Wenn Sie etwas unternehmen wollen, formulieren Sie den Vorschlag mit folgenden Redewendungen:

- ✔ **Che ne pensa di andare a Roma?** (*ke ne pen-ßa di an-da-re a ro-ma*, Was halten Sie davon, nach Rom zu fahren?)
- ✔ **Che ne dici di uscire stasera?** (*ke ne di-tschi di u-schi-re ßta-ße-ra*, Was hältst du davon, wenn wir heute Abend ausgehen?)

- **Andiamo in piscina!** (*an-di-a-mo in pi-schi-na*, Gehen wir ins Schwimmbad!)
- **Mangiamo una pizza!** (*man-dscha-mo u-na pit-tza*, Gehen wir eine Pizza essen!)
- **Perché non andiamo a teatro?** (*per-ke non an-di-a-mo a te-a-tro*, Warum gehen wir nicht ins Theater?)

Wenn Sie auf Italienisch etwas vorschlagen wollen, fragen Sie **Perché non . . .?** (*per-ke non*, Warum nicht . . .?) oder **Che ne pensi . . .?** (*ke ne pen-ßi*, Was hältst du . . .?). Im Italienischen können Sie außerdem durch die Betonung, also dadurch, wie Sie einen Satz aussprechen, aus einer normalen Aussage einen Vorschlag machen. Sagen Sie **Andiamo!** (*an-di-a-mo*, Lass uns gehen!) mit Begeisterung und betonen Sie mit einem Ausrufezeichen, dann ist dies eine Aufforderung. **Andiamo al ristorante** (*an-di-a-mo al ri-ßto-ran-te*, Wir gehen ins Restaurant) hingegen ist ein normaler Aussagesatz, auch wenn sich die Verbform im Vergleich zum ersten Beispiel nicht ändert.

Bei **perché** handelt es sich um ein sehr wichtiges Fragewort, denn es bedeutet »warum«. Zum anderen bedeutet es aber auch »weil«. Im Gespräch wird es wie folgt verwendet:

- **Perché non mangi?** (*per-ke non man-dschi*, Warum isst du nichts?)
- **Perché non ho fame.** (*per-ke non o fa-me*, Weil ich keinen Hunger habe.)

Im Gespräch

Guido hat eine neue Arbeitsstelle gefunden. Er möchte deshalb **dare una festa** (*da-re u-na fä-ßta*, eine Party geben). Er erzählt Caterina von seinem Plan.

Guido: **Ho deciso!**

o de-tschi-so

Weißt du was?

Caterina: **Cosa? Dimmi!**

ko-ßa dim-mi

Was? Schieß los!

Guido: **Faccio una festa!**

fat-tscho u-na fä-ßta

Ich gebe eine Party.

Caterina: **Fantastico! Quando?**

fan-ta-ßti-ko ku-an-do

Fantastisch! Wann?

Guido: **Sabato sera.**

ßa-ba-to ße-ra

Am Samstagabend.

Caterina: **E si balla?**

e ßi bal-la

Und wird auch getanzt?

Guido: **Certo. Mi aiuti?**

tschär-to mi a-i-u-ti

Klar! Hilfst du mit?

Caterina: **Come no!**

ko-me no

Klar!

Freunde kann man auf vielerlei Arten einladen: per Telefon, per SMS oder per E-Mail. Ihr **ospite** (*o-ßpi-te*, Gast) ist also problemlos zu erreichen!

Track 20: Im Gespräch

Guido will nächsten Samstag eine Party geben. Er ruft seine Freundin Sara an, um sie einzuladen.

Sara: **Ciao Guido, come va?**

tscha-o gu-i-do ko-me wa

Hallo Guido, wie geht's?

Guido: **Sei libera sabato sera?**

ße-i li-be-ra ßa-ba-to ße-ra

Hast du Samstagabend Zeit?

Sara: **È un invito?**

ä un in-wi-to

Ist das eine Einladung?

Guido: **Si, alla mia festa.**

ßi al-la mi-a fä-ßta

Ja. Zu meiner Party.

Sara: **Fantastico! A che ora?**

fan-ta-ßti-ko a ke o-ra

Toll! Um wie viel Uhr?

Guido: **Verso le nove.**

wär-ßo le no-we

Gegen neun.

Sara: **Ci sarò, grazie.**

tschi sa-ro gra-tzi-e

Ich komme auf jeden Fall. Danke!

Guido hat seinem Freund eine E-Mail geschickt, weil er ihn telefonisch nicht erreicht hat (siehe Abbildung 7.1).

Im Gespräch

Franco und Emma haben Guidos Einladung bekommen. Sie unterhalten sich darüber, ob sie zu der Party gehen.

Franco: **Vieni alla festa di Guido?**

wi-ä-ni al-la fä-ßta di gu-i-do

Gehst du zu Guidos Party?

Emma: **No, mi annoio alle feste.**

no mi an-no-i-o al-le fä-ßte

Nein, ich langweile mich auf Partys.

Franco: **Ti annoi?**

ti an-no-i

Du langweilst dich?

Emma: **Si, non ballo e non bevo.**

ßi non bal-lo e non be-wo

Ja, ich tanze nicht und ich trinke nicht.

Franco: **Ma chiacchieri!**

ma ki-ak-ke-ri

Aber du unterhältst dich gern.

Emma: **Si, ma senza musica di sottofondo.**

ßi ma ßän-tza mu-si-ka di ßot-to-fon-do

Ja, aber ohne Musik im Hintergrund.

INVITO
in-wi-to
Einladung

C'è una festa e tu sei invitato.
tschä u-na fä-ßta e tu ße-i in-wi-ta-to
Ich gebe eine Party und möchte dich (dazu) einladen.

Quando?
ku-an-do
Wann?

Sabato 24 luglio.
ßa-ba-to wen-ti-ku-at-tro lu-ljo
Am Samstag, 24. Juli.

A che ora?
a ke o-ra
Um wie viel Uhr?

Verso le 9.
wär-ßo le no-we
Gegen 21 Uhr.

Dove?
do-we
Wo?

A casa mia.
a ka-ßa mi-a
Bei mir zu Hause.

Perché?
per-ke
Warum?

Per festeggiare insieme!
per fe-ßted-dscha-re in-ßi-ä-me
Um zusammen zu feiern!

Ti aspetto.
ti a-ßpet-to
Ich freue mich auf dich.
Guido.

Abbildung 7.1: Einladung per E-Mail

In Abbildung 7.2 sehen Sie ein Beispiel für eine förmliche Einladung zur Ausstellungseröffnung der Künstlerin Elisa Catalani.

LA SIGNORIA VOSTRA È INVITATA ALL'INAUGURAZIONE DELLA MOSTRA:
la ßi-njo-ri-a wo-ßtra ä in-wi-ta-ta al-li-na-u-gu-ra-tzio-ne del-la mo-ßtra
Einladung zur Ausstellungseröffnung

»RICORDI DI UNA VITA«
ri-kor-di di u-na wi-ta
»Lebenserinnerungen«

DIPINTI A OLIO E SCULTURE DI
di-pin-ti a o-li-o e skul-tu-re di
Ölgemälde und Skulpturen von

ELISA CATALANI
e-li-sa ka-ta-la-ni
Elisa Catalani

GALLERIA ARTE & ARTE
gal-le-ri-a ar-te e ar-te
Galerie »Arte & Arte«

VIA GABRIELE SISTI 18

PIACENZA

L'artista sarà presente.
lar-tis-ta ßa-ra pre-sän-te
Die Künstlerin wird selbst anwesend sein.

Abbildung 7.2: Eine förmliche Einladung zu einer Ausstellungseröffnung

Kleiner Wortschatz

Italienisch	Aussprache	Deutsch
l'invito (m.)	*lin-wi-to*	Einladung
la festa (w.)	*la fä-ßta*	Party
suonare	*ßu-o-na-re*	spielen
perché	*per-ke*	warum/weil
bere	*be-re*	trinken
ballare	*bal-la-re*	tanzen

Spiel und Spaß

Übung 7.1

Vervollständigen Sie die Sätze mit den angegebenen Wörtern.

film / cinema / ora / divertente / passeggiata

Andiamo al ___________?

Che cosa vuoi vedere?

L'ultimo ___________di Checcho Zalone.

Si! Il film è così _____________! A che ________comincia?

Alle otto.

Facciamo prima una _______________.

Va bene.

Übung 7.2

Sie möchten einen italienischen Freund zu Ihrer Party einladen. Vervollständigen Sie den Text mit den angegebenen Wörtern.

aspetto, dove, festa, invitato, ora, perché, sabato, verso

C'è una (1) _______________ **e tu sei** (2) __________________. (Ich gebe eine Party und du bist eingeladen.)

Quando? (3) _______________ **24 luglio.** (Wann? Am Samstag, 24. Juli)

A che (4) ________________? (5) __________________ **le 9.** (Um wie viel Uhr? Gegen 9 Uhr)

(6) ________________? **A casa mia.** (Wo? Bei mir zu Hause)

(7) _________________? **Per festeggiare insieme!** (Warum? Um zusammen zu feiern!)

Ti (8) _______________. (Ich freue mich auf dich.)

Buon divertimento! (Viel Spaß!)

Die Lösung finden Sie in Anhang D.

IN DIESEM KAPITEL

Die Wunder der Natur: Landschaft, Tiere, Pflanzen

Die reflexiven Verben konjugieren

Sport und andere Hobbys

Kapitel 8
Freizeit auf Italienisch genießen

Dieses Kapitel behandelt Ausdrücke und Redewendungen rund um Wochenenden, Ausflüge, Sport und Freizeitaktivitäten im Allgemeinen.

Jeder braucht mal eine Pause vom Alltagstrott, will in der Freizeit vielleicht etwas Neues kennenlernen und ausprobieren. Daher strömen viele Menschen im Sommer **al mare** (*al ma-re*, ans Meer), gehen **in montagna** (*in mon-ta-nja*, in die Berge) oder machen Ausflüge in **una grande città** (*u-na gran-de tschit-ta*, eine große Stadt).

Oder man treibt Sport am **fine settimana** (*fi-ne ßet-ti-ma-na*, Wochenende), spielt zum Beispiel **calcio** (*kal-tscho*, Fußball) oder **pallavolo** (*pal-la-wo-lo*, Volleyball). Oder warum sollte man nicht vor dem Fernseher sitzen und sich **Formula Uno** (*for-mu-la u-no*, Formel 1) anschauen? Außerdem sind Sport und Freizeit geeignete Gesprächsthemen.

Italiener lassen in ihrer Freizeit gern die Stadt hinter sich und fahren – besonders im Sommer – so oft es geht ans Meer, an einen See oder in die Berge. Außerdem wandern Italiener gern. Wandern und Radfahren bieten eine ideale Möglichkeit, Sport und Natur zu verbinden und die Schönheiten der Landschaft zu genießen. Für diese Sportarten sind **le Alpi** (*le al-pi*, Alpen) und **le Dolomiti** (*le do-lo-mi-ti*, Dolomiten) hervorragend geeignet, besonders in den warmen Monaten. Im Winter fahren sie in den Bergen Ski, denn die Italiener sind absolute Skifans.

Auf Reisen gehen

In einer Stadt oder auf dem Land gibt es in der Regel viele Sehenswürdigkeiten, die es zu besichtigen lohnt. Mit dem Auto, der Bahn oder mit dem Bus erreicht man schnell alle interessanten Ziele in Italien. Busreisen sind meistens gut organisiert und bieten ein vielfältiges

Programm. Außerdem sind normalerweise Hotelunterbringung, Halb- oder Vollpension und eine Führung im Pauschalpreis inbegriffen.

Eine Stadtrundfahrt mit Führung ist meist sehr amüsant, preiswert und auch informativ. Die folgenden Fragen helfen Ihnen bei **una gita organizzata** (*u-na dschi-ta or-ga-nid-dza-ta*, einem organisierten Ausflug) weiter. Im Italienischen gibt es zwei Redewendungen, die »einen Ausflug machen« bedeuten: **fare una gita** (*fa-re u-na dschi-ta*) und **fare un'escursione** (*fa-re u-nes-kur-ßi-o-ne*). Hier ihre Anwendung:

- ✔ **Ci sono gite organizzate?** (*tschi ßo-no dschi-te or-ga-nid-dza-te*, Gibt es organisierte Reisen?)
- ✔ **Che cosa c'è da vedere?** (*ke ko-ßa tschä da we-de-re*, Was kann man sich ansehen?)
- ✔ **Quanto costa la gita?** (*ku-an-to ko-ßta la dschi-ta*, Wie viel kostet der Ausflug?)
- ✔ **C'è una guida tedesca?** (*tschä u-na gu-i-da te-de-ska*, Gibt es eine deutsche Reiseleitung?)
- ✔ **Dove si comprano i biglietti?** (*do-we ßi kom-pra-no i bi-ljet-ti*, Wo kann man die Karten kaufen?)

Im Gespräch

Lucia und Renzo sind in einem Touristikbüro. Sie haben sich von dem Angestellten beraten lassen und überlegen nun, welchen Ausflug sie am nächsten Tag unternehmen wollen.

Lucia:	**C'è una bella gita sul lago domani.** *tschä u-na bäl-la dschi-ta ßul la-go do-ma-ni* Morgen steht ein schöner Ausflug zum See auf dem Programm.
Renzo:	**Vuoi andare, vero?** *wu-o-i an-da-re we-ro* Da möchtest du hin, stimmt's?
Lucia:	**Sarebbe carino. E tu?** *ßa-reb-be ka-ri-no e tu* Es wäre schön. Und du?
Renzo:	**Non amo le gite in autobus.** *non a-mo le dschi-te in a-u-to-bus* Ich mag keine Busreisen.
Lucia:	**Ma è una gita a piedi.** *ma ä u-na dschi-ta a pi-ä-di* Aber es ist ein Ausflug mit Wanderung.

Renzo: **Mamma mia!**

mam-ma mi-a

Du lieber Himmel!

A che ora inizia la gita?

a ke o-ra i-ni-tzi-a la dschi-ta

Um wie viel Uhr beginnt der Ausflug?

Angestellter: **Alle sette e trenta.**

al-le ßät-te e tren-ta

Um halb acht.

Lucia: **Dov'è il punto d'incontro?**

do-wä il pun-to din-kon-tro

Wo ist der Treffpunkt?

Angestellter: **Sul ponte.**

ßul pon-te

An der Brücke.

Renzo: **Quanto dura?**

ku-an-to du-ra

Wie lange dauert es?

Angestellter: **Circa cinque ore.**

tschir-ka tschin-ku-e o-re

Ungefähr fünf Stunden.

Im Folgenden finden Sie einige Redewendungen zum Thema Freizeitbeschäftigungen im Freien:

- ✔ **Mi piace camminare nel verde.** (*mi pi-a-tsche kam-mi-na-re nel wer-de*, Ich wandere gern im Grünen.)
- ✔ **Facciamo un picnic sul prato?** (*fat-tscha-mo un pik-nik ßul pra-to*, Machen wir ein Picknick auf der Wiese?)
- ✔ **Ti piace osservare gli uccelli?** (*ti pi-a-tsche oß-ßer-wa-re lji ut-tschäl-li*, Beobachtest du gerne Vögel?)
- ✔ **Faccio jogging nel parco.** (*fat-tscho dschog-ging nel par-ko*, Ich jogge im Park.)

Kleiner Wortschatz

Italienisch	Aussprache	Deutsch
la campagna (w.)	*la kam-pa-nja*	Land
l'escursione (w.)	*les-kur-ßi-o-ne*	Ausflug
la gita (w.)	*la dschi-ta*	Ausflug
il fiume (m.)	*il fi-u-me*	Fluss
la guida (w.)	*la gu-i-da*	Führung
il lago (m.)	*il la-go*	See
il mare (m.)	*il ma-re*	Meer
la montagna (w.)	*la mon-ta-nja*	Berg

Wenn Sie Picknicks, Spaziergänge und Wanderungen inmitten der Natur so richtig genießen – **ti godi la natura** (*ti go-di la na-tu-ra*) bedeutet »du genießt die Natur« –, brauchen Sie diese Vokabeln, mit denen Sie das Naturerlebnis beschreiben:

- ✔ **l'albero** (*lal-be-ro*, Baum)
- ✔ **il bosco** (*il bo-sko*, Wald)
- ✔ **il fiore** (*il fi-o-re*, Blume)
- ✔ **la pianta** (*la pi-an-ta*, Pflanze)
- ✔ **il pino** (*il pi-no*, Kiefer)
- ✔ **il prato** (*il pra-to*, Wiese)
- ✔ **la quercia** (*la ku-är-tscha*, Eiche)

Im Gespräch

Tiere sind immer ein geeignetes Gesprächsthema. Daher lohnt es sich, einige Tierbezeichnungen zu kennen.

Carla: **Ami gli animali?**

a-mi lji a-ni-ma-li

Magst du Tiere?

Alessandra: **Si, ho una piccola fattoria.**

ßi o u-na pik-ko-la fat-to-ri-a

Ja, ich habe einen kleinen Zoo zu Hause.

Carla: **Davvero?**

daw-we-ro

Echt?

Alessandra: **Ho un cane, due gatti e un maialino.**

o un ka-ne du-e gat-ti e un ma-i-a-li-no

Ja, ich habe einen Hund, zwei Katzen und ein Schweinchen.

Carla: **Ti piacciono i cavalli?**

ti pi-at-tscho-no i ka-wal-li

Magst du Pferde?

Alessandra: **No, preferisco le mucche.**

no pre-fe-ri-sko le muk-ke

Nein, ich mag lieber Kühe.

Carla: **Ma dai!**

ma da-i

Nein, so was!

Alessandra: **Si, sono molto tranquille.**

ßi ßo-no mol-to tran-ku-il-le

Ja, sie sind ruhig und ...

Carla: **Ideali per cavalcare...**

i-de-a-li per ka-wal-ka-re

Man kann sogar darauf reiten ... (ironisch)

Kleiner Wortschatz

Italienisch	Aussprache	Deutsch
il cane (m.)	*il ka-ne*	Hund
il cavallo (m.)	*il ka-wal-lo*	Pferd
il gatto (m.)	*il gat-to*	Kater
il maiale (m.)	*il ma-i-a-le*	Schwein
la mucca (w.)	*la muk-ka*	Kuh
l'uccello (m.)	*lut-tschäl-lo*	Vogel
il lupo (m.)	*il lu-po*	Wolf
la pecora (w.)	*la pä-ko-ra*	Schaf

Der Gebrauch der reflexiven Verben

»Sich amüsieren« ist ein Reflexivverb. Reflexivverben sind Verben, die mit dem Reflexivpronomen »sich« stehen. Dabei ist das Reflexivpronomen mit dem Subjekt des Satzes identisch, das heißt, sie beziehen sich auf das Subjekt. Solche Verben gibt es auch im Italienischen. Beachten Sie aber, dass nicht alle deutschen Reflexivverben auch im Italienischen reflexiv sind und umgekehrt. Einige Verben wie **alzarsi** (*al-tzar-ßi*, aufstehen) und **svegliarsi** (*s-we-ljar-ßi*, aufwachen) sind im Deutschen nicht reflexiv.

Sie können im Italienischen an der Grundform erkennen, ob ein Verb reflexiv ist, und zwar an der Endung **-si** (ßi), die dem Deutschen »sich« entspricht. Beim Konjugieren des Verbs wird dann die Endung **-si** verändert, wie im Deutschen die Pronomen »mich«, »dich« und »sich«. Diese Reflexivpronomen stehen im Italienischen wie im Deutschen vor dem Verb.

Am Verb **divertirsi** (*di-wer-tir-ßi*, sich amüsieren) zeigen wir Ihnen, wie ein Reflexivverb konjugiert wird, und zwar nach demselben Muster wie alle anderen regelmäßigen Verben. Der einzige Unterschied zu den anderen Verben (den normalen, nicht reflexiven) besteht darin, dass das Reflexivpronomen dem Verb voransteht:

Konjugation	Aussprache
mi diverto	*mi di-wer-to*
ti diverti	*ti di-wer-ti*
si diverte	*ßi di-wer-te*
ci divertiamo	*tschi di-wer-ti-a-mo*
vi divertite	*wi di-wer-ti-te*
si divertono	*ßi di-wer-to-no*

Hier weitere Beispiele für die Verwendung von reflexiven Verben:

- ✔ **Mi diverto molto.** (*mi di-wer-to mol-to*, Ich amüsiere mich sehr.)
- ✔ **Vi annoiate in campagna?** (*wi an-no-i-a-te in kam-pa-nja*, Langweilt ihr euch auf dem Land?)
- ✔ **A che ora ti svegli?** (*a ke o-ra ti swe-lji*, Um wie viel Uhr wachst du auf?)
- ✔ **Si immaginano una bella gita.** (*ßi im-ma-dschi-na-no u-na bäl-la dschi-ta*, Sie freuen sich schon auf einen schönen Ausflug.)

Track 21: Im Gespräch

Maria Pia und Mauro unterhalten sich darüber, was sie am Wochenende machen wollen.

Maria Pia: **Come passi i fine settimana?**

ko-me paß-ßi i fi-ne ßet-ti-ma-na

Was machst du am Wochenende?

Mauro: **Faccio sport, leggo, incontro amici.**

fat-tscho ßport läg-go in-kon-tro a-mi-tschi

Ich treibe Sport, lese und treffe Freunde.

Ti piace leggere?

ti pi-a-tsche läd-dsche-re

Liest du gern?

Maria Pia: **È la mia passione!**

ä la mi-a paß-ßi-o-ne

Leidenschaftlich gern!

Che cosa leggi?

ke ko-ßa läd-dschi

Was liest du?

Mauro: **Soprattutto letteratura contemporanea.**

so-pra-tut-to let-te-ra-tu-ra con-tem-po-ra-ne-a

Hauptsächlich zeitgenössische Literatur.

Sport treiben

Sport treiben und über Sport reden – das sind überall auf der Welt beliebte Freizeitaktivitäten. Und egal ob Sie auf Reisen sind und einen Fußballplatz suchen oder mit einem Italiener Tennis spielen wollen – dazu brauchen Sie auch den passenden Wortschatz zu den Sportarten.

Im Italienischen sagt man »Sport machen«, also **fare sport** (*fa-re ßport*). Die Sportarten werden mit dem Verb **fare** verbunden. Für manche Sportarten werden auch die Verben **giocare** (*dscho-ka-re*, spielen) oder **andare** (*an-da-re*, gehen) gebraucht. In Tabelle 8.1 sind die Sportarten und die dazugehörigen Verben aufgeführt.

Die Verben **fare**, **andare** und **giocare** werden wie folgt konjugiert.

Konjugation	Aussprache
fare	
io faccio	*i-o fat-tscho*
tu fai	*tu fa-i*
lui/lei fa	*lu-i/lä-i fa*
noi facciamo	*no-i fat-tscha-mo*
voi fate	*wo-i fa-te*
loro fanno	*lo-ro fan-no*

Konjugation	Aussprache
andare	
io vado	*i-o wa-do*
tu vai	*tu wa-i*
lui/lei va	*lu-i/lä-i wa*
noi andiamo	*no-i an-di-a-mo*
voi andate	*wo-i an-da-te*
loro vanno	*lo-ro wan-no*
giocare	
io gioco	*i-o dscho-ko*
tu giochi	*tu dscho-ki*
lui/lei gioca	*lu-i/lä-i dscho-ka*
noi giochiamo	*no-i dscho-ki-a-mo*
voi giocate	*wo-i dscho-ka-te*
loro giocano	*lo-ro dscho-ka-no*

Sportarten, die man eher als Zuschauer verfolgt als dass man sie aktiv betreibt, sind **il pugilato** (*pu-dschi-la-to*, Boxen) und **la formula 1** (*for-mu-la u-no*, Formel 1). Weitere beliebte Sportarten sind:

- ✔ **ciclismo** (*tschi-kli-smo*, Radsport)
- ✔ **camminare** (*kam-mi-na-re*, Wandern)

Italienisch	Aussprache	Deutsch
fare (mit Nomen ohne Artikel)	*fa-re*	**machen, tun**
l'atletica (w.)	*la-tlä-ti-ka*	Leichtathletik
il ciclismo (m.)	*il tschi-kli-smo*	Radsport
l'equitazione (w.)	*le-ku-i-ta-tzio-ne*	Reiten
lo jogging (m.)	*lo dschog-gin-g*	Jogging
il nuoto (m.)	*il nu-o-to*	Schwimmen
la palestra (w.)	*la pa-läs-tra*	Gymnastik
la scherma (w.)	*la sker-ma*	Fechten
lo sci nautico (m.)	*lo schi na-u-ti-ko*	Wasserski
giocare a (mit Nomen ohne Artikel)	*dscho-ka-re*	**spielen**
il calcio (m.)	*il kal-tscho*	Fußball
la pallacanestro (w.)	*la pal-la-ka-näs-tro*	Basketball
la pallavolo (w.)	*la pal-la-wo-lo*	Volleyball
il tennis (m.)	*il tän-niß*	Tennis
andare	*an-da-re*	**gehen**
a cavallo	*a ka-wal-lo*	reiten
in bicicletta	*in bi-tschi-klet-ta*	Fahrrad fahren

Tabelle 8.1: Verben zu den Sportarten

- **fare vela** (*fa-re we-la*, Segeln)
- **nuoto** (*nu-o-to*, Schwimmen)
- **pescare** (*pe-ska-re*, Angeln)
- **andare a cavallo** (*an-da-re a ka-wal-lo*, Reiten)
- **golf** (*go-lf*, Golf)

Trainieren können Sie auch in **palestra** (*pa-lä-ßtra*, Turnhalle/Fitnesszentrum).

Außerdem gibt es noch die Wintersportarten, zum Beispiel:

- **sciare** (*schi-a-re*, Ski fahren)
- **pattinare** (*pat-ti-na-re*, Schlittschuh laufen)
- **fare snowboarding** (*fa-re sno-bor-ding*, Snowboarden)
- **andare in slitta** (*an-da-re in slit-ta*, Schlitten fahren)
- **andare in bob** (*an-da-re in bo-b*, Bob fahren)

Fantasiefußball

Italiener sind für ihre Fußballleidenschaft berühmt. Eine Besonderheit ist dabei eine Art Fußballsimulation, die fantacalcio (*fan-ta-kal-tscho, wörtlich* Fantasiefußball) genannt wird. Das Spiel kann man in Gruppen (zu acht bis zehn Spielern) oder auch allein spielen.

Bei diesem Spiel wird eine imaginäre Fußballmannschaft mit »echten« bekannten Fußballspielern gebildet. Diese werden versteigert – natürlich steigen die Preise für die Fußballspieler je nach ihrer Leistung. Wer allein spielt, kann Fußballspieler in der Zeitung, zum Beispiel in Gazzetta dello Sport (*gad-dzet-ta del-lo ßport*, Sportzeitung), oder online, zum Beispiel auf der Webseite `fantacalcio.it`, kaufen. Die Preise steigen oder fallen mit dem Erfolg oder Misserfolg der Fußballspieler und je nach den Spielergebnissen während der Meisterschaft.

Mit der so zusammengestellten Mannschaft spielt man während der gesamten Fußballsaison. Dabei werden jede Woche die echten Spiele verfolgt und der Wert der Fußballspieler daraus berechnet. Am Ende der Fußballsaison siegt die Mannschaft mit der höchsten Punktzahl. Das Schöne daran ist, dass man bei diesem Spiel der virtuelle Präsident, Manager und Trainer seiner eigenen Mannschaft ist.

Italiener treiben vor allem passiv Sport, das heißt, am beliebtesten sind die Sportarten, die ein Minimum an Bewegung erfordern: zum Beispiel vor dem Fernseher sitzen und zuschauen oder die Sportnachrichten in der Zeitung lesen! Die beliebteste passive Sportart in Italien ist **il calcio** (*il kal-tscho*, Fußball). An zweiter Stelle steht **il ciclismo** (*il tschi-kli-smo*, Radsport). Bestimmt haben Sie schon von der **Giro d'Italia** (*dschi-ro di-ta-li-a*) gehört, dem berühmten Radrennen quer durch Italien. Natürlich gibt es Italiener, die diese Sportarten auch aktiv betreiben, aber die meisten verfolgen sie lieber vor dem Fernseher.

Viele **ragazzi** (*ra-gat-tzi*, Jugendliche) spielen **calcio** (*kal-tscho*, Fußball). Auch **calcetto** (*kal-tschet-to*, Tischfußball) und **calcio a cinque** (*kal-tscho a tschin-ku-e*) sind sehr beliebt. Letzteres wird in einer Turnhalle mit nur fünf Spielern pro Mannschaft nach denselben Regeln wie Rasenfußball gespielt. Sonntags wird allerdings selten gespielt, denn an diesem Tag verfolgen alle die Ligaspiele im Fernsehen oder am Radio. Oft sieht man die jungen Männer unterwegs mit einem kleinen Radio am Ohr, damit sie über Spielverläufe und Ergebnisse informiert sind.

Wenn Sie auch die italienische Liga verfolgen, wissen Sie bereits, dass es eine **Serie A** (*sä-ri-e a*, 1. Liga) und **Serie B** (*sä-ri-e bi*, 2. Liga) gibt. Im Folgenden sind die Mannschaften der A-Liga aufgelistet. Von welcher Mannschaft sind Sie Fan?

Mannschaft	Aussprache	Bezeichnung auf Deutsch
Inter	*in-ter*	Inter Mailand
Milan	*mi-lan*	AC Mailand
Roma	*ro-ma*	AS Rom
Palermo	*pa-ler-mo*	US Palermo
Juventus	*iu-wen-tuß*	Juventus Turin
Napoli	*na-po-li*	SSC Neapel
Sampdoria	*sam-p-do-ria*	Sampdoria Genua
Cagliari	*ca-lja-ri*	Cagliari Calcio
Genoa	*dsche-no-a*	FC Genua
Fiorentina	*fio-ren-ti-na*	AC Florenz
Chievo	*kie-wo*	Chievo Verona
Parma	*par-ma*	FC Parma
Bari	*ba-ri*	AS Bari
Bologna	*bo-lo-nja*	FC Bologna
Catania	*ka-ta-nia*	Catania Calcio
Udinese	*u-di-ne-ße*	Udinese Calcio
Lazio	*la-tzio*	Lazio Rom
Livorno	*li-wor-no*	Livorno Calcio
Atalanta	*a-ta-lan-ta*	Atalanta Bergamo
Siena	*ßie-na*	AC Siena

Auf der Webseite `www.tuttiallostadio.it/italia.htm` finden Sie weitere Informationen über diese Mannschaften. Dort erfahren Sie auch alles über die Trikots der Mannschaften mit den entsprechenden Farben und Vereinswappen sowie über die Stadien in den großen Städten Italiens.

Falls Sie ein Fußballspiel in Italien im Stadion verfolgen, werden Sie einige besondere Redewendungen brauchen – nämlich Schimpfwörter:

- **Porca miseria!** (*por-ka mi-sä-ria*, Elender Mist!)
- **Vaffanculo!** (*waf-fan-ku-lo*, Leck mich!)
- **Merda!** (*mär-da*, Scheiße!)
- **Stronzo!** (*ßtron-zo*, Arschloch!)
- **Figlio di puttana!** (*fi-ljo di put-ta-na*, Hurensohn!)
- **Rompiballe!** (*rom-pi-bal-le*, Nervensäge!)
- **Arbitro cornuto!** (*ar-bi-tro kor-nu-to*, Schiri, du Hornochse!)

Kleiner Wortschatz

Italienisch	Aussprache	Deutsch
il calcio (m.)	*il kal-tscho*	Fußball
il calciatore (m.)	*il kal-tscha-to-re*	Fußballspieler
i tifosi (m.P.)	*i ti-fo-si*	Fußballfans
gli Azzurri (m.P.)	*lji ad-dzur-ri*	italienische Nationalmannschaft
la nazionale italiana (w.)	*la na-tzio-na-le i-ta-lia-na*	italienische Nationalmannschaft
la nazionale tedesca (w.)	*la na-tzio-na-le te-de-ska*	deutsche Nationalmannschaft
i mondiali (m.P.)	*i mon-dia-li*	Weltmeisterschaft
il goal (m.)	*il gol*	Tor, Treffer
la porta, la rete (w.)	*la por-ta la re-te*	Tor, Netz
il tiro (m.)	*il ti-ro*	Schuss
il rigore (m.)	*il ri-go-re*	Elfmeter
il fallo (m.)	*il fal-lo*	Foul
lo stadio (m.)	*lo ßta-dio*	Stadion
la palla (w.)	*la pal-la*	Ball
prossime partite	*pros-si-me par-ti-te*	nächste Spiele
ultimi risultati	*ul-ti-mi ri-ßul-ta-ti*	letzte Ergebnisse
io sono un fan del Milan	*i-o ßo-no un fan del mi-lan*	Ich bin Fan von AC Mailand.
io tifo per la Juventus	*i-o ti-fo per la i-u-wen-tus*	Ich bin Fan von Juventus Turin.

Track 22: Im Gespräch

Giulia und Stefano haben sich in der Universität getroffen. Sie wohnen in derselben Gegend und auf dem Weg zur Bushaltestelle beginnt Stefano ein Gespräch über Sport.

Stefano: **Che sport pratichi?**

ke ßport pra-ti-ki

Was für einen Sport treibst Du?

Giulia: **Faccio nuoto e vado a cavallo.**

fat-tscho nu-o-to e wa-do a ka-wal-lo

Schwimmen und Reiten.

Stefano: **Equitazione?**

e-ku-i-ta-tzio-ne

Reiten?

Giulia: **È il mio sport preferito!**

ä il mi-o ßport pre-fe-ri-to

Das ist mein Lieblingssport.

Giochi a tennis?

dscho-ki a tän-ni-ß

Spielst du Tennis?

Stefano: **No, faccio palestra.**

no fat-tscho pa-lä-ßtra

Nein, ich geh ins Fitnessstudio.

Giulia: **Body building?**

bo-di-bil-ding

Bodybuilding?

Stefano: **Ma no, aerobica e fitness.**

ma no a-e-ro-bi-ka e fit-neß

Nein, Aerobic und Fitness.

Über Hobbys und Interessen plaudern

Außer Sport zu treiben kann man die Freizeit auch anders verbringen, zum Beispiel wie im folgenden Gespräch.

Im Gespräch

Serena und Nicoletta unterhalten sich darüber, was sie in ihrer Freizeit machen. Nicoletta bevorzugt ruhigere Aktivitäten, während sich Serena gern bewegt.

Serena: **Cosa fai questo fine settimana?**

ko-sa fa-i ku-e-ßto fi-ne ßet-ti-ma-na

Was machst du am nächsten Wochenende?

Nicoletta: **Vado in campagna.**

wa-do in kam-pa-nja

Ich fahre aufs Land.

Serena: **È un'idea fantastica!**

ä u-ni-de-a fan-ta-ßti-ka

Das ist eine fantastische Idee!

Nicoletta: **Ho una casetta vicino al lago.**

o u-na ka-ßät-ta vi-tschi-no al la-go

Ich habe ein Häuschen am See.

Serena: **Ideale per riposarsi.**

i-de-a-le per ri-po-ßar-ßi

Ideal zum Ausruhen.

Nicoletta: **Si, leggo, scrivo, passeggio lungo il lago.**

si läg-go skri-wo pas-sed-scho lun-go il la-go

Ja, ich lese, schreibe, gehe am See spazieren.

Serena: **Non fai sport?**

non fa-i ßport

Treibst du keinen Sport?

Nicoletta: **Vado in bicicletta.**

wa-do in bi-tschi-klet-ta

Ich fahre Fahrrad.

Serena: **Non puoi fare jogging?**

non pu-o-i fa-re dschog-gin

Und joggst du nicht?

Nicoletta: **Si, ma non mi diverto!**

ßi ma non mi di-wer-to

Ja, aber das macht mir keinen Spaß.

Serena: **Sei troppo pigra!**

ße-i trop-po pi-gra

Du bist zu faul!

Natürlich ist Sport nicht die einzige Freizeitbeschäftigung. Es gibt auch andere, wenn man so will, intellektuelle Hobbys wie zum Beispiel **leggere** (*läd-dsche-re*, Lesen), **suonare uno strumento** (*ßu-o-na-re u-no ßtru-men-to*, ein Instrument spielen) oder handwerkliche Aktivitäten wie **modellare l'argilla** (*mo-del-la-re lar-dschil-la*, Töpfern) und **cucire** (*ku-tschi-re*, Nähen) und nicht zuletzt **cucinare** (*ku-tschi-na-re*, Kochen).

Track 23: Im Gespräch

Ernesto und Tommaso unterhalten sich über Freizeitbeschäftigungen, die nicht besonders anstrengend sind.

Ernesto: **Non ti annoi mai?**

non ti an-no-i ma-i

Langweilst du dich nie?

Tommaso: **No, ho molti interessi.**

no o mol-ti in-te-räß-ßi

Nein, ich habe viele Interessen.

Ernesto: **Per esempio?**

per e-säm-pi-o

Zum Beispiel?

Tommaso: **Amo leggere e andare al cinema.**

a-mo läd-dsche-re e an-da-re al -tschi-ne-ma

Ich lese gern und geh gern ins Kino.

Ernesto: **Non fai sport?**

non fa-i ßport

Treibst du keinen Sport?

Tommaso: **Soltanto quelli pericolosi!**

ßol-tan-to ku-el-li pe-ri-ko-lo-ßi

Nur die gefährlichen Sportarten!

Ernesto: **Per esempio?**

per e-säm-pi-o

Zum Beispiel?

Tommaso: **La Formula Uno in televisione!**

la for-mu-la u-no in te-le-wi-si-o-ne

Formel 1. Im Fernsehen!

Spiel und Spaß

Übung 8.1

Bilden Sie Sätze mit den angegebenen Elementen.

Faccio / nel parco / jogging. (Ich gehe im Park joggen.)

____

molto / diverto / Mi. (Ich amüsiere mich sehr.)

____

ti / A che ora /svegli? (Wann wachst du auf?)

____

è / il mio sport / Il tennis / preferito. (Tennis ist mein Lieblingssport.)

____

fai / questo / Che cosa / fine settimana? (Was machst du am nächsten Wochenende?)

____

Übung 8.2

Jetzt sind Sie dran! Sie können mit diesem Spiel richtig Spaß haben! In dem Spielfeld sind Tiere und Pflanzennamen versteckt, die Sie in diesem Kapitel kennengelernt haben.

Hier die Wörter, deren italienische Entsprechungen Sie im Spielfeld finden müssen: Pferd, Blume, Vogel, Kater, Wolf, Eiche, Kiefer, Kuh, Schaf und Baum.

A	J	A	R	O	C	E	P	O	S
U	I	V	S	W	S	O	P	A	B
A	H	C	E	M	L	U	Y	O	A
C	I	K	R	L	L	U	V	G	D
C	G	B	A	E	F	O	L	E	D
U	N	V	M	Z	U	I	N	S	D
M	A	R	X	J	C	Q	O	I	Y
C	G	A	T	T	O	E	I	R	P
A	L	B	E	R	O	P	S	T	E
F	R	H	O	L	L	E	C	C	U

Die Lösung finden Sie in Anhang D.

IN DIESEM KAPITEL

Ein Telefongespräch führen

Termine telefonisch vereinbaren

Nach einem Gesprächspartner fragen und eine Nachricht hinterlassen

Verwendung der Vergangenheit

Kapitel 9
Telefonieren

In diesem Kapitel lernen Sie die notwendigen Ausdrücke und Redewendungen rund um das Telefon und die Telekommunikation kennen. Sie erhalten Tipps, wie Sie am Telefon nach jemandem fragen oder eine Nachricht hinterlassen. Außerdem erklären wir Ihnen, wie Sie telefonisch Reservierungen vornehmen und Termine vereinbaren, und Sie finden hier viele praktische Beispieltelefongespräche.

Ein Telefongespräch

Pronto (*pron-to*, Hallo!) ist das Erste, was man hört, wenn man in Italien telefoniert. In den meisten Sprachen ist das erste Wort am Telefon eine übliche Begrüßungsformel. Auch im Italienischen ist das so, aber hier geht es um eine besondere Begrüßung, eben **pronto**, die allerdings nur am Telefon benutzt wird.

Pronto bedeutet mehr als »Hallo!«. Es bedeutet so viel wie »bereit«, »fertig« und wird in diesem Fall als Adjektiv verwendet. Deswegen muss es mit dem Nomen in Zahl und Geschlecht übereinstimmen: Wenn das Nomen männlich ist, endet das Adjektiv auf **-o**, also **pronto**. Ist das Nomen weiblich, endet das Adjektiv auf **-a**, wie in **pronta**. Schauen Sie sich dazu einmal folgende Beispiele an:

- ✔ **Martino, sei pronto?** (*mar-ti-no ße-i pron-to*, Martino, bist du bereit?)
- ✔ **La cena è pronta.** (*la tsche-na ä pron-ta*, Das Abendessen ist fertig.)

Pronto finden Sie auch in **pronto soccorso** (*pron-to ßok-kor-ßo*, Erste Hilfe). Hier bedeutet **pronto** »schnell«.

Italiener sind total verrückt nach Handys. Es kommt sehr selten vor, dass ein Italiener kein Handy hat, was auf Italienisch **il cellulare** (*il tschel-lu-la-re*) genannt wird. Da Italiener auf Schnickschnack stehen, haben sie dem Handy sogar einen Spitznamen gegeben: **il telefonino** (*il te-le-fo-ni-no*), wörtlich übersetzt »das kleine Telefon«.

Von einem öffentlichen Telefon telefonieren

In diesem Abschnitt erhalten Sie einige Informationen über **il telefono pubblico** (*il te-lä-fo-no pub-bli-ko*, öffentliches Telefon). Haben Sie kein Handy dabei und müssen Sie unterwegs jemanden anrufen, machen Sie sich auf die Suche nach **una cabina telefonica** (*u-na ka-bi-na te-lä-fo-ni-ka*, Telefonzelle). Entweder erwischen Sie **un telefono a monete** (*un te-lä-fo-no a mo-ne-te*, Münztelefon) oder **un telefono a scheda** (*un te-lä-fo-no a skä-da*, Kartentelefon).

Eine Telefonkarte heißt auf Italienisch entweder **la carta telefonica** (*la kar-ta te-lä-fo-ni-ka*) oder **la scheda telefonica** (*la skä-da te-lä-fo-ni-ka*). Man kann sie in **i tabaccai** (*i ta-bak-ka-i*, Tabakwarengeschäfte) oder **alla posta** (*al-la po-ßta*, bei der Post) kaufen.

Hier einige hilfreiche Redewendungen im Zusammenhang mit Telefongesprächen:

- ✔ **C'è/Avete un telefono?** (*tschä/a-we-te un te-lä-fo-no*, Gibt es/Haben Sie ein Telefon?)
- ✔ **È a monete?** (*ä a mo-ne-te*, Ist es ein Münztelefon?)
- ✔ **Avete schede telefoniche?** (*a-we-te skä-de te-lä-fo-ni-ke*, Haben Sie Telefonkarten?)
- ✔ **Il telefono dà libero.** (*il te-lä-fo-no da li-be-ro*, Die Leitung ist frei.)
- ✔ **Il telefono squilla.** (*il te-lä-fo-no sku-il-la*, Das Telefon klingelt.)
- ✔ **Il telefono dà occupato.** (*il te-lä-fo-no da ok-ku-pa-to*, Es ist besetzt.)
- ✔ **Rispondi!** (*ri-ßpon-di*, Geh dran!)
- ✔ **Attacca!** (*at-tak-ka*, Leg auf!)

Track 24: Im Gespräch

Giorgio ist aus Neapel zurückgekommen und ruft seine alte Freundin Simona an.

Simona: **Pronto!**

pron-to

Hallo!

Giorgio: **Pronto, Simona?**

pron-to ßi-mo-na

Hallo! Simona?

Simona: **Sì, chi parla?**

ßi ki par-la

Ja, wer spricht da?

Giorgio: **Sono Giorgio.**

ßo-no dschor-dscho

Ich bin's, Giorgio.

Simona: **Che bella sorpresa!**

ke bäl-la ßor-prä-sa

Was für eine schöne Überraschung!

Giorgio: **Come stai?**

ko-me ßta-i

Wie geht es dir?

Simona: **Benissimo, e tu?**

be-niß-ßi-mo e tu

Sehr gut, und dir?

Giorgio: **Bene, grazie.**

bä-ne gra-tzie

Gut, danke.

Simona: **Sei di nuovo a Napoli?**

ße-i di nu-o-wo a na-po-li

Bist du wieder in Neapel?

Giorgio: **Si, sono arrivato stamattina.**

ßi ßo-no ar-ri-wa-to ßta-mat-ti-na

Ja, ich bin heute Morgen angekommen.

Simona: **Ci vediamo stasera?**

tschi we-di-a-mo ßta-ße-ra

Sehen wir uns heute Abend?

Giorgio: **Ti chiamo per questo!**

ti ki-a-mo per ku-e-ßto

Deswegen rufe ich dich an.

Brauchen Sie **un numero di telefono** (*un nu-me-ro di te-lä-fo-no*, Telefonnummer), gibt es drei Möglichkeiten, sie zu finden:

- ✔ Sie suchen in **elenco telefonico** (*e-län-ko te-lä-fo-ni-ko*, Telefonbuch).
- ✔ Sie suchen in **pagine gialle** (*pa-dschi-ne dschal-le*, Gelbe Seiten).
- ✔ Sie rufen **il servizio informazioni** (*ßer-wi-tzio in-for-ma-tzio-ni*, Telefonauskunft) an.

Geschäftlich oder privat telefonieren

Wenn Sie einen Termin vereinbaren oder mit Freunden sprechen wollen oder wenn Sie herausfinden möchten, um wie viel Uhr eine Veranstaltung beginnt, ist Telefonieren der schnellste Weg. In diesem Abschnitt lernen Sie die Grundlagen fürs Telefonieren kennen. Beginnen wir mit der Konjugation des Verbs **parlare** (*par-la-re*, sprechen):

Konjugation	Aussprache
io parlo	*i-o par-lo*
tu parli	*tu par-li*
lui/lei parla	*lu-i/lä-i par-la*
noi parliamo	*no-i par-li-a-mo*
voi parlate	*wo-i par-la-te*
loro parlano	*lo-ro par-la-no*

Im Gespräch

Hier ein Beispiel für ein höfliches Telefongespräch zwischen zwei **signori** (*ßi-njo-ri*, Herren), die sich schon einmal getroffen haben.

Sig. Palladino: **Pronto?**

pron-to

Hallo!

Sig. Nieddu: **Pronto, il signor Palladino?**

pron-to il ßi-njor pal-la-di-no

Hallo! Spreche ich mit Herrn Palladino?

Sig. Palladino: **Si. Con chi parlo?**

ßi kon ki par-lo

Ja. Mit wem spreche ich?

Sig. Nieddu: **Sono Carlo Nieddu.**

ßo-no kar-lo ni-ed-du

Carlo Nieddu.

Sig. Palladino: **Mi dica!**

mi di-ka

Wie kann ich Ihnen helfen? (*wörtlich:* Sagen Sie mir.)

Sig. Nieddu: **Si ricorda di me?**

ßi ri-kor-da di me

Können Sie sich an mich erinnern?

Sig. Palladino: **No, mi dispiace.**

no mi di-ßpi-a-tsche

Nein, tut mir leid.

Sig. Nieddu: **Il cugino di Enza.**

il ku-dschi-no di en-tza

Enzas Cousin.

Sig. Palladino: **Certo, mi scusi tanto!**

Tchär-to m sku-si tan-to

Natürlich. Entschuldigen Sie, wenn ich Sie nicht erkannt habe.

Vielleicht rufen Sie einen Freund an, nur um zu plaudern – **fare due chiacchiere al telefono** (*fa-re du-e ki-ak-ki-e-re al te-lä-fo-no*, am Telefon plaudern). Aber nicht immer hat die Person am anderen Ende der Leitung auch Zeit zum Plaudern.

Im Gespräch

Monica ruft ihre Mutter Lucia an. Leider hat ihre Mutter nicht viel Zeit ...

Monica: **Pronto, mamma, sono io!**

pron-to mam-ma ßo-no i-o

Hallo, Mama! Ich bin's!

Lucia: **Tesoro, ti posso richiamare?**

te-so-ro ti poß-ßo ri-ki-a-ma-re

Hallo Schatz. Kann ich dich zurückrufen?

Monica: **Sei occupata?**

ße-i ok-ku-pa-ta

Hast du keine Zeit?

Lucia: **Si, ho molto da fare!**

ßi o mol-to da fa-re

Nein, ich habe viel zu tun.

Wenn Sie sehr beschäftigt sind und keine Zeit haben, um mit der Person, die Sie angerufen hat, zu sprechen, verwenden Sie eine der folgenden Formulierungen. Die erste ist formlos, die zweite ist eher förmlich, so wie man es zum Beispiel im Arbeitsleben gebraucht:

- ✔ **Ti posso richiamare più tardi?** (*ti poß-ßo ri-ki-a-ma-re pi-u tar-di*, Kann ich dich später zurückrufen?)
- ✔ **La posso richiamare fra una mezz'ora?** (*la poß-ßo ri-ki-a-ma-re fra u-na mät-tzo-ra*, Kann ich Sie in einer halben Stunde zurückrufen?)

Im Gespräch

Diesmal hat Lucia Zeit für ein Telefongespräch.

Monica: **Ciao, mamma, ti disturbo?**

tscha-o mam-ma ti di-ßtur-bo

Hallo, Mama. Störe ich dich?

Lucia: **No, affatto.**

no af-fat-to

Nein, überhaupt nicht.

Monica: **Volevo chiacchierare un po'.**

wo-le-wo ki-ak-ki-e-ra-re un po

Ich wollte ein wenig plaudern.

Lucia: **Buona idea!**

bu-o-na i-dä-a

Gute Idee!

Monica: **Sai, non ho niente da fare!**

ßa-i non o ni-än-te da fa-re

Weißt du, ich habe nichts zu tun!

Kleiner Wortschatz

Italienisch	Aussprache	Deutsch
il cellulare (m.), il telefonino (m.)	*il tschel-lu-la-re, il te-lä-fo-ni-no*	Handy
la cabina telefonica (w.)	*la ka-bi-na te-lä-fo-ni-ka*	Telefonzelle
il telefono pubblico (m.)	*il te-lä-fo-no pub-bli-ko*	öffentliches Telefon
il telefono (m.) a monete	*il te-lä-fo-no a mo-ne-te*	Münztelefon
la carta/la scheda (w.) telefonica	*la kar-ta/la skä-da te-lä-fo-ni-ka*	Telefonkarte

Termine telefonisch vereinbaren

Vieles kann man telefonisch erledigen und somit viel Zeit sparen, wie zum Beispiel Termine vereinbaren, einen Tisch in einem Restaurant reservieren oder Eintrittskarten für ein Konzert bestellen. In Ihrer Muttersprache ist dies schnell erledigt, aber in einer Fremdsprache müssen Sie sich etwas mehr anstrengen. In diesem Abschnitt lernen Sie nützliche Redewendungen zu diesem Thema kennen.

Track 25: Im Gespräch

Frau Elmi ruft bei ihrem Arzt an und möchte einen Termin vereinbaren. Sie spricht mit der Arzthelferin.

Sig.ra Elmi: **Buongiorno, sono la signora Elmi. Vorrei prendere un appuntamento.**

bu-on-dschor-no ßo-no la ßi-njo-ra el-mi wor-re-i prän-de-re un ap-pun-ta-men-to

Guten Tag. Mein Name ist Elmi. Ich möchte einen Termin vereinbaren.

Arzthelferin: **È urgente?**

ä ur-dschän-te

Ist es dringend?

Sig.ra Elmi: **Purtroppo sì.**

pur-trop-po ßi

Leider ja.

Arzthelferin: **Va bene alle quattro e mezza?**

wa bä-ne al-le ku-at-tro e mät-tza

Geht es um halb fünf?

Sig.ra Elmi: **Va benissimo, grazie.**

wa be-niß-ßi-mo gra-tzi-e

Sehr gut. Danke.

Arzthelferin: **Prego. Ci vediamo più tardi.**

prä-go tschi we-di-a-mo pi-u tar-di

Bitte schön. Bis später.

Sig.ra Elmi: **Arrivederci.**

ar-ri-we-der-tschi

Auf Wiederhören!

Der Ausdruck »**a domani**« (*a do-ma-ni*) bedeutet »bis morgen«.

Nach jemandem fragen und eine Nachricht hinterlassen

In diesem Abschnitt finden Sie Vokabeln und Redewendungen, um am Telefon nach Personen zu fragen oder um eine Nachricht zu hinterlassen. Ihnen ist bestimmt schon aufgefallen, wie oft Sie zum Telefon greifen, um jemanden geschäftlich oder privat zu sprechen. Daher ist es wichtig zu wissen, wie man fragt, falls Sie Ihren Gesprächspartner nicht erreichen. Dann sollten Sie ihm eine Nachricht auf Italienisch hinterlassen können.

Sie kennen diese Situation bestimmt recht gut: Sie warten auf einen Anruf, das Telefon klingelt einfach nicht, aber Sie müssen mal kurz weggehen. Wenn Sie zurückkommen, möchten Sie wissen, ob in der Zwischenzeit jemand angerufen hat. Dies können Sie auf verschiedene Weise erfragen:

- ✔ **Ha chiamato qualcuno per me?** (*a ki-a-ma-to ku-al-ku-no per me*, Hat jemand für mich angerufen?)
- ✔ **Mi ha chiamato qualcuno?** (*mi a ki-a-ma-to ku-al-ku-no*, Hat mich jemand angerufen?)
- ✔ **Mi ha cercato nessuno?** (*mi a tschär-ka-to neß-ßu-no*, Hat jemand nach mir gefragt?)
- ✔ **Chi ha telefonato?** (*ki a te-lä-fo-na-to*, Wer hat angerufen?)
- ✔ **Chiamate per me?** (*ki-a-ma-te per me*, Gibt es Anrufe für mich?)

Im Gespräch

Leo ruft bei Camilla an, aber sie ist nicht zu Hause. Also hinterlässt er eine Nachricht für sie.

Leo: **Buongiorno, sono Leo. C'è Camilla?**

bu-on dschor-no ßo-no le-o tschä ka-mil-la

Guten Tag. Hier spricht Leo. Ist Camilla da?

Stimme: **No, è appena uscita.**

no ä ap-pe-na u-schi-ta

Nein, sie ist gerade weggegangen.

Leo: **Quando la trovo?**

ku-an-do la tro-wo

Wann ist sie wieder da?

Stimme: **Verso le nove.**

wär-ßo le no-we

Gegen neun Uhr.

Leo: **Le posso lasciare un messaggio?**

le poß-ßo la-scha-re un mes-sad-dscho

Kann ich Ihnen eine Nachricht hinterlassen?

Stimme: **Come no, dimmi.**

ko-me no dim-mi

Natürlich.

chiamare (*ki-a-ma-re*, anrufen) ist ein sehr wichtiges Verb fürs Telefonieren. Es wird wie folgt konjugiert:

Konjugation	Aussprache
io chiamo	*i-o ki-a-mo*
tu chiami	*tu ki-a-mi*
lui/lei chiama	*lu-i/lä-i ki-a-ma*
noi chiamiamo	*no-i ki-a-mi-a-mo*
voi chiamate	*wo-i ki-a-ma-te*
loro chiamano	*lo-ro ki-a-ma-no*

Track 26: Im Gespräch

Herr Marchi ruft im Büro von Herrn Trevi an, um die nächste geschäftliche Besprechung zu vereinbaren. Die Sekretärin von Herrn Trevi geht ans Telefon.

Sekretärin: **Pronto?**

pron-to

Guten Tag!

Sig. Marchi: **Buongiorno, sono Ennio Marchi.**

bu-on dschor-no ßo-no en-nio mar-ki

Guten Tag. Hier spricht Ennio Marchi.

Sekretärin: **Buongiorno, dica.**

bu-on dschor-no di-ka

Guten Tag. Wie kann ich Ihnen helfen?

Sig. Marchi: **Potrei parlare con il signor Trevi?**

po-tre-i par-la-re kon il ßi-njor tre-wi

Kann ich Herrn Trevi sprechen?

Sekretärin: **Mi dispiace, è in riunione.**

mi di-ßpi-a-tsche ä in riu-ni-o-ne,

Es tut mir leid. Er ist in einer Sitzung.

Sig. Marchi: **Potrei lasciargli un messaggio?**

po-tre-i la-schar-lji un meß-ßad-dscho

Kann ich ihm eine Nachricht hinterlassen?

Sekretärin: **Certo. Prego.**

tschär-to prä-go

Natürlich.

Buchstabieren auf Italienisch

Unabhängig davon, ob Sie ein geschäftliches oder ein privates Telefonat führen, kann es immer mal vorkommen, dass Sie Ihren Namen buchstabieren müssen. Die folgende Liste ist dabei sehr hilfreich: Beim Buchstabieren werden im Italienischen – im Gegensatz zum Deutschen – die Buchstaben mit italienischen Städten und nicht mit Personennamen gleichgesetzt. Sie können entweder A come Ancona (*a ko-me an-ko-na*, A wie Ancona) sagen oder nur Ancona und so weiter; man wird Sie verstehen.

- ✔ A = Ancona (*an-ko-na*)
- ✔ B = Bologna (*bo-lo-nja*)

- ✔ C = Catania (*ka-ta-nia*)
- ✔ D = Domodossola (*do-mo-doß-ßo-la*)
- ✔ E = Empoli (*em-po-li*)
- ✔ F = Firenze (*fi-rent-ze*)
- ✔ G = Genova (*dsche-no-wa*)
- ✔ H = Hotel (*o-täl*)
- ✔ I = Imola (*i-mo-la*)
- ✔ J = I lunga (*i lun-ga*, langes i)
- ✔ K = Kappa (*kap-pa*)
- ✔ L = Lucca (*luk-ka*)
- ✔ M = Milano (*mi-la-no*)
- ✔ N = Napoli (*na-po-li*)
- ✔ O = Otranto (*o-tran-to*)
- ✔ P = Palermo (*pa-ler-mo*)
- ✔ Q = Cu (*ku*)
- ✔ R = Roma (*ro-ma*)
- ✔ S = Salerno (*ßa-ler-no*)
- ✔ T = Torino (*to-ri-no*)
- ✔ U = Udine (*u-di-ne*)
- ✔ V = Venezia (*we-ne-tzia*)
- ✔ W = Vu doppia (*wu dop-pia*, doppeltes v)
- ✔ X = Ics (*ikß*)
- ✔ Y = Ipsilon (*ip-ßi-lon*)
- ✔ Z = Zebra (*dzä-bra*)

Wenn Sie den Namen Ihres Gesprächspartners nicht richtig verstehen, können Sie ihn bitten, den Namen zu buchstabieren. Es ist schwierig, Namen in einer anderen Sprache zu verstehen, seien Sie deshalb nicht erstaunt, wenn Italiener Ihren Namen nicht verstehen und ihn auch nicht aussprechen können. Namen wie »Bärbel«, »Jörg« und »Jürgen« klingen für einen Italiener sehr merkwürdig und sind wegen des »ä«, »ö« und »ü«, das heißt wegen der Umlaute, sehr schwierig auszusprechen, weil die italienische Sprache diese Laute nicht kennt!

»Ä«, »ö« und »ü« sind im italienischen Alphabet nicht vorhanden. Sie werden wie folgt buchstabiert:

- Ä = **a con due puntini** (*a kon du-e pun-ti-ni*, A mit Umlaut)
- Ö = **o con due puntini** (*o kon du-e pun-ti-ni*, O mit Umlaut)
- Ü = **u con due puntini** (*u kon du-e pun-ti-ni*, U mit Umlaut)
- **Due puntini** bedeutet wörtlich »zwei Tüpfelchen«!

Wenn Sie gebeten werden, Ihren Namen zu buchstabieren, geschieht dies mit den folgenden Fragen:

- **Come si scrive?** (*ko-me ßi skri-we*, Wie schreibt man es?)
- **Può fare lo spelling?** (*pu-o fa-re lo ßpel-ling*, Können Sie buchstabieren?)

Werfen Sie einen Blick auf die Aufstellung im Kasten »Buchstabieren auf Italienisch«; die Liste wird Ihnen bestimmt weiterhelfen.

Kleiner Wortschatz

Italienisch	Aussprache	Deutsch
pronto	*pron-to*	Hallo
arrivederci	*ar-ri-we-der-tschi*	auf Wiedersehen
chiacchierare	*ki-ak-ki-e-ra-re*	plaudern
Attenda in linea!	*at-tän-da in li-ne-a*	Bleiben Sie am Apparat!
chiamare	*ki-a-ma-re*	anrufen
la chiamata (w.)	*la ki-a-ma-ta*	Anruf
l'informazione (w.)	*lin-for-ma-tzio-ne*	Auskunft
la sorpresa (w.)	*la ßor-pre-ßa*	Überraschung

Was haben Sie am Wochenende gemacht? Erzählen in der Vergangenheit

Wenn Sie etwas in der Vergangenheit erzählen wollen, verwenden Sie im Italienischen in den meisten Fällen den **passato prossimo** (*paß-ßa-to proß-ßi-mo*). Im Deutschen entspricht der **passato prossimo** dem Perfekt (»Ich habe gemacht«). Aber es wird auch eingesetzt, wenn im Deutschen das Präteritum (die einfache Vergangenheit) verwendet wird (»ich sprach«).

Der **passato prossimo** ist eine zusammengesetzte Zeitform, die aus zwei Verbteilen besteht wie im Beispiel »Ich habe gehört«. Hier weitere Beispiele:

- ✔ **Ho ascoltato un CD.** (*o a-skol-ta-to un tschi-di*, Ich habe eine CD gehört.)
- ✔ **Ho parlato con lui.** (*o par-la-to kon lu-i*, Ich habe mit ihm gesprochen.)

Die Bildung des **passato prossimo** ist dem Deutschen sehr ähnlich: Es wird aus dem Hilfsverb **avere** (*a-we-re*, haben) und dem Partizip Perfekt des Hauptverbs gebildet. In den beiden vorangegangenen Beispielsätzen ist **ascoltato** (*a-skol-ta-to*, gehört) das Partizip Perfekt von **ascoltare** (*a-skol-ta-re*, hören) und **parlato** (*par-la-to*, gesprochen) das Partizip Perfekt von **parlare** (*par-la-re*, sprechen).

Ein Verb im Partizip Perfekt gilt auch als Adjektiv. Zum Beispiel ist »vergangen« auch das Partizip Perfekt des Verbs »vergehen«. Den Unterschied bei der Anwendung können Sie schon an den folgenden Sätzen sehen: »Die Woche ist schnell vergangen« und »Die vergangene Woche war schön« (hier als Adjektiv verwendet).

Tabelle 9.1 zeigt die Grundform und das Partizip Perfekt der Verben, die den **passato prossimo** mit dem Hilfsverb **avere** (*a-we-re*, haben) bilden.

Grundform	Partizip Perfekt
ascoltare (*a-skol-ta-re*, hören)	**ascoltato** (*a-skol-ta-to*, gehört)
ballare (*bal-la-re*, tanzen)	**ballato** (*bal-la-to*, getanzt)
comprare (*kom-pra-re*, kaufen)	**comprato** (*kom-pra-to*, gekauft)
conoscere (*ko-no-sche-re*, kennen)	**conosciuto** (*ko-no-schu-to*, gekannt)
dire (*di-re*, sagen)	**detto** (*det-to*, gesagt)
fare (*fa-re*, machen)	**fatto** (*fat-to*, gemacht)
incontrare (*in-kon-tra-re*, treffen)	**incontrato** (*in-kon-tra-to*, getroffen)
leggere (*led-dsche-re*, lesen)	**letto** (*let-to*, gelesen)
pensare (*pen-ßa-re*, denken)	**pensato** (*pen-ßa-to*, gedacht)
scrivere (*skri-we-re*, schreiben)	**scritto** (*skrit-to*, geschrieben)
telefonare (*te-le-fo-na-re*, anrufen)	**telefonato** (*te-le-fo-na-to*, angerufen)
vedere (*we-de-re*, sehen)	**visto** (*wi-ßto*, gesehen)

Tabelle 9.1: Partizip Perfekt mit dem Hilfsverb **avere**

Das Verb **avere** (*a-we-re*, haben) im Präsens lautet:

Konjugation	Aussprache
io ho	*i-o o*
tu hai	*tu a-i*
lei/lui ha	*lä-i/lu-i a*
noi abbiamo	*no-i ab-bi-a-mo*
voi avete	*wo-i a-we-te*
loro hanno	*lo-ro an-no*

Lei (*lä-i*) ist die Höflichkeitsform »Sie«. Sie sprechen damit Menschen an, die Sie nicht gut kennen.

Im Gespräch

Rosa ruft ihre beste Freundin Tiziana an, um sich mit ihr über das vergangene Wochenende zu unterhalten.

Rosa: **Che cosa hai fatto questo fine settimana?**

ke koßa a-i fat-to ku-e-ßto fi-ne ßet-ti-ma-na

Was hast du letztes Wochenende gemacht?

Tiziana: **Ho conosciuto un uomo meraviglioso!**

o ko-no-schu-to u-nu-o-mo me-ra-wi-ljo-ßo

Ich habe einen wunderbaren Mann kennengelernt.

Rosa: **Racconta tutto!**

rak-kon-ta tut-to

Erzähle alles!

Tiziana: **Sabato sono andata al mare.**

ßa-ba-to ßo-no an-da-ta al ma-re

Am Samstag bin ich ans Meer gefahren.

Rosa: **Da sola?**

da ßo-la

Allein?

Tiziana: **Si, e lì ho incontrato Enrico.**

ßi e li o in-kon-tra-to en-ri-ko

Ja, und dort habe ich Enrico getroffen.

Rosa: **Per caso?**

per ka-so

Zufällig?

Tiziana: **Si, è stato proprio carino.**

ßi ä ßta-to pro-prio ka-ri-no

Ja, er war wirklich sehr nett.

Nicht alle Verben bilden den **passato prossimo** mit **avere** (*a-we-re*, haben). Viele Verben der Bewegung bilden ihn mit dem Hilfsverb **essere** (*äß-ße-re*, sein).

Folgende Beispiele unterscheiden sich von den vorherigen Sätzen, die mit **avere** gebildet wurden:

- ✔ **Anna è andata al mare.** (*An-na ä an-da-ta al ma-re*, Anna ist ans Meer gefahren.)
- ✔ **Carlo è appena uscito.** (*Kar-lo ä ap-pe-na u-schi-to*, Carlo ist gerade weggegangen.)

Dabei sehen Sie zwei Besonderheiten: Erstens ist der erste Verbteil diesmal das Präsens von **essere** (*äß-ße-re*, sein) und nicht von **avere** (*a-we-re*, haben). Zweitens endet das Partizip Perfekt einmal auf -**a** (**andata**) und einmal auf -**o** (**uscito**).

Der Grund dafür ist, dass im ersten Fall das Subjekt eine Frau ist, Anna, und im zweiten Fall das Subjekt ein Mann ist, Carlo. Wenn der **passato prossimo** mit dem Hilfsverb **essere** (sein) gebildet wird, muss die Endung des Partizips mit dem Subjekt übereinstimmen: Singular weiblich -**a** (**andata**); Singular männlich -**o** (**andato**); Plural weiblich -**e** (**andate**); Plural männlich -**i** (**andati**) und Plural weiblich/männlich zusammen -**i** (**andati**).

So wie bei dem Verb **avere**, brauchen Sie jetzt die Konjugation des Verbs **essere** (*äß-ße-re*, sein), um sie dann für die Bildung der Vergangenheit zusammen mit dem Partizip einzusetzen:

Konjugation	Aussprache
io sono	*i-o ßo-no*
tu sei	*tu ße-i*
lui/lei è	*lu-i/lä-i ä*
noi siamo	*no-i ßi-a-mo*
voi siete	*wo-i ßi-e-te*
loro sono	*lo-ro ßo-no*

In Tabelle 9.2 finden Sie die Grundform und das Partizip Perfekt der Verben, die den **passato prossimo** mit **essere** bilden.

Grundform	Partizip Perfekt
andare (*an-da-re*, gehen)	**andata**/-**o**/-**e**/-**i** (*an-da-ta/to/te/ti*, gegangen)
arrivare (*ar-ri-wa-re*, kommen)	**arrivata**/-**o**/-**e**/-**i** (*ar-ri-wa-ta/to/te/ti*, gekommen)
entrare (*en-tra-re*, hineingehen)	**entrata**/-**o**/-**e**/-**i** (*en-tra-ta/to/te/ti*, hineingegangen)
partire (*par-ti-re*, abfahren)	**partita**/-**o**/-**e**/-**i** (*par-ti-ta/to/te/ti*, abgefahren)
tornare (*tor-na-re*, zurückkehren)	**tornata**/-**o**/-**e**/-**i** (*tor-na-ta/to/te/ti*, zurückgekehrt)

Tabelle 9.2: Partizip Perfekt mit dem Hilfsverb **essere** (sein)

Die Regel für die Bildung der Vergangenheit mit dem Verb »sein« oder »haben« stimmt beinah vollständig mit der im Deutschen überein. Es gibt allerdings einige Ausnahmen: Auch die Verben **nuotare** (*nu-o-ta-re*, schwimmen), **camminare** (*kam-mi-na-re*, gehen, laufen) und **incontrare** (*in-kon-tra-re*, begegnen) bilden die Vergangenheit mit **avere**. Hier einige Beispiele dafür:

- ✔ **In vacanza ho nuotato ogni giorno.** (*in wa-kan-dza o nu-o-ta-to o-nj dschor-no*, Im Urlaub bin ich jeden Tag geschwommen.)
- ✔ **Luigi ha camminato troppo in fretta.** (*lu-i-dschi a kam-mi-na-to trop-po in fret-ta*, Luigi ist zu schnell gegangen.)
- ✔ **Abbiamo incontrato Maria in città.** (*ab-bi-a-mo in-kon-tra-to ma-ri-a in tschit-ta*, Wir haben Maria in der Stadt getroffen.)

Außerdem kennen Sie bestimmt den Ausspruch des ehemaligen Bayern-Trainers Trapattoni: »Ich habe fertig!« Für diesen unterhaltsamen »Ausdruck« gibt es eine einfache Erklärung: Im Italienischen wird die Redewendung »fertig sein« mit dem Verb »haben« gebildet – **avere finito** (*a-we-re fi-ni-to*, fertig sein). Also hat Trapattoni damals den italienischen Satz **Ho finito!** (*o fi-ni-to*, ich bin fertig) wörtlich ins Deutsche übersetzt.

Passen Sie auf, dass Sie nicht missverstanden werden, wenn Sie den deutschen Satz »ich bin fertig« ins Italienische ebenfalls wörtlich übersetzen. **Io sono finito** bedeutet nämlich auf Italienisch »Ich bin fix und fertig!«.

Die Verben **essere** und **stare** (*ßta-re*, sein und stehen) bilden den **passato prossimo** mit **sein**:

Grundform	Partizip Perfekt
essere (*äß-ße-re*, sein)	**stata**/-**o**/-**e**/-**i** (*ßta-ta/to/te/ti*, gewesen)
stare (*ßta-re*, stehen)	**stata**/-**o**/-**e**/-**i** (*ßta-ta/to/te/ti*, gestanden)

Kleiner Wortschatz

Italienisch	Aussprache	Deutsch
dimmi	*dim-mi*	Sag mal
il fine settimana (m.)	*il fi-ne ßet-ti-ma-na*	Wochenende
da solo	*da ßo-lo*	allein
dire	*di-re*	sagen
tutto	*tut-to*	alles
proprio	*pro-pri-o*	wirklich

Spiel und Spaß

Übung 9.1

Vervollständigen Sie die Sätze mit dem fehlenden Teil.

incontrato / fatto / conosciuto / ascoltato / nuotato / andata

Che cosa avete ____________ questo fine settimana? (Was habt ihr am Wochenende gemacht?)

Ho ________________il fratello di Giulia. Che uomo meraviglioso! (Ich bin Giulias Bruder begegnet. Was für ein wunderbarer Mann!)

Giorgia è ____________ al cinema. (Giorgia ist ins Kino gegangen.)

Al mare ho ________________ Enrico. (Am Meer habe ich Enrico kennengelernt.)

In vacanza ho _______________ ogni giorno. (Im Urlaub bin ich jeden Tag geschwommen.)

Ieri sera abbiamo ________________ un cd. (Gestern Abend haben wir eine CD gehört.)

Übung 9.2

Sie sind bei Mario zu Hause. Er ist aber einen Augenblick weggegangen. Das Telefon klingelt und Sie gehen ran. Ergänzen Sie die Lücken und vervollständigen Sie das Gespräch.

Sie: (1) ________________________! (Hallo!)

Stimme: **Ciao, sono Chiara. Con chi** (2) ________________________? (Hallo! Hier ist Chiara. Mit wem spreche ich?)

Sie: **Sono un** (3) ____________________ **di Mario**. (Ich bin ein Freund von Mario.)

Stimme: (4) _______________________ **Mario?** (Ist Mario da?)

Sie: **No, è** (5) _____________________ **uscito.** (Nein, er ist gerade weggegangen.)

Stimme: **Gli posso** (6) ____? (Kann ich eine Nachricht hinterlassen?)

Sie: **Certo** (7) _____________________________ (Natürlich.)

Mario kommt wieder und fragt:

Mario: **Ha** (8) ________________________________ **qualcuno per me?** (Hat jemand für mich angerufen?)

Die Lösung finden Sie in Anhang D.

IN DIESEM KAPITEL

Über den Beruf und Geschäfte sprechen

Auf der Suche nach einer Wohnung oder einem Haus

Die Imperativform verwenden, um etwas zu fordern

Kapitel 10
Rund ums Büro und ums Haus

Es macht nicht immer Spaß, über Geschäftsangelegenheiten zu sprechen oder eine Wohnung zu suchen. Allerdings kann es Spaß machen, wenn man es auf Italienisch erledigen muss. In diesem Kapitel lernen Sie die notwendigen Redewendungen dazu. Viel Spaß dabei!

Den Beruf beschreiben

Kontakte mit Geschäftspartnern aus anderen Ländern werden immer wichtiger. Die moderne Technologie unterstützt den schnellen Kommunikationsaustausch über Ländergrenzen hinweg. Vielleicht müssen Sie beruflich mit ausländischen Geschäftspartnern kommunizieren oder sie sogar besuchen. Wenn Ihr Geschäftspartner in Italien tätig ist, kann der italienische Wortschatz in diesem Kapitel sehr hilfreich sein.

Im Italienischen gibt es drei Vokabeln für den Begriff »Firma«, die alle (ohne Unterschied) verwendet werden:

- ✔ **la compagnia** (*la kom-pa-nji-a*, so viel wie Gesellschaft), zum Beispiel bei **la compagnia di assicurazione** (*la kom-pa-nji-a di aß-ßi-ku-ra-tzio-ni*, Versicherungsgesellschaft)
- ✔ **la ditta** (*la dit-ta*, Firma)
- ✔ **la società** (*la ßo-tsche-ta*, so viel wie Gesellschaft, Konzern), zum Beispiel bei **società per azioni** (*ßo-tsche-ta per a-tzio-ni*, Aktiengesellschaft) oder **società di lavoro temporaneo** (*ßo-tsche-ta di la-wo-ro tem-po-ra-ne-o*, Zeitarbeitsfirma)

L'ufficio (*luf-fi-tscho*) bedeutet Büro, das Wort **stanza** (*ßtan-dza*) bezeichnet hingegen das Arbeitszimmer.

Folgende Sätze können Sie durchaus in einem **uffici** (*uf-fi-tschi*; Büro) in Italien hören:

- ✔ **La mia scrivania è troppo piccola.** (*la mi-a skri-wa-ni-a ä trop-po pik-ko-la*, Mein Schreibtisch ist zu klein.)
- ✔ **È una grande società?** (*ä u-na gran-de ßo-tsche-ta*, Ist es ein großer Konzern?)
- ✔ **Non proprio, diciamo media.** (*non pro-pri-o di-tscha-mo mä-di-a*, Eigentlich eher mittelgroß.)
- ✔ **Lavora per una piccola agenzia.** (*la-wo-ra per u-na pik-ko-la a-dschen-tzi-a*, Sie/er arbeitet für eine kleine Firma.)
- ✔ **Amo il mio lavoro.** (*a-mo il mi-o la-wo-ro*, Ich mag meine Arbeit.)

Eine Fremdsprache zu lernen ist ebenfalls Arbeit. Also, machen Sie sich an die Arbeit! Hier die Konjugation des Verbs **lavorare** (*la-wo-ra-re*, arbeiten):

Konjugation	Aussprache
io lavoro	*i-o la-wo-ro*
tu lavori	*tu la-wo-ri*
lui/lei lavora	*lu-i/lä-i la-wo-ra*
noi lavoriamo	*no-i la-wo-ri-a-mo*
voi lavorate	*wo-i la-wo-ra-te*
loro lavorano	*lo-ro la-wo-ra-no*

S.p.A. ist die italienische Abkürzung für **Società per Azioni** (*ßo-tsche-ta per a-tzi-o-ni*, Aktiengesellschaft), während **S.A.S, Società in Accomandita Semplice** (*ßo-tsche-ta in ak-ko-man-di-ta ßem-pli-tsche*), eine Kommanditgesellschaft ist. Eine andere Art Gesellschaft ist **S.r.l.** (**Società a responsabilità limitata**, *ßo-tsche-ta a res-pon-ßa-bi-li-ta li-mi-ta-ta*, Gesellschaft mit beschränkter Haftung).

Von Chefs und Assistenten

Auch wenn Sie als **libero professionista** (*li-be-ro pro-feß-ßio-ni-ßta*, Freiberufler) tätig sind, kommen Sie bei **il lavoro** (*il la-wo-ro*, Arbeit) in Kontakt mit anderen Menschen. Und diese Menschen haben wiederum Kollegen und alle haben eine Berufsbezeichnung:

- ✔ **Il mio capo è una donna.** (*il mi-o ka-po ä u-na don-na*, Mein Chef ist eine Frau.)

  Il mio è un boss! (*il mi-o ä un boß*, Meiner ist ein Mann! *wörtlich:* Meiner ist ein Chef!)

Boss hat im Italienischen auch einen negativen Beigeschmack, da der Begriff oft in Verbindung mit der Mafia verwendet wird: Man sagt **Boss della Mafia** (*boß del-la ma-fia*, Mafia-Boss).

- ✔ **Hai un assistente/un'assistente personale?** (*a-i un aß-ßi-ßtän-te per-ßo-na-le*, Hast du einen persönlichen Assistenten/eine persönliche Assistentin?)

  No, il nostro team ha un segretario/una segretaria. (*no il no-ßtro tim a un se-gre-ta-rio/u-na se-gre-ta-ria*, Nein, unser Team hat einen Sekretär/eine Sekretärin.)

- ✔ **Dov'è il direttore?** (*do-wä il di-ret-to-re*, Wo ist der Chef?)

  Nella sua stanza. (*nel-la ßu-a ßtan-dza*, In seinem Büro/in seinem Zimmer.)

Im Gespräch

Marta und Elisabetta sprechen über ihre Kollegen.

Marta:	**Come sono i tuoi colleghi?**
	ko-me ßo-no i tu-o-i kol-le-gi
	Wie sind deine Kollegen?
Elisabetta:	**Abbastanza simpatici.**
	ab-ba-ßtan-tza ßim-pa-ti-tschi
	Ziemlich sympathisch.
Marta:	**E i superiori?**
	e i ßu-pe-ri-o-ri
	Und deine Vorgesetzten?
Elisabetta:	**Non me ne parlare!**
	non me ne par-la-re
	Reden wir lieber nicht darüber!

Büroausstattung

Auch die kleinste Firma braucht eine Büroausstattung. Man kann sich mittlerweile nicht vorstellen, ohne Computer oder Fotokopierer zu arbeiten. Zum Glück gleichen einige Vokabeln aus diesem Bereich dem Deutschen, wie zum Beispiel **il fax** (*il fakß*, Fax), **l'e-mail** (*li-me-il*, E-Mail) und **la fotocopia** (*la fo-to-ko-pia*, Fotokopie). Fotokopierer heißt auf Italienisch **la fotocopiatrice** (*la fo-to-ko-pia-tri-tsche*), der Drucker heißt **la stampante** (*la ßtam-pan-te*).

Die folgenden Sätze zeigen, wie der Bürowortschatz praktisch angewendet wird:

- ✔ **Posso usare la stampante, per favore?** (*poß-ßo u-sa-re la ßtam-pan-te per fa-wo-re*, Kann ich den Drucker benutzen?)
- ✔ **Il lavoro non va bene.** (*il la-wo-ro non wa bä-ne*, Die Arbeit läuft nicht gut.)
- ✔ **Il fax è arrivato.** (*il fakß ä ar-ri-wa-to*, Das Fax ist angekommen.)
- ✔ **Quando ha spedito l'e-mail?** (*ku-an-do a ßpe-di-to li-meil*, Wann haben Sie die E-Mail geschickt?)
- ✔ **Avete già ricevuto gli ordini?** (*a-we-te dscha ri-tsche-wu-to lji or-di-ni*, Habt ihr die Bestellungen schon erhalten?)

Im Gespräch

Herr Müller ist Geschäftsmann. Er hat vergeblich versucht, Herrn Tosi einige Informationen zu schicken.

Herr Müller:	**Ha ricevuto il mio messaggio?** *a ri-tsche-wu-to il mi-o meß-ßad-dscho* Haben Sie meine Nachricht bekommen?
Sig. Tosi:	**No, oggi non è arrivato niente.** *no od-dschi non ä ar-ri-wa-to ni-än-te* Nein, heute ist nichts angekommen.
Herr Müller:	**Le mando subito un fax.** *le man-do ßu-bi-to un fakß* Ich sende Ihnen sofort ein Fax.
Sig. Tosi:	**Non funziona: è rotto.** *non fun-tzio-na ä rot-to* Es funktioniert nicht, es ist kaputt.
Herr Müller:	**Ha un indirizzo e-mail?** *a un in-di-rit-tzo i-meil* Haben Sie eine E-Mail-Adresse?
Sig. Tosi:	**Si. E può mandarmi il file con gli indirizzi?** *ßi pu-o man-dar-mi il fail kon lji in-di-rit-tzi* Ja, können Sie mir die Datei mit den Adressen senden?
Herr Müller:	**Certo, glielo mando come allegato, ma avrò bisogno di più tempo per prepararlo.** *tschär-to lje-lo man-do ko-me al-le-ga-to ma a-wro bi-so-njo di pi-u täm-po per pre-pa-rar-lo* Sicher. Ich schicke sie Ihnen als Anlage, aber ich brauche etwas Zeit, um es vorzubereiten.
Sig. Tosi:	**Va benissimo. Oggi lavoro fino a tardi.** *wa be-niß-ßi-mo od-dschi la-wo-ro fi-no a tar-di* Sehr gut, ich arbeite heute sowieso länger.

Kleiner Wortschatz

Italienisch	Aussprache	Deutsch
il messaggio (m.)	*il meß-ßad-dscho*	Nachricht
il lavoro (m.)	*il la-wo-ro*	Arbeit
È rotto.	*ä rot-to*	Es ist kaputt.
la macchina (w.)	*la mak-ki-na*	Maschine
il tempo (m.)	*il täm-po*	Zeit
tardi	*tar-di*	spät

Eine typische Stellenanzeige

Wenn Sie eine Arbeit suchen, sehen Sie sich bestimmt die Stellenanzeigen durch, ein Beispiel finden Sie in Abbildung 10.1.

Agenzia pubblicitaria cerca assistente di direzione. Requisiti: esperienza d'ufficio, conoscenza tedesco, confidenza con it computer. Caratteristische: flessibilita, autonomia, senso del team, fantasia. Curriculum Vitae:

Agenzia Mondo, Fax 01 36 45 08 92

E-Mail: mondo.age@xxxxx.it

Werbeagentur sucht Assistenten/-in der Geschaftsleitung. Voraussetzungen: Buroerfahrung, gute Deutsch-, EDV-Kenntnisse. Eigenschaften: Flexibilitat, Selbststandigkeit, Freude an Teamarbeit, Fantasie. Lebenslauf an:

Agenzia Mondo, Fax 01 36 45 08 92

E-Mail: mondo.age@xxxxx.it

Abbildung 10.1: Beispiel einer Stellenanzeige

Wenn Sie eine interessante **annuncio di lavoro** (*an-nun-tschi-o di la-wo-ro*, Stellenanzeige) finden, ist der nächste Schritt, **la domanda di lavoro** (*la do-man-da di la-wo-ro*, Bewerbung) mit **curriculum vitae** (*kur-ri-ku-lum wi-te*, Lebenslauf) zu schicken. Der Arbeitgeber gibt immer die bevorzugte Versandart für eine Bewerbung an, das heißt per Post, per E-Mail oder per Fax.

Im Gespräch

Giuliana hat ihre Bewerbung vor einigen Tagen einer Firma geschickt. Sie ist jetzt auf die Rückmeldung gespannt. Endlich meldet sich die Firma bei ihr.

Anna: **Pronto, la signora Dani?**

pron-to la ßi-njo-ra da-ni

Guten Tag. Sind Sie Frau Dani?

Giuliana: **Si. Chi parla?**

ßi ki par-la

Ja, wer ist am Apparat?

Anna: **Sono Anna, dell'Agenzia Mondo.**

ßo-no an-na del-la-dschen-tzi-a mon-do

Hier ist Anna, Agentur Mondo.

Giuliana: **Buongiorno! Stavo aspettando la sua chiamata.**

bu-on-dschor-no ßta-wo a-ßpet-tan-do la ßu-a ki-a-ma-ta

Guten Tag. Ich habe auf Ihren Anruf gewartet.

Anna: **Abbiamo ricevuto il suo curriculum vitae e vorremmo conoscerla personalmente.**

ab-bi-a-mo ri-tsche-wu-to il ßu-o kur-ri-ku-lum wi-te e wor-rem-mo ko-no-scher-la per-ßo-nal-men-te

Wir haben Ihren Lebenslauf bekommen und wir würden Sie gern persönlich kennenlernen.

Può venire martedì prossimo alle 10?

pu-o we-ni-re mar-te-di proß-ßi-mo al-le di-e-tschi

Können Sie am nächsten Dienstag um 10 Uhr kommen?

Giuliana: **Benissimo. Dov'è l'agenzia?**

be-niß-ßi-mo do-wä la-dschen-tzi-a

Sehr gut. Wo ist die Agentur?

Anna: **Via delle Rose 10.**

wi-a del-le ro-se di-e-tschi

Via delle Rose 10.

Giuliana: **La ringrazio, a martedì. Arrivederci.**

la rin-gra-tzi-o a mar-te-di ar-ri-we-der-tschi

Vielen Dank. Bis Dienstag. Auf Wiederhören.

Arbeitgeber suchen Arbeitskräfte, die **di responsabilità** (*di re-ßpon-ßa-bi-li-ta*, verantwortungsvoll) und **affibabili** (*af-fi-da-bi-li*, zuverlässig) sind. Deswegen ist Giuliana am nächsten Dienstag fünf Minuten vor der vereinbarten Zeit schon da. Denn: **La prima cosa è la puntualità** (*la pri-ma ko-ßa ä la pun-tu-a-li-ta*, Pünktlichkeit steht an erster Stelle).

Im Gespräch

Anna stellt Giuliana die in einem Vorstellungsgespräch üblichen Fragen.

Anna: **Perché vorrebbe cambiare lavoro?**

per-ke wor-reb-be kam-bi-a-re la-wo-ro

Warum möchten Sie Ihre Arbeitsstelle wechseln?

Giuliana: **Vorrei fare qualcosa di nuovo.**

wor-re-i fa-re ku-al-ko-ßa di nu-o-wo

Ich möchte etwas Neues machen.

Anna: **È gia assistente del direttore.**

ä dscha aß-ßi-ßtän-te del di-ret-to-re

Sie sind bereits Assistentin der Geschäftsleitung.

Giuliana: **Si, ma in una compagnia finanziaria.**

ßi ma in u-na kom-pa-nji-a fi-nan-tzi-a-ri-a

Ja, aber in einem Finanzunternehmen.

Anna: **È molto diverso?**

ä mol-to di-wär-ßo

Das ist schon ein großer Unterschied, oder?

Giuliana: **Penso di sì.**

pen-ßo di ßi

Ich glaube schon.

Kleiner Wortschatz

Italienisch	Aussprache	Deutsch
il colloquio (m.)	*il kol-lo-kui-o*	Gespräch
l'assistente (w./m.)	*laß-ßi-ßtän-te*	Assistent/-in
l'annuncio (m.)	*lan-nun-tscho*	Anzeige
di responsabilità	*di re-ßpon-ßa-bi-li-ta*	verantwortungsvoll
affidabile	*af-fi-da-bi-le*	zuverlässig
la chiamata (w.)	*la ki-a-ma-ta*	Anruf

Ihr Zuhause

Wenn Italiener über ihr **appartamento** (*ap-par-ta-men-to*, Wohnung) sprechen, sagen sie oft auch **casa** (*ka-ßa*, *wörtlich:* Haus), daher sagt man auch **cerco casa** (*tscher-ko ka-ßa*, Ich suche eine Wohnung).

Auf der Suche nach einer Wohnung

Wenn Sie eine Wohnung suchen, helfen Ihnen **annunci** (*an-nun-tschi*, Zeitungsanzeigen) oder **un'agenzia immobiliare** (*a-dschen-tzi-a im-mo-bi-li-a-re*, Makler).

Falls Sie sich an einen Makler wenden, müssen Sie Ihren Wunsch bezüglich Größe und Lage der Wohnung angeben. Folgende Vokabeln können Ihnen dabei helfen:

- **il bagno** (*il ba-njo*, Bad)
- **il balcone** (*il bal-ko-ne*, Balkon)
- **la camera da letto** (*la ka-me-ra da lät-to*, Schlafzimmer)
- **la cucina** (*la ku-tschi-na*, Küche)
- **il soggiorno** (*il ßod-dschor-no*, Wohnzimmer)
- **la stanza** (*la ßtan-tza*, Zimmer)

Wie im Deutschen gibt es zwei unterschiedliche Verben, die die Vermietung einer Wohnung betreffen: **prendere in affitto** (*prän-de-re in af-fit-to*, mieten) und **dare in affitto** (*da-re in af-fit-to*, vermieten). Es gibt aber noch ein drittes Verb: **affittare** (*af-fit-ta-re*), das sowohl »mieten« als auch »vermieten« bedeutet und das Sie in jeder der beiden Situationen verwenden können. Die an der Vermietung beziehungsweise am Mieten einer Wohnung beteiligten Parteien werden **i padroni di casa** (*i pa-dro-ni di ka-ßa*, Eigentümer oder Vermieter) und **gli inquilini** (*lji in-kui-li-ni*, Mieter) genannt.

Track 27: Im Gespräch

Flaminia sucht eine Wohnung und Pietro hilft ihr dabei. Er durchforstet die Wohnungsanzeigen in der Zeitung. Dann findet er eine interessante Anzeige.

Pietro: **Affittasi appartamento zona centro.**

af-fit-ta-ßi ap-par-ta-men-to dzo-na tschän-tro

Wohnung Nähe Stadtmitte zu vermieten.

Flaminia: **Continua!**

kon-ti-nu-a

Lies weiter!

Pietro: **Due stanze, balcone, garage.**

du-e ßtan-tze bal-ko-ne ga-ra-dsch

Zwei Zimmer, Balkon und Garage.

Flaminia: **Perfetto!**

per-fät-to

Perfekt!

Pietro: **Tranquillo, in via Treviso.**

tran-kuil-lo in wi-a tre-wi-so

Ruhige Lage, via Treviso.

Flaminia: **Chiamo subito. Non è molto centrale.**

ki-a-mo ßu-bi-to non ä mol-to tschen-tra-le

Ich rufe sofort an. Die liegt aber nicht zentral.

Pietro: **No, ma costa sicuramente meno.**

no ma ko-ßta ßi-ku-ra-men-te me-no

Nein, aber die Miete ist bestimmt nicht hoch.

Flaminia: **È vero!**

ä we-ro

Stimmt.

Pietro: **Chiama!**

ki-a-ma

Ruf an!

Kontaktieren Sie schnellstmöglich die Person, die die Wohnung vermietet, denn **chi prima arriva macina** (*ki pri-ma ar-ri-wa- ma-tschi-na*, Wer zuerst kommt, mahlt zuerst), oder wollen Sie den Satz **Mi dispiace, è gia affittato** (*mi di-ßpi-a-tsche ä dscha af-fit-ta-to*, Es tut mir leid, die Wohnung ist schon vermietet) hören?

Für diese Situation gilt wie für alle anderen, wenn es ums Handeln und ums Geschäftemachen geht: Sie müssen im Italienischen die Begriffe **caro** (*ka-ro*) »teuer« und **economico** (*e-ko-no-mi-ko*) »günstig« unterscheiden. Oft hört man **costa poco** (*ko-ßta po-ko*, Es ist günstig) oder **non è caro** (*non ä ka-ro*, Es ist nicht teuer). Wollen Sie Preise vergleichen, verwenden Sie **costa meno** (*ko-ßta me-no*, Es kostet weniger) oder **costa di più** (*ko-ßta di pi-u*, Es kostet mehr).

Track 28: Im Gespräch

Flaminia ruft die in der Anzeige angegebene Telefonnummer an, um mehr über die Wohnung zu erfahren.

Rossi: **Pronto!**

pron-to

Hallo!

Flaminia: **Buongiorno, chiamo per l'annuncio. Quant'è l'affitto?**

bu-on-dschor-no ki-a-mo per lan-nun-tscho ku-an-tä laf-fit-to

Guten Tag. Ich rufe wegen Ihrer Anzeige an. Wie hoch ist die Miete?

Rossi: **Cinquecentocinquanta euro al mese.**

tschin-kue-tschän-to e-u-ro al me-se

Fünfhundertfünfzig Euro im Monat.

Flaminia: **Riscaldamento e acqua sono compresi?**

ri-skal-da-men-to e a-ku-a ßo-no kom-pre-ßi

Heizung und Wasser sind inbegriffen?

Rossi: **No, sono nelle spese di condominio.**

no ßo-no nel-le ßpe-se di kon-do-mi-ni-o

Nein, die gehören zu den Nebenkosten.

Flaminia: **Sono alte?**

ßo-no al-te

Sind die hoch?

Rossi: **Dipende dal consumo, come l'elettricità.**

di-pän-de dal kon-ßu-mo ko-me le-let-tri-tschi-ta

Es hängt vom Verbrauch ab, wie der Strom.

Flaminia: **Quando lo posso vedere?**

ku-an-do lo poß-ßo we-de-re

Wann kann ich die Wohnung ansehen?

Rossi: **Subito, se vuole.**

ßu-bi-to ße wu-o-le

Sofort, wenn Sie wollen.

Sie haben bestimmt viele Fragen, wenn Sie eine Wohnung mieten wollen. Hier eine Auswahl der wichtigsten Fragen und möglichen Antworten:

- **È occupato?** (*ä ok-ku-pa-to*, Ist sie schon vergeben?)
  - **No, è libero.** (*no ä li-be-ro*, Nein, sie ist noch frei.)
  - **Si, per il momento.** (*ßi per il mo-men-to*, Ja, im Moment schon.)
  - **È libero fra sei mesi.** (*ä li-be-ro fra ße-i me-si*, Sie wird in sechs Monaten frei.)
- **Bisogna lasciare un deposito?** (*bi-so-nja la-scha-re un de-po-si-to*, Muss man eine Anzahlung leisten?)
  - **Si, un mese d'affitto.** (*ßi un me-ße daf-fit-to*, Ja, eine Monatsmiete.)
  - **Si, la cauzione.** (*ßi la ka-u-tzio-ne*, Ja, die Kaution.)
- **Paghi molto per la casa?** (*pa-gi mol-to per la ka-ßa*, Ist die Miete hoch?)
  - **No, l'affitto è veramente basso.** (*no laf-fit-to ä ve-ra-men-te baß-ßo*, Nein, die Miete ist wirklich niedrig.)
- **La casa è tua?** (*la ka-ßa ä tu-a*, Gehört die Wohnung/das Haus dir?)
  - **No, sono in affitto.** (*no ßo-no in af-fit-to*, Nein, ich habe es gemietet.)
  - **Si, l'ho comprata l'anno scorso.** (*ßi lo kom-pra-ta lan-no skor-ßo*, Ja, ich habe sie/es letztes Jahr gekauft.)

Am neuen Wohnort heimisch werden

Sie haben eine Wohnung gefunden und wollen sie nach Ihrem Geschmack einrichten. Die italienischen Bezeichnungen für die wichtigsten Möbel kommen im folgenden Gespräch vor.

Im Gespräch

Valerio hat eine Wohnung gefunden, die aber **non ammobiliato** (*non am-mo-bi-li-a-to*, nicht möbliert) ist. Seine Freundin Eugenia fragt ihn, was er für die Einrichtung braucht.

Valerio: **Ho trovato un appartamento! Devo comprare dei mobili.**

o tro-wa-to un ap-par-ta-men-to de-wo kom-pra-re de-i mo-bi-li

Ich habe eine Wohnung gefunden! Ich muss Möbel kaufen.

Eugenia: **Tutto?**

tut-to

Alles?

Valerio: **No, solo il letto e l'armadio.**

no ßo-lo il lät-to e lar-ma-di-o

Nein, nur das Bett und einen Schrank.

Eugenia: **Nient'altro?**

ni-än-tal-tro

Sonst nichts?

Valerio: **Ho due comodini e una cassettiera.**

o du-e ko-mo-di-ni e u-na kaß-ßet-ti-e-ra

Ich habe zwei Nachtkästchen und eine Kommode.

Eugenia: **E per il soggiorno?**

e per il ßod-dschor-no

Und fürs Wohnzimmer?

Valerio: **Ho una poltrona. Mi mancano ancora il divano e un tavolino.**

o u-na pol-tro-na mi man-ka-no an-ko-ra il di-wa-no e un ta-wo-li-no

Ich habe einen Sessel. Ich brauche noch ein Sofa und einen Tisch.

La signora Giorgetti möchte gebrauchte Möbel kaufen. Sie findet eine interessante Anzeige:

- ✔ **Vendesi** (*wen-de-ßi*, Zu verkaufen): **tavolo e due sedie** (*ta-wo-lo e du-e ßä-di-e*, Tisch und zwei Stühle) **stile Liberty** (*ßti-le li-ber-ti*, Jugendstil).

Quello che cercavo (*ku-el-lo ke tscher-ka-wo*, Genau was ich gesucht habe), sagt sich Frau Giorgetti. Sie ruft die Nummer in der Anzeige sofort an. Sie möchte mehr darüber erfahren:

- ✔ **Sono autentici?** (*ßo-no au-tän-ti-tschi*, Sind sie echt?)
  - **Si, comprati a un'asta.** (*ßi kom-pra-ti a un-a-ßta*, Ja, die habe ich auf einer Auktion gekauft.)
- ✔ **Sono in buono stato?** (*ßo-no in bu-o-no ßta-to*, Sind sie in gutem Zustand?)
  - **Venga a vederli!** (*wän-ga a we-der-li*, Kommen Sie vorbei.)

Ihrem Willen Ausdruck verleihen: Die Befehlsform

Wenn Sie als Vorgesetzter einen Mitarbeiter zu sich bitten, sagen Sie **Venga nel mio ufficio** (*wän-ga nel mi-o uf-fi-tscho*, Kommen Sie in mein Büro). Wollen Sie Ihre Kinder auffordern, ihr Zimmer aufzuräumen, sagen Sie **Mettete in ordine le vostre camere**! (*met-te-te in or-di-ne le wo-ßtre ka-me-re*, Räumt euer Zimmer auf!).

In beiden Fällen verwenden Sie **l'imperativo** (*lim-pe-ra-ti-wo*, Imperativ oder Befehlsform). Mit diesem Imperativ können Sie im Italienischen eine Aufforderung, eine Bitte, eine Empfehlung oder Erlaubnis aussprechen. Dabei unterscheidet man:

- ✔ **Singular, formlos:** Sie sprechen jemanden an, den Sie gut kennen, zum Beispiel einen Freund oder einen Verwandten.

  Im Italienischen bilden Verben auf -**are** wie **mandare** (*man-da-re*, schicken) den Imperativ in der »du-Form« auf -**a** wie in **Manda**! (*man-da*, Schicke!). Verben, die in der Grundform auf -**ere** und -**ire** enden, wie in **prendere** (*prän-de-re*, nehmen) und **finire** (*fi-ni-re*, aufhören) bilden den Imperativ auf -**i**, zum Beispiel **Prendi!** (*prän-di*, Nimm!) und **Finisci!** (*fi-ni-schi*, Hör auf!).

- ✔ **Singular, förmlich:** Sie sprechen jemanden in der Sie-Form an, den Sie nicht gut kennen.

  Wenn das Verb in der Grundform auf -**are** endet wie **mandare**, bildet man den Imperativ mit einem -**i** (**Mandi!**, *man-di*, Schicken Sie!). Wenn das Verb in der Grundform auf -**ere** oder -**ire** endet (wie **prendere** und **finire**), bildet man den förmlichen Imperativ mit der Endung -**a** wie **Prenda!** (*prän-da*, Nehmen Sie) und **Finisca!** (*fi-ni-ska*, Hören Sie auf!).

- ✔ **Plural:** Sie sprechen mehrere Personen an.

  Hier wird der Imperativ wie die Präsensform gebildet, das heißt Verben, die auf -**are** enden wie **mandare**, bilden die Befehlsform mit der Endung -**ate** (**mandate!**, *man-da-te*, Schickt!). Verben auf -**ere** bilden den Imperativ mit der Endung -**ete** (**prendete!**, *prän-de-te*, Nehmt!) und Verben auf -**ire** bilden den Imperativ mit der Endung -**ite** (**finite!**, *fi-ni-te*, Hört auf!).

- ✔ **Plural:** Sie sprechen mehrere Personen an, aber Sie gehören dazu, wie im Beispiel »lass uns gehen«.

  Glücklicherweise enden alle Verben der drei Konjugationen in diesem Fall gleich, und zwar auf -**iamo**: **mandiamo** (*man-di-a-mo*, Schicken wir!), **prendiamo** (*prän-di-a-mo*, Nehmen wir!), **finiamo** (*fi-ni-a-mo*, Hören wir auf!) wie im Präsens.

In Tabelle 10.1 erhalten Sie eine Übersicht über die Endungen in den vier beschriebenen Fällen und die Konjugation der Verben.

Form	Verben auf -are	Verben auf -ere	Verben auf -ire
Singular, formlos	-a	-i	-i
Singular, förmlich	-i	-a	-a
Plural	-ate	-ete	-ite
Wir-Form	-iamo	-iamo	-iamo

Tabelle 10.1: Endungen der Verben in der Befehlsform

Sie kennen bestimmt die Redewendung »Ausnahmen bestätigen die Regel«. Auch bei der Bildung der Befehlsform im Italienischen gibt es ein paar Ausnahmen. Sie werden in Tabelle 10.2 aufgelistet.

Singular, formlos	Singular, förmlich	Deutsch
Abbi pazienza! *ab-bi pa-tzi-än-tza*	**Abbia pazienza!** *ab-bi-a pa-tzi-än-tza*	Hab/Haben Sie Geduld!
Dì qualcosa! *di ku-al-ko-ßa*	**Dica qualcosa!** *di-ka ku-al-ko-ßa*	Sag/Sagen Sie mal was!
Fa' qualcosa! *fa ku-al-ko-ßa*	**Faccia qualcosa!** *fat-tscha ku-al-ko-ßa*	Tu/Tun Sie was!
Sii buono! *ßi-i bu-o-no*	**Sia buono!** *ßi-a bu-o-no*	Sei/Seien Sie brav!
Sta' fermo! *ßta fer-mo*	**Stia fermo!** *ßti*-a fer-mo	Sei/Seien Sie still!
Va' via! *wa wi-a*	**Vada via!** *wa-da wi-a*	Geh/Gehen Sie weg!
Vieni qua! *wi-e-ni ku-a*	**Venga qua!** *wän-ga ku-a*	Komm/Kommen Sie her!

Tabelle 10.2: Unregelmäßige Imperative

Spiel und Spaß

Übung 10.1

Ergänzen Sie mit der passenden Antwort.

Certo. / Non lo so. Ora controllo. . . /

Oggi il signor Chiarini non è in ufficio. / No, oggi non è arrivato niente.

Posso usare la stampante? (Kann ich den Drucker benutzen?)

______________________________ (Sicher)

E l'e-mail del signor Chiarini è arrivato? (Ist die E-Mail von Herrn Chiarini angekommen?)

____

____________________ (Ich weiß es nicht. Ich schaue jetzt . . . Nein, heute ist nichts angekommen.)

Adesso lo chiamo subito. (Jetzt rufe ich ihn gleich an.)

Ho già parlato con la sua segretaria. ______________________________
(Ich habe schon mit seiner Sekretärin gesprochen.)

Übung 10.2

Es ist ganz einfach! Erkennen Sie die Bezeichnungen für Zimmer und Möbel im Bild? Wenn Sie wollen, schreiben Sie auch die italienische Entsprechung für die nicht nummerierten Gegenstände auf.

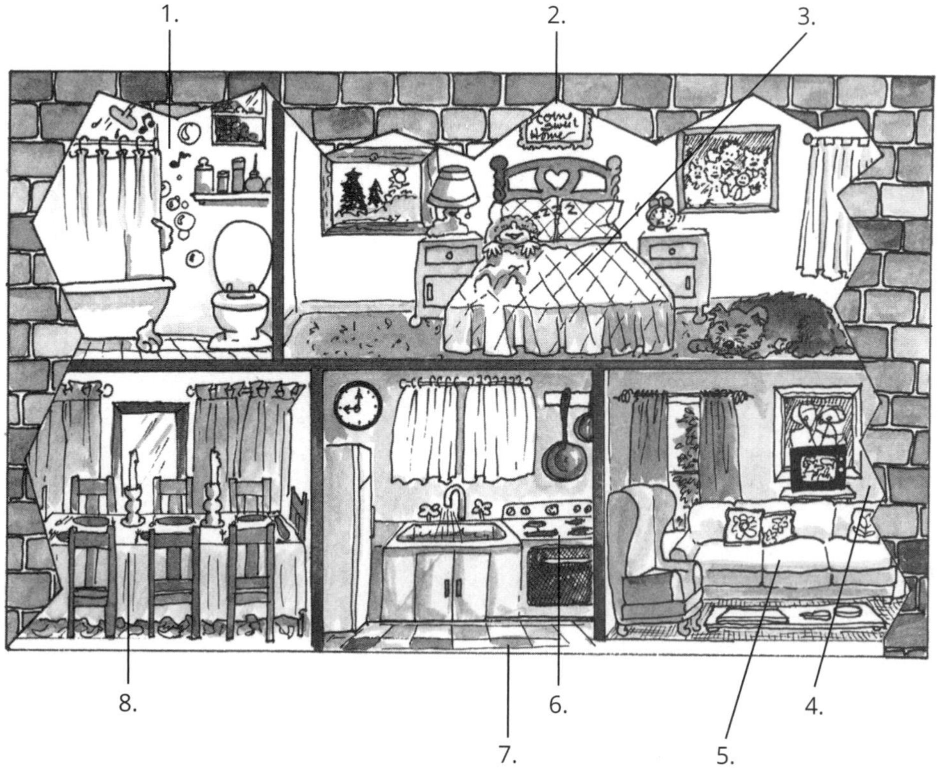

Die Lösung finden Sie in Anhang D.

Teil III

Italienisch für unterwegs

IN DIESEM TEIL ...

Hier finden Sie die wichtigsten Themen, wenn Sie in Italien unterwegs sind, etwa wenn Sie Geldangelegenheiten erledigen oder mit Kreditkarte zahlen wollen. Oder wie Sie ein Zimmer in einem Hotel reservieren können.

Schließlich finden Sie hier auch Redewendungen, um nach dem Weg zu fragen. Und in einem Kapitel behandeln wir das wichtige Vokabular für unerwartete Notfälle.

IN DIESEM KAPITEL

Bankangelegenheiten erledigen

Bezahlen

Gebühren

Verschiedene Währungen

Kapitel 11
Rund ums Geld

Natürlich hat man nie genug Geld. Aber es stimmt auch, dass Geld Ärger machen kann. In diesem Abschnitt finden Sie hilfreiche Redewendungen, wenn es um Geldangelegenheiten geht.

In der Bank

Vielleicht macht es Ihnen keinen Spaß, aber es ist unvermeidlich: Auch in Italien müssen Sie Bankangelegenheiten erledigen. Wie dies am einfachsten geht, erfahren Sie hier. Sie können in einer Bank vieles erledigen, zum Beispiel **aprire un conto** (*a-pri-re un kon-to*, ein Konto eröffnen), **prelevare soldi** (*pre-le-wa-re ßol-di*, Geld abheben), **versare soldi sul proprio conto** (*wer-ßa-re ßol-di ßul pro-prio kon-to*, Geld aufs eigene Konto einzahlen), **contrarre un prestito** (*kon-trar-re un pre-ßti-to*, einen Kredit bekommen) oder **riscuotere un assegno** (*ri-sku-o-te-re un aß-ße-njo*, einen Scheck einlösen).

Hier nun einige nützliche Redewendungen, wenn Sie ein Gespräch mit **un impiegato/un'impiegata della banca** (*un im-pi-e-ga-to/un-im-pi-e-ga-ta del-la ban-ka*, Bankangestellter/Bankangestellte) führen:

- ✔ **Mi dispiace, il Suo conto è scoperto.** (*mi di-ßpi-a-tsche il ßu-o kon-to ä sko-pär-to*, Es tut mir leid, Ihr Konto ist überzogen.)
- ✔ **Avrei bisogno di un credito.** (*a-wre-i bi-so-njo di un kre-di-to*, Ich bräuchte einen Kredit.)
- ✔ **Com'è il tasso d'interesse?** (*ko-mä il taß-ßo din-te-räß-ße*, Wie hoch sind die Zinsen?)
- ✔ **Vorrei fare un mutuo.** (*wor-re-i fa-re un mu-tu-o*, Ich möchte eine Finanzierung beantragen, *wörtlich:* Hypothek.)
- ✔ **Quando può fare il pagamento?** (*ku-an-do pu-o fa-re il pa-ga-men-to*, Wann können Sie bezahlen?)

Wenn Sie Geld übrig haben, werden Sie es anlegen wollen. Hier die Konjugation des Verbs **investire** (*in-we-ßti-re*, investieren):

Konjugation	Aussprache
io investo	*i-o in-we-ßto*
tu investi	*tu in-we-ßti*
lui/lei investe	*lu-i/le-i in-we-ßte*
noi investiamo	*no-i in-we-ßti-a-mo*
voi investite	*wo-i in-we-ßti-te*
loro investono	*lo-ro in-we-ßto-no*

Im Gespräch

Herr Rossi geht zur Bank. Er möchte ein Girokonto eröffnen und spricht mit dem Bankangestellten, **l'impiegato della banca** (*lim-pi-e-ga-to del-la ban-ka*).

Signor Rossi: **Buongiorno!**

bu-on-dschor-no

Guten Tag.

Angestellter: **Buongiorno. Prego?**

bu-on-dschor-no prä-go

Guten Tag. Wie kann ich Ihnen helfen?

Signor Rossi: **Vorrei aprire un conto corrente.**

wor-re-i a-pri-re un kon-to kor-rän-te

Ich möchte ein Girokonto eröffnen.

Angestellter: **Bene. Ho bisogno di alcune informazioni.**

bä-ne o bi-so-njo di al-ku-ne in-for-ma-tzio-ni

Gut. Ich brauche einige Informationen.

Signor Rossi: **Quando mi verrà inviata la carta bancomat?**

ku-an-do mi wer-ra in-wi-a-ta la kar-ta ban-ko-mat

Wann wird mir die EC-Karte geschickt?

Angestellter: **Fra tre settimane circa.**

fra tre ßet-ti-ma-ne tschir-ka

In circa drei Wochen.

In Italien haben die Banken normalerweise vormittags von 8:30 bis 13:30 Uhr und nachmittags von 14:30 bis circa 16 Uhr geöffnet. Diese Öffnungszeiten unterscheiden sich aber je nach Bank und von Stadt zu Stadt.

Im Gespräch

Herr Blasio möchte sich über seinen Kontostand informieren. Er wendet sich an den Bankangestellten.

Signor Blasio: **Vorrei il mio estratto conto.**

wor-re-i il mi-o e-ßtrat-to kon-to

Ich möchte meinen Kontoauszug abholen.

Angestellter: **Il suo numero di conto?**

il ßu-o nu-me-ro di kon-to

Ihre Kontonummer?

Signor Blasio: **Settanta trentotto settantanove quaranta.**

ßet-tan-ta tren-tot-to ßet-tan-ta-no-we ku-ar-an-ta

Siebzig achtunddreißig neunundsiebzig vierzig

Angestellter: **Grazie. Attenda un momento. (. . .) Ecco a Lei.**

gra-tzi-e at-ten-da un mo-men-to äk-ko a lä-i

Danke. Warten Sie einen Augenblick. (. . .) Hier, bitte schön!

Signor Blasio: **Grazie mille. Arriverderci!**

gra-tzi-e mil-le ar-ri-we-der-tschi

Vielen Dank! Auf Wiedersehen!

Kleiner Wortschatz

Italienisch	Aussprache	Deutsch
il conto (m.) corrente	*il kon-to kor-rän-te*	Girokonto
aprire	*a-pri-re*	eröffnen
l'estratto conto (m.)	*le-ßtrat-to kon-to*	Kontoauszug
il tasso (m.) d'interessi	*il taß-ßo din-te-räß-ßi*	Zinsen
la carta (w.) di credito	*la kar-ta di kre-di-to*	Kreditkarte
la ricevuta (w.)	*la ri-tsche-wu-ta*	Beleg
la carta (w.) bancomat	*la kar-ta ban-ko-mat*	EC-Karte
riscuotere	*ri-sku-o-te-re*	einlösen
il libretto (m.) degli assegni	*il li-bret-to de-lji as-se-nji*	Scheckheft

Bezahlen

Mittlerweile müssen Sie für Reisen nach Italien kein Geld mehr wechseln, denn Sie zahlen auch dort mit **euro** (*e-u-ro*). Sie können hier **pagare in contanti** (*pa-ga-re in kon-tan-ti*, bar zahlen), mit **carta di credito** *kar-ta di kre-di-to*, Kreditkarte) oder mit **carta bancomat** (*kar-ta ban-ko-mat*). Einen **Bancomat** (*ban-ko-mat*, Geldautomat) finden Sie überall.

Wenn es ans Bezahlen geht, brauchen Sie natürlich das Verb **pagare** (*pa-ga-re*, bezahlen). Hier die Konjugation dieses Verbs.

Konjugation	Aussprache
io pago	*i-o pa-go*
tu paghi	*tu pa-gi*
lui/lei paga	*lu-i/lä-i pa-ga*
noi paghiamo	*no-i pa-gi-a-mo*
voi pagate	*wo-i pa-ga-te*
loro pagano	*lo-ro pa-ga-no*

Folgende Redewendungen brauchen Sie, wenn Sie etwas bezahlen wollen:

- ✔ **Dov'è il prossimo bancomat?** (*do-wä il proß-ßi-mo ban-ko-mat*, Wo ist der nächste Geldautomat?)
- ✔ **Posso pagare con la carta di credito?** (*poß-ßo pa-ga-re kon la kar-ta di kre-di-to*, Kann ich mit Kreditkarte zahlen?)
- ✔ **Mi dispiace, non accettiamo carte di credito, dovrebbe pagare in contanti.** (*mi di-ßpi-a-tsche non at-tchet-ti-a-mo kar-te di kre-di-to do-wreb-be pa-ga-re in kon-tan-ti*, Es tut mir leid. Wir akzeptieren keine Kreditkarte. Zahlen Sie bitte bar.)
- ✔ **Mi dispiace, non ho spiccioli.** (*mi di-ßpi-a-tsche non o ßpit-tscho-li*, Es tut mir leid, ich habe kein Kleingeld.)

Folgende Anweisungen auf Italienisch werden Ihnen am Geldautomaten begegnen:

- ✔ **Inserire la carta.** (*in-ße-ri-re la kar-ta*, Führen Sie die Karte ein.)
- ✔ **Inserire il codice PIN.** (*in-ße-ri-re il ko-di-tsche pin*, Geben Sie Ihre Pin/Geheimzahl ein.)
- ✔ **Digitare l'importo da riscuotere.** (*di-dschi-ta-re lim-por-to da ri-skuo-te-re*, Geben Sie den gewünschten Geldbetrag ein.)
- ✔ **Attendere un momento.** (*at-tän-de-re un mo-men-to*, Bitte einen Moment Geduld.)
- ✔ **Prendere la carta.** (*prän-de-re la kar-ta*, Karte entnehmen.)

In Italien können Sie nicht überall mit Kreditkarte zahlen. Fragen Sie daher lieber nach, bevor Sie etwas kaufen. Die meisten Geschäfte geben an, welche Kreditkarten sie akzeptieren. Manche Geschäfte nehmen aber nur **in contanti** (*in kon-tan-ti*, Bargeld). In kleineren Ortschaften wird in der Regel Barzahlung bevorzugt.

Track 29: Im Gespräch

Michaela möchte am Geldautomaten Geld abheben, aber der Geldautomat funktioniert im Moment nicht. Also erkundigt sie sich am Schalter.

Michaela:	**Scusi, il bancomat non funziona.**
	sku-si il ban-ko-mat non fun-tzio-na
	Entschuldigen Sie, der Geldautomat funktioniert nicht.
Bankangestellter:	**Lo so, signorina, mi dispiace!**
	lo ßo ßi-njo-rina mi di-ßpi-a-tsche
	Ich weiß, tut mir leid.
Michaela:	**Ma ho bisogno di contanti.**
	o bi-so-njo di kon-tan-ti
	Aber ich brauche Bargeld.
Bankangestellter:	**Può prelevarli qui alla cassa.**
	pu-o pre-le-war-li ku-i al-la kaß-ßa
	Sie können das Geld hier am Schalter abheben.
Michaela:	**Va bene.**
	wa bä-ne
	In Ordnung.

Normalerweise können Sie problemlos mit Kreditkarte zahlen, allerdings werden Sie wahrscheinlich nach Ihrem Personalausweis oder Reisepass gefragt. In diesem Fall werden Sie gefragt:

- ✔ **Potrei vedere la Sua carta d'identità, per favore?** (*po-tre-i we-de-re la ßu-a kar-ta di-den-ti-ta per fa-wo-re*, Könnte ich bitte Ihren Ausweis sehen?)
- ✔ **Potrebbe darmi il Suo passaporto, per favore?** (*po-treb-be dar-mi il ßu-o paß-ßa-por-to per fa-wo-re*, Könnten Sie mir Ihren Reisepass zeigen?)
- ✔ **Il Suo indirizzo?** (*il ßu-o in-di-rit-tzo*, Ihre Adresse?)

Wenn Sie gebeten werden, eine Weile zu warten, werden Sie das Wort **attendere** (*at-tän-de-re*, warten) hören; hier die Konjugation des Wortes.

Konjugation	Aussprache
io attendo	*i-o at-tän-do*
tu attendi	*tu at-tän-di*
lui/lei attende	*lu-i/lä-i at-tän-de*
noi attendiamo	*no-i at-tän-di-a-mo*
voi attendete	*wo-i at-tän-de-te*
loro attendono	*lo-ro at-tän-do-no*

Track 30: Im Gespräch

Signora Gradi möchte am Geldautomaten Geld abheben, doch der Geldautomat funktioniert nicht. Sie spricht mit dem Bankangestellten.

Signora Gradi: **Il bancomat ha mangiato la mia carta.**

il ban-ko-mat a man-dscha-to la mi-a kar-ta

Der Geldautomat gibt meine Karte nicht mehr zurück.

Bankangestellter: **Ha digitato il numero giusto?**

a di-dschi-ta-to il nu-me-ro dschu-ßto

Haben Sie die richtige Geheimzahl eingegeben?

Signora Gradi: **Certo! Che domanda.**

tschär-to ke do-man-da

Natürlich! Was für eine Frage!

Bankangestellter: **Mi scusi, ma può capitare.**

mi sku-si ma pu-o ka-pi-ta-re

Verzeihung, aber das kann schon mal passieren.

Signora Gradi: **Cosa posso fare?**

ko-ßa poß-ßo fa-re

Was kann ich tun?

Bankangestellter: **Attenda un momento…**

at-tän-da un mo-men-to

Warten Sie einen Moment …

Kleiner Wortschatz

Italienisch	Aussprache	Deutsch
euro	*e-u-ro*	Euro
in contanti	*in kon-tan-ti*	bar
la carta di credito	*la kar-ta di kre-di-to*	Kreditkarte
prelevare	*pre-le-wa-re*	abheben
pagare	*pa-ga-re*	bezahlen
attendere	*at-tän-de-re*	warten
il bancomat (m.)	*il ban-ko-mat*	Geldautomat
gli spiccioli (m.)	*lji ßpit-tcho-li*	Kleingeld
le monete (w.)	*le mo-ne-te*	Münze
i soldi (m.)	*i ßol-di*	Geld

Geld wechseln

Vielleicht erinnern Sie sich noch an die guten alten Zeiten, als die italienische Währung noch **la lira** (*la li-ra*, Lire) hieß. Mit der Einführung des Euro im Jahr 2002 hat sich alles vereinfacht. Man muss vor einer Reise nach Italien nicht mehr extra Geld wechseln und fühlt sich in Italien wie auch in anderen EU-Ländern fast wie zu Hause. Preisvergleiche sind auch längst nicht mehr so mühsam. Und welch eine Freude, wenn man plötzlich eine Euromünze im Geldbeutel findet, die etwas anders aussieht als die gewohnten Münzen – vielleicht, weil sie aus Italien kommt. Die italienischen Cent- und Euromünzen haben unterschiedliche Motive; lassen Sie sich durch sie zum nächsten Stadt- oder Museumsbesuch inspirieren.

Das sehen Sie auf den italienischen Cent- und Euromünzen:

- ✔ 1 Cent: Das **Castel del Monte** (*ka-ßtäl del mon-te*), ein Schloss aus dem 13. Jahrhundert in Apulien
- ✔ 2 Cent: Die **Mole Antonelliana** (*mo-le an-to-nel-lia-na*), ein Turm als Symbol der Stadt Turin
- ✔ 5 Cent: Das **Colosseo** (*ko-loß-ße-o*, Kolosseum) in Rom, ein berühmtes antikes Bauwerk
- ✔ 10 Cent: Kopf aus **La nascita di Venere** (*la na-schi-ta di we-ne-re*, »Die Geburt der Venus«) von **Sandro Botticelli** (*ßan-dro bot-tit-tschel-li*)
- ✔ 20 Cent: Futuristische Skulptur von **Umberto Boccioni** (*um-ber-to bot-tscho-ni*)
- ✔ 50 Cent: Die Reiterstatue des römischen Kaisers Marcus Aurelius – **Marco Aurelio** (*mar-ko a-u-re-lio*) – mit dem Kapitolspflaster von Michelangelo
- ✔ 1 Euro: **L'uomo vitruviano** (*lu-o-mo wi-tru-wi-a-no*, der vitruvianische Mensch), eine Zeichnung von Leonardo da Vinci
- ✔ 2 Euro: Porträt des **Dante Alighieri** (*dan-te a-li-gie-ri*) von Raffael

Wenn Sie von Italien aus in ein anderes Land fahren, zum Beispiel die Fähre nach Kroatien nehmen, können Sie auch schon vor der Abfahrt Geld wechseln.

Im Gespräch

Patrizia fährt für eine Woche nach Kroatien und will Euro in die kroatische Währung Kuna wechseln.

Patrizia: **Sai com'è il cambio euro in kuna?**

ßa-i ko-mä il kam-bi-o e-u-ro in ku-na

Weißt du, wie der Wechselkurs für Kuna ist?

Milena: **Non ne ho idea! Perché?**

non ne o i-de-a per-ke

Keine Ahnung! Warum?

Patrizia: **Domani parto per Dubrovnik.**

do-ma-ni par-to per du-bro-w-nik

Morgen fahre ich nach Dubrovnik.

Milena: **E non hai ancora cambiato!**

e non a-i an-ko-ra kam-bi-a-to

Hast du noch kein Geld gewechselt?

Patrizia: **Posso farlo al porto.**

poß-ßo far-lo al por-to

Das kann ich am Hafen erledigen.

Milena: **Ma no, è più caro!**

ma no ä pi-u ka-ro

Aber nein, dort ist es teurer!

Patrizia: **Mi accompagni in banca?**

mi ak-kom-pa-nji in ban-ka

Begleitest du mich zur Bank?

Im Gespräch

Patrizia und Milena sind in der Bank. Sie gehen **allo sportello** (*al-lo ßpor-täl-lo*, zum Schalter).

Patrizia: **Vorrei cambiare cinquecento euro in kuna.**

wor-re-i kam-bi-a-re tschin-kue-tschän-to e-u-ro in ku-na.

Ich möchte 500 Euro in Kuna wechseln.

Angestellter: **Per un viaggio?**

per un wi-ad-dscho

Für eine Reise?

Patrizia: **Si.**

ßi

Ja.

Angestellter:	**Mi dia la Sua carta d'identità, per favore.** *mi di-a la ßu-a kar-ta di-den-ti-ta per fa-wo-re* Geben Sie mir bitte Ihren Personalausweis.
Patrizia:	**Ecco.** *äk-ko* Hier, bitte schön.
Angestellter:	**Dunque, vediamo. Sono tremilaseicentosessanta Kuna.** *dun-ku-e we-di-a-mo so-no tre-mi-la ße-i-tschän-to ßeß-ßan-ta ku-na* Also, das sind dreitausendsechshundertsechzig Kuna.

Kleiner Wortschatz

Italienisch	Aussprache	Deutsch
cambiare	*kam-bi-a-re*	wechseln
partire	*par-ti-re*	abfahren
lo sportello (m.)	*lo ßpor-täl-lo*	Schalter
il viaggio (m.)	*il wi-ad-dscho*	Reise
il porto (m.)	*il por-to*	Hafen
la carta d'identita (w.)	*la kar-ta di-den-ti-ta*	Personalausweis

Spiel und Spaß

Übung 11.1

Was passt zusammen? Verbinden Sie die Fragen mit der jeweils richtigen Antwort.

1) Posso pagare coon la carta di credito?	**a) Mi dia la Sua carta d'identità.**
2) Dov'è il prossimo bancomat?	**b) Può prelevare il soldi alla cassa.**
3) Scusi, il bancomat non funziona.	**c) Certo! Che domanda!**
4) Vorrei cambiare 500 Euro in Kune.	**d) A piazza San Girolamo.**
5) Ha digitato il numero giusto?	**e) Mi dispiace, dovrebbe pagare in contanti.**

Übung 11.2

Schreiben Sie die entsprechenden italienischen Begriffe.

1. **La polizia: Ha la ______________ d' ______________?**

   Haben Sie den Personalausweis?

2. **Vorrei pagare con la ______________ bancomat.**

   Ich möchte mit EC-Karte zahlen.

3. **Alla dogana: Ha il ____________________?**

   Am Zoll: Haben Sie den Reisepass?

4. **L' ______________ di ____________: Buongiorno, prego?**

   Der Bankangestellte: Guten Tag. Kann ich Ihnen helfen?

5. **Il ______________ ha mangiato la mia carta.**

   Der Geldautomat gibt meine Karte nicht mehr zurück.

6. **Posso pagare con la ______________ di ______________?**

   Kann ich mit Kreditkarte zahlen?

7. **Vorrei pagare in ______________.**

   Ich möchte bar bezahlen.

8. **Mi dispiace, non ho ______________.**

   Es tut mir leid, ich habe kein Kleingeld.

Hier die Vokabeln, die Sie brauchen. Passen Sie auf, sie sind nicht in der richtigen Reihenfolge angegeben!

Kleingeld, Geldautomat, Kreditkarten, Personalausweis, Bankangestellter, Bargeld, Reisepass, EC-Karte

Die Lösung finden Sie in Anhang D.

IN DIESEM KAPITEL

Nach dem Weg fragen

Verben der Bewegung verwenden

Mit Ordnungszahlen ordnen

Kapitel 12

Nach dem Weg fragen – Wegbeschreibungen

Haben Sie sich schon einmal in einem fremden Land in der Stadt verlaufen? Wenn Sie diese Erfahrung bereits gemacht haben, wissen Sie auch, wie wichtig es ist, ein paar Brocken der Landessprache zu sprechen, damit Sie nach dem Weg fragen können. Es ist aber auch ebenso wichtig, die Antworten verstehen zu können! In diesem Kapitel finden Sie Tipps, wie Sie sich auf Italienisch nach dem Weg erkundigen.

Nach einem bestimmten Ort fragen

Wollen Sie nach dem Weg fragen, wenden Sie sich mit den folgenden Redewendungen an Passanten:

- ✔ **Mi scusi.** (*mi sku-si*, Entschuldigen Sie.)
- ✔ **Scusi.** (*sku-si*, Entschuldigung.)

Oder:

- ✔ **Per favore.** (*per fa-wo-re*, Bitte.)

Danach stellen Sie Ihre Fragen, zum Beispiel:

- ✔ **Dov'è il Colosseo?** (*do-wä il ko-loß-ße-o*, Wo ist das Kolosseum?)
- ✔ **Questa è via Garibaldi?** (*ku-e-ßta ä wi-a ga-ri-bal-di*, Ist das die Via Garibaldi?)
- ✔ **Come si arriva alla stazione?** (*ko-me ßi ar-ri-wa al-la ßta-tzio-ne*, Wie kommt man zum Bahnhof?)
- ✔ **Può indicarmi la strada per il centro?** (*pu-o in-di-kar-mi la ßtra-da per il tschän-tro*, Können Sie mir den Weg zum Zentrum zeigen?)
- ✔ **Dove siamo adesso?** (*do-we ßi-a-mo a-däß-ßo*, Wo sind wir jetzt?)

- **Mi sono perso. Dov'è il duomo?** (*mi so-no pär-ßo do-wä il du-o-mo*, Ich habe mich verlaufen. Wo ist der Dom?)

Auf die vorne gestellten Fragen können Sie folgende Antworten bekommen:

- **Segua la strada principale fino al centro.** (*ße-gu-a la ßtra-da prin-tschi-pa-le fi-no al tschän-tro*, Folgen Sie der Hauptstraße bis zur Stadtmitte.)
- **Vada sempre dritto.** (*wa-da ßäm-pre drit-to*, Gehen Sie immer geradeaus.)
- **Dopo il semaforo giri a destra.** (*do-po il ße-ma-fo-ro dschi-ri a dä-ßtra*, An der Ampel biegen Sie rechts ab.)
- **È in fondo a sinistra.** (*ä in fon-do a ßi-ni-ßtra*, Es ist da hinten links.)
- **È vicino alla posta.** (*ä vi-tschi-no al-la po-ßta*, Es ist neben der Post.)
- **Attraversi il ponte, poi c'è una piazza e lì lo vede.** (*at-tra-wer-ßi il pon-te po-i tschä u-na piat-tza e li lo we-de*, Gehen Sie über die Brücke, dann kommt ein Platz und dort sehen Sie es.)
- **Ha sbagliato strada.** (*a sba-lja-to ßtra-da*, Sie haben sich verlaufen.)

Sich in einer Stadt zurechtfinden

Wollen Sie sich mithilfe eines Stadtplans orientieren, sind **i quattri punti cardinali** (*i ku-at-tro pun-ti kar-di-na-li*, die vier Himmelsrichtungen) sehr hilfreich. Sie lauten auf Italienisch:

- **nord** (*nord*, Norden)
- **est** (*äßt*, Osten)
- **sud** (*sud*, Süden)
- **ovest** (*o-west*, Westen)

Die Himmelsrichtungen hören Sie in Sätzen wie:

- **Trieste è a nord-est.** (*tri-e-ßte ä a nord-äßt*, Triest liegt im Nordosten.)
- **Napoli è a sud.** (*na-po-li ä a ßud*, Neapel liegt im Süden.)
- **Roma è a ovest.** (*ro-ma ä a o-veßt*, Rom liegt im Osten.)
- **Bari è a sud-est.** (*ba-ri ä a ßud-äßt*, Bari liegt im Südosten.)

Wenn Ihnen ein Weg beschrieben wird oder Sie selbst eine Wegbeschreibung geben, können Sie sich auch an Gebäuden orientieren. Hier einige Ausdrücke, um räumliche Verhältnisse zu umschreiben:

- **davanti a** (*da-wan-ti a*, vor)
- **dietro a** (*di-ä-tro a*, hinter)
- **vicino a** (*wi-tschi-no a*, neben)
- **di fronte a** (*di fron-te a*, gegenüber)
- **dentro** (*den-tro*, in, innerhalb)

- ✔ **fuori** (*fu-o-ri*, außen, außerhalb)
- ✔ **sotto** (*ßot-to*, unter)
- ✔ **sopra** (*ßo-pra*, auf, über)

Sie brauchen auch Vokabeln, um eine Entfernung und **la direzione** (*la di-re-tzio-ne*, Richtung) anzugeben:

- ✔ **dritto** (*drit-to*, geradeaus)
- ✔ **sempre dritto** (*ßäm-pre drit-to*, immer geradeaus)
- ✔ **fino a** (*fi-no a*, bis zu)
- ✔ **prima** (*pri-ma*, vor)
- ✔ **dopo** (*do-po*, nach)
- ✔ **a destra** (*a dä-ßtra*, rechts)
- ✔ **a sinistra** (*a ßi-ni-ßtra*, links)
- ✔ **dietro l'angolo** (*di-ä-tro lan-go-lo*, um die Ecke)
- ✔ **all'angolo** (*al-lan-go-lo*, an der Ecke)
- ✔ **all'incrocio** (*al-lin-kro-tscho*, an der Kreuzung)

Weitere Vokabeln zur Wegbeschreibung:

- ✔ **il marciapiede** (*il mar-tscha-pi-ä-de*, Bürgersteig)
- ✔ **la piazza** (*la pi-at-tza*, Platz)
- ✔ **il ponte** (*il pon-te*, Brücke)
- ✔ **il sottopassaggio** (*il ßot-to-paß-ßad-dscho*, Unterführung)
- ✔ **la strada** (*la ßtra-da*, Straße)
- ✔ **la via** (*la wi-a*, Straße)
- ✔ **la via principale** (*la wi-a prin-tschi-pa-le*, Hauptstraße)
- ✔ **il viale** (*il wi-a-le*, Allee)
- ✔ **il vicolo** (*il wi-ko-lo*, Gasse)

La strada und **la via** sind Synonyme, aber **via** wird überwiegend verwendet, wenn der Name der Straße angegeben wird:

- ✔ **È una strada molto lunga.** (*ä u-na ßtra-da mol-to lun-ga*, Es ist eine lange Straße.)
- ✔ **Abito in via Merulana.** (*a-bi-to in wi-a me-ru-la-na*, Ich wohne in der Via Merulana.)

Ein bekanntes italienisches Sprichwort, in dem es sozusagen um Straßen geht, lautet:

> **Tutte le strade portano a Roma.** (*tut-te le ßtra-de por-ta-no a ro-ma*, Alle Wege führen nach Rom.)

Track 31: Im Gespräch

Katharina ist zum ersten Mal in Bologna. Sie hat die Stadt besichtigt, ist unter den Arkaden geschlendert und möchte jetzt zum Bahnhof gehen, aber sie weiß den Weg nicht mehr. Sie fragt einen Passanten.

Katharina: **Scusi?**

sku-si

Entschuldigen Sie?

Passant: **Si?**

ßi

Ja, bitte!

Katharina: **Dov'è la stazione centrale?**

do-wä la ßta-tzio-ne tschän-tra-le

Wo ist der Hauptbahnhof?

Passant: **Prenda la prima a destra.**

prän-da la pri-ma a dä-ßtra

Nehmen Sie die erste rechts.

Katharina: **Poi?**

po-i

Und dann?

Passant: **Poi la terza a sinistra.**

po-i la tär-tza a ßi-ni-ßtra

Dann die dritte links.

Katharina: **Si?**

ßi

Und . . .?

Passant: **Poi la seconda, no la prima . . .**

po-i la ße-kon-da no la pri-ma

Dann die zweite, nein die erste . . .

Katharina: **Grazie. Prendo un taxi.**

gra-tzie prän-do un ta-kßi

Vielen Dank. Ich fahre mit dem Taxi.

Kleiner Wortschatz

Italienisch	Aussprache	Deutsch
la strada principale (w.)	*la ßtra-da prin-tschi-pa-le*	Hauptstraße
il semaforo (m.)	*il ße-ma-fo-ro*	Ampel
il ponte (m.)	*il pon-te*	Brücke
la piazza (w.)	*la pi-at-tza*	Platz
il centro (m.)	*il tschän-tro*	Stadtmitte
la stazione (w.)	*la ßta-tzio-ne*	Bahnhof
il duomo (m.)	*il du-o-mo*	Dom
la posta (w.)	*la po-ßta*	Post

Mit Ordnungszahlen ordnen

Wenn Sie einen Weg beschreiben oder nach einem Weg fragen, brauchen Sie **numeri ordinali** (*nu-me-ri or-di-na-li*, Ordnungszahlen). Da diese ebenfalls Adjektive sind, müssen sie in der Zahl und im Geschlecht mit dem Nomen übereinstimmen, auf das sie sich beziehen. Wenn Sie beispielsweise von einer **via** (*wi-a*) oder **strada** (*ßtra-da*) – beides sind weibliche Nomen – sprechen, müssen Sie die weibliche Form des Adjektivs verwenden. Tabelle 12.1 enthält die Ordnungszahlen in der männlichen und der weiblichen Form.

Italienisch	Aussprache	Deutsch
il primo/la prima	*il pri-mo/la pri-ma*	der erste/die erste
il secondo/la seconda	*il ße-kon-do/la ße-kon-da*	der zweite/die zweite
il terzo/la terza	*il tär-tzo/la tär-tza*	der dritte/die dritte
il quarto/la quarta	*il ku-ar-to/la ku-ar-ta*	der vierte/die vierte
il quinto/la quinta	*il ku-in-to/la ku-in-ta*	der fünfte/die fünfte
il sesto/la sesta	*il ßäs-to/la ßäs-ta*	der sechste/die sechste
il settimo/la settima	*il ßet-ti-mo/la ßet-ti-ma*	der siebte/die siebte
l'ottavo/l'ottava	*l ot-ta-wo/lot-ta-wa*	der achte/die achte
il nono/la nona	*il no-no/la no-na*	der neunte/die neunte
il decimo/la decima	*il dä-tschi-mo/la dä-tschi-ma*	der zehnte/die zehnte

Tabelle 12.1: Ordnungszahlen in männlicher und weiblicher Form

Hier einige Beispielsätze mit Ordnungszahlen:

- **È la terza strada a sinistra.** (*ä la ter-tza ßtra-da a ßi-ni-ßtra*, Es ist die dritte Straße links.)
- **È dopo il terzo semaforo a sinistra.** (*ä do-po il ter-tzo ße-ma-fo-ro a ßi-ni-ßtra*, Es ist nach der dritten Ampel links.)

Quanto è lontano? Nach der Entfernung fragen

Wollen Sie in Erfahrung bringen, wie weit Ihr Ziel entfernt ist, oder werden Sie nach Ihrem Ziel gefragt, verwenden Sie folgende Fragen und Antworten:

- **Quant'è lontano?** (*ku-an-tä lon-ta-no*, Wie weit ist es?)
- **È molto lontano?** (*ä mol-to lon-ta-no*, Ist es sehr weit?)
- **Saranno cinque minuti.** (*ßa-ran-no tschin-ku-e mi-nu-ti*, Vielleicht fünf Minuten.)
- **Circa un chilometro.** (*tschir-ka un ki-lo-me-tro*, Ungefähr ein Kilometer.)
- **No, un paio di minuti.** (*no un pa-i-o di mi-nu-ti*, Nein, ein paar Minuten.)
- **Posso arrivarci a piedi?** (*poß-ßo ar-ri-war-tschi a pi-e-di*, Kann ich zu Fuß hingehen?)
- **Certo, è molto vicino.** (*tschä-to ä mol-to vi-tschi-no*, Sicher, es ist sehr nah.)
- **È un po' lontano.** (*ä un po lon-ta-no*, Es ist etwas zu weit.)

Was sagen Sie, wenn Sie nichts verstehen?

Falls Sie die Wegbeschreibung nicht verstehen, bitten Sie Ihren Gesprächspartner, die Beschreibung zu wiederholen. Dafür brauchen Sie folgende Redewendungen:

Come, scusi? (*ko-me sku-si*, Wie bitte?)

- **Mi scusi, non ho capito.** (*mi sku-si non o ka-pi-to*, Entschuldigen Sie, ich habe nicht verstanden.)
- **Può ripetere più lentamente, per favore?** (*pu-o ri-pä-te-re pi-u län-ta-men-te per fa-wo-re*, Können Sie es bitte langsamer wiederholen?)

Wenn Ihnen jemand freundlich den Weg erklärt hat, möchten Sie sich sicher bedanken – der richtige Ausdruck dafür ist:

- **Mille grazie!** (*mil-le gra-tzi-e*, Tausend Dank!)

Wenn Sie sich danach erkundigen, wie weit entfernt Ihr Ziel ist, erhalten Sie vielleicht folgende Antworten:

- **È a circa dieci minuti a piedi.** (*ä a tschir-ka di-ä-tschi mi-nu-ti a pi-ä-di*, Es sind etwa zehn Minuten zu Fuß.)
- **È a cinque minuti in macchina.** (*ä a tschin-ku-e mi-nu-ti in mak-ki-na*, Es sind fünf Minuten mit dem Auto.)
- **Sono tre fermate d'autobus.** (*ßo-no tre fer-ma-te da-u-to-buß*, Es sind drei Haltestellen.)
- **È la seconda fermata.** (*ä la ße-kon-da fer-ma-ta*, Es ist die zweite Haltestelle.)
- **È molto lontano da qui.** (*ä mol-to lon-ta-no da ku-i*, Es ist sehr weit von hier.)

Kleiner Wortschatz

Italienisch	Aussprache	Deutsch
il numero (m.)	*il nu-me-ro*	Zahl
il minuto (m.)	*il mi-nu-to*	Minute
lentamente	*len-ta-men-te*	langsam
l'autobus (m.)	*la-u-to-buß*	Bus
la fermata (w.)	*la fer-ma-ta*	Haltestelle
la macchina (w.)	*la mak-ki-na*	Auto

Verben der Bewegung verwenden

Wenn es um Wegbeschreibungen und Richtungen geht, brauchen Sie bestimmte Verben:

- **andare** (*an-da-re*, gehen)
- **girare a destra/a sinistra** (*dschi-ra-re a dä-ßtra/a ßi-ni-ßtra*, nach rechts/links abbiegen)
- **prendere** (*prän-de-re*, nehmen)
- **proseguire** (*pro-se-gu-i-re*, fortsetzen)
- **seguire** (*se-gu-i-re*, folgen)
- **tornare (indietro)** (*tor-na-re/in-di-ä-tro*, zurückkehren)

Der Imperativ (die Befehlsform) ist eine Verbform, die in zahlreichen Situationen, auch in schwierigen, nützlich sein kann. In der folgenden Liste sind die unregelmäßigen Verben im Imperativ und in der förmlichen sowie in der formlosen Anrede aufgeführt. Wenn Sie unsicher sind, wann und wie Sie die förmliche und die formlose Anrede verwenden, lesen Sie in Kapitel 3 nach.

- **Va'/Vada!** (*wa/wa-da*, Geh/Gehen Sie!)
- **Gira/Giri!** (*dschi-ra/dschi-ri*, Bieg/Biegen Sie ab!)
- **Prendi!/Prenda!** (*prän-di/prän-da*, Nimm/Nehmen Sie!)
- **Prosegui/Prosegua!** (*pro-ße-gu-i/pro-ße-gu-a*, Setz/Setzen Sie fort!)
- **Segui/Segua!** (*ße-gu-i/ße-gu-a*, Folge/Folgen Sie!)
- **Torna/Torni!** (*tor-na/tor-ni*, Kehr/Kehren Sie zurück!)
- **Attraversa/Attraversi!** (*at-tra-wer-ßa/at-tra-wer-ßi*, Überquere/Überqueren Sie!)

Haben Sie bemerkt, dass die Endungen dieser Verben anscheinend ohne logischen Grund variieren? Es handelt sich dabei nicht um einen Tippfehler, sondern das hat mit den Endungen **-are**, **-ere**, **-ire** (mehr dazu in Kapitel 2) der Grundform des Verbs zu tun. Lernen Sie diese Verbformen daher am besten auswendig.

Das Verb **andare** (*an-da-re*, gehen) wird vor allem dann gebraucht, wenn Anweisungen erteilt werden. Hier die Konjugation:

Konjugation	Aussprache
io vado	*i-o wa-do*
tu vai	*tu wa-i*
lui/lei va	*lu-i/lä-i wa*
noi andiamo	*no-i an-di-a-mo*
voi andate	*wo-i an-da-te*
loro vanno	*lo-ro wan-no*

Vielleicht suchen Sie ...

Suchen Sie einen bestimmten Ort, wenden Sie sich mit folgenden Fragen an einen Passanten:

- **Mi sa dire dov'è la stazione?** (*mi ßa di-re do-wä la ßta-tzio-ne*, Können Sie mir sagen, wo der Bahnhof ist?)
- **Devo andare all'aeroporto.** (*de-wo an-da-re al-la-e-ro-por-to*, Ich muss zum Flughafen.)
- **Sto cercando il teatro Argentina.** (*ßto tscher-kan-do il te-a-tro ar-dschen-ti-na*, Ich suche das Theater Argentina.)
- **Dov'è il cinema Astoria?** (*do-wä il tschi-ne-ma a-ßto-ri-a*, Wo ist das Kino Astoria?)
- **Come posso arrivare al Museo Romano?** (*ko-me poß-ßo ar-ri-wa-re al mu-se-o ro-ma-no*, Wie komme ich zum Museo Romano?)
- **La strada migliore per il centro, per favore?** (*la ßtra-da mi-ljo-re per il tschän-tro per fa-wo-re*, Welches ist der beste Weg zur Stadtmitte, bitte?)

- ✔ **Che chiesa è questa?** (*ke ki-ä-sa ä ku-e-ßta*, Wie heißt diese Kirche?)
- ✔ **Che autobus va all'ospedale?** (*ke a-u-to-buß wa al-lo-ßpe-da-le*, Welcher Bus fährt zum Krankenhaus?)

Track 32: Im Gespräch

Peter will sich mit einem Freund in einem Restaurant in der via Torino treffen. Er fragt eine junge Frau, die gerade aus dem Bus steigt, nach dem Weg.

Peter:	**Scusa?**
	sku-sa
	Entschuldige?
Junge Frau:	**Dimmi.**
	dim-mi
	Ja. Kann ich helfen?
Peter:	**Sto cercando via Torino.**
	ßto tscher-kan-do wi-a to-ri-no
	Ich suche die Via Torino.
Junge Frau:	**Via Torino?!**
	wi-a to-ri-no
	Via Torino?
Peter:	**È qui vicino, no?**
	ä ku-i wi-tschi-no no
	Ist das hier in der Nähe, oder?
Junge Frau:	**È lontanissimo.**
	ä lon-ta-niß-ßi-mo
	Es ist sehr weit.
Peter:	**Oddio, ho sbagliato strada!**
	od-di-o o sba-lja-to ßtra-da
	Mein Gott! Ich habe mich verlaufen!
Junge Frau:	**Devi prendere il 20 verso il centro.**
	de-wi prän-de-re il wen-ti vär-ßo il tschän-tro
	Du musst mit der 20 in Richtung Zentrum fahren.

Kleiner Wortschatz

Italienisch	Aussprache	Deutsch
a destra	*a dä-ßtra*	nach rechts
a sinistra	*a ßi-ni-ßtra*	nach links
la stazione (w.)	*la ßta-tzio-ne*	Bahnhof
l'aeroporto (m.)	*la-e-ro-por-to*	Flughafen
il teatro (m.)	*il te-a-tro*	Theater
il cinema (m.)	*il tschi-ne-ma*	Kino
il duomo (m.)	*il du-o-mo*	Dom
la chiesa (w.)	*la ki-ä-sa*	Kirche
l'ospedale (m.)	*lo-ßpe-da-le*	Krankenhaus

Spiel und Spaß

Übung 12.1

Bringen Sie die (Ordnungs-)Zahlen in die richtige Reihenfolge (erster bis zehnter).

primo / quarto / l'ottavo

secondo / terzo / settimo / quinto

decimo / nono / sesto

1) il________________
2) il________________
3) il________________
4) il________________
5) il________________ numero
6) il________________
7) il________________
8) l'________________
9) il________________
10) il________________

Übung 12.2

Vervollständigen Sie die Wegbeschreibung mit den passenden Vokabeln. Bei jeder Übung finden Sie die Vokabeln, die Sie dafür brauchen, allerdings stehen sie nicht in der richtigen Reihenfolge.

terza, fermata, strada, a destra, piazza

1. **Segui questa** ____________________ (Straße), **all'angolo gira** ____________________ (rechts). **Poi prendi la** __________________________ (dritte) **a sinistra. Attraversa la** _________________ (Platz) **e vai alla** _____________________ (Bushaltestelle).

di fronte, a sinistra, ponte, dritto

2. **Dopo l'incrocio giri** __________________ (links), **sempre** _____________________ (geradeaus) **fino al ponte. Attraversi il** __________________ (Brücke) e **il teatro è** _________________________________ (gegenüber) **alla posta.**

in fondo, il semaforo, chiesa, gira

3. **Dopo** _________________________ (Ampel) _______________________ (biege ab) **a destra e poi** ___________________ (am Ende) **c'è la** ______________________ (Kirche).

   Ergänzen Sie nun die folgenden Sätze.

il centro, arrivare, andare, all'ospedale

1. **Devo** ______________________ (gehen) **all'aeroporto.**
2. **Come posso** _______________________ (erreichen) **al Museo Romano?**
3. **La strada migliore per** _________________ (Stadtmitte)?
4. **Che autobus va** _________________________ (Krankenhaus)?

   Die Lösung finden Sie in Anhang D.

IN DIESEM KAPITEL

Das Hotel Ihrer Wahl finden

Ankunft im Hotel

Gebrauch der Possessivpronomen

Kapitel 13
Im Hotel einchecken

Wenn Sie die italienische Sprache und die Mentalität Italiens besser kennenlernen wollen, sollten Sie nach Italien reisen und sich dort persönlich von der Schönheit des Landes überzeugen. Wenn Sie keine Freunde in Italien haben, bei denen Sie wohnen können, müssen Sie sich ein Hotel suchen. In diesem Kapitel finden Sie hilfreiche Redewendungen, mit denen Sie sich verständigen können, wenn Sie ein Hotelzimmer buchen wollen. Außerdem lernen Sie in diesem Kapitel, wie Sie die Possessivpronomen verwenden, und vertiefen überdies den Gebrauch der Pluralform bei Nomen und Artikeln.

Ein Zimmer reservieren

Wollen Sie ein Zimmer in einem Hotel reservieren, können Sie zu den Redewendungen greifen, die in Kapitel 5 erwähnt sind, das heißt, Sie verwenden die Redewendungen, als wollten Sie einen Tisch im Restaurant reservieren. Dabei ersetzen Sie einfach das Wort **il tavolo** (*il ta-wo-lo*, Tisch) durch **la camera** (*la ka-me-ra*, Zimmer) oder **la stanza** (*la ßtan-dza*, Zimmer) – und schon bekommen Sie eine Unterkunft.

Für die wichtigsten Begriffe rund um einen Hotelaufenthalt erhalten Sie hier das notwendige Vokabular. Zum Beispiel unterscheidet man bei den Zimmern zwischen

- **la camera singola** (*la ka-me-ra ßin-go-la*, Einzelzimmer),
- **la camera doppia** (*la ka-me-ra dop-pi-a*, Doppelzimmer) und
- **la camera matrimoniale** (*la ka-me-ra ma-tri-mo-ni-a-le*, Zimmer mit Ehebett).

In einem Hotel oder einer Pension können Sie folgende Auswahl treffen: **la mezza pensione** (*la mäd-dza pen-ßi-o-ne*, Halbpension), das heißt mit Frühstück und einer Mahlzeit, und **la pensione completa** (*la pen-ßi-o-ne kom-plä-ta*, Vollpension), was Frühstück, Mittag- und Abendessen umfasst.

Sie können auch das Wort **camera** weglassen und einfach **una doppia**, **una singola** und **una matrimoniale** sagen. Es ist klar, dass Sie von einem Hotelzimmer reden.

In Italien ist es vor allem in **alta stagione** (*al-ta ßta-dscho-ne*, Hochsaison) ab den Osterferien bis Ende August wichtig, ein Zimmer rechtzeitig zu buchen. Falls Sie das versäumen, müssen Sie sich mit dem Hotel zufriedengeben, das noch Zimmer frei hat.

Bei der Buchung des Hotelzimmers haben Sie vielleicht Fragen zum Angebot des Hotels. Sie möchten sicherlich Folgendes wissen:

- ✔ **La stanza è con bagno?** (*la ßtan-dza ä kon ba-njo*, Hat das Zimmer ein Bad?)
- ✔ **Posso avere una stanza con doccia?** (*poß-ßo a-we-re u-na ßtan-dza kon dot-tscha*, Kann ich ein Zimmer mit Dusche bekommen?)
- ✔ **Non avete stanze con la vasca?** (*non a-we-te ßtan-dze kon la wa-ska*, Haben Sie Zimmer mit Badewanne?)
- ✔ **Avete una doppia al primo piano?** (*a-we-te u-na dop-pi-a al pri-mo pi-a-no*, Haben Sie ein Doppelzimmer im ersten Stock?)
- ✔ **È una stanza tranquillissima e dà sul giardino.** (*ä u-na ßtan-dza tran-ku-il-liß-ßi-ma e da ßul dschar-di-no*, Es ist ein ruhiges Zimmer zum Garten.)
- ✔ **La colazione è compresa?** (*la ko-la-tzio-ne ä kom-pre-ßa*, Ist das Frühstück inbegriffen?)
- ✔ **Può darmi una camera con aria condizionata e televisione?** (*pu-o dar-mi u-na ka-me-ra kon a-ri-a kon-di-tzio-na-ta e te-le-wi-ßio-ne*, Kann ich ein Zimmer mit Klimaanlage und Fernseher bekommen?)
- ✔ **Dove sono i suoi bagagli?** (*do-we ßo-no i ßu-o-i ba-ga-lji*, Wo ist Ihr Gepäck?)
- ✔ **Può portare le mie borse in camera, per favore?** (*pu-o por-ta-re le mi-e bor-ße in ka-me-ra per fa-wo-re*, Können Sie mein Gepäck bitte ins Zimmer tragen?)

Im Gespräch

Donatella möchte in einem Hotel Zimmer für fünf Personen für ihren **soggiorno** (*ßod-dschor-no*, Aufenthalt) buchen. Im Hotel sind nur zwei Doppelzimmer frei, also versucht Donatella, noch einen Platz für die fünfte Person zu organisieren.

Donatella:	**Buonasera.**
	bu-o-na ße-ra
	Guten Abend.
An der Rezeption:	**Buonasera, prego.**
	bu-o-na ße-ra prä-go
	Guten Abend. Wie kann ich Ihnen helfen?
Donatella:	**Avete stanze libere?**
	a-we-te ßtan-tze li-be-re
	Haben Sie Zimmer frei?

An der Rezeption:	**Non ha la prenotazione?**
	non a la pre-no-ta-tzio-ne
	Haben Sie reserviert?
Donatella:	**Eh, no . . .**
	e no
	Nein . . .
An der Rezeption:	**Abbiamo soltanto due doppie.**
	ab-bi-a-mo ßol-tan-to du-e dop-pie
	Wir haben nur zwei Doppelzimmer.
Donatella:	**Non c'è una stanza con tre letti?**
	non tschä u-na ßtan-tza con tre lät-ti
	Haben Sie keine Drei-Bett-Zimmer?
An der Rezeption:	**Possiamo aggiungere un letto.**
	poß-ßi-a-mo ad-dschun-dsche-re un lät-to
	Wir können noch ein Bett ins Zimmer stellen.
Donatella:	**Benissimo, grazie.**
	be-niß-ßi-mo gra-tzie
	Sehr gut, danke.

Hier die Konjugation der Verben **portare** (*por-ta-re*, bringen) und **dare** (*da-re*, geben), die Sie während Ihres Aufenthalts im Hotel brauchen werden.

Konjugation	Aussprache
portare	
io porto	*i-o por-to*
tu porti	*tu por-ti*
lui/lei porta	*lu-i/lä-i por-ta*
noi portiamo	*no-i por-ti-a-mo*
voi portate	*wo-i por-ta-te*
loro portano	*lo-ro por-ta-no*
dare	
io do	*i-o do*
tu dai	*tu da-i*
lui/lei dà	*lu-i/lä-i da*
noi diamo	*no-i di-a-mo*
voi date	*wo-i da-te*
loro danno	*lo-ro dan-no*

Kleiner Wortschatz

Italienisch	Aussprache	Deutsch
l'aria condizionata (w.)	*la-ri-a kon-di-tzio-na-ta*	Klimaanlage
la camera (w.)	*la ka-me-ra*	Zimmer
la stanza (w.)	*la ßtan-dza*	Zimmer
la camera singola (w.)	*la ka-me-ra ßin-go-la*	Einzelzimmer
la camera doppia (w.)	*la ka-me-ra dop-pia*	Doppelzimmer
la camera matrimoniale (w.)	*la ka-me-ra ma-tri-mo-nia-le*	Zimmer mit Ehebett
la colazione (w.)	*la ko-la-tzio-ne*	Frühstück
il letto supplementare (m.)	*il lät-to ßup-plen-ta-re*	drittes/zusätzliches Bett
il servizio in camera (m.)	*il ßer-wi-tzio in ka-me-ra*	Zimmerservice
il servizio sveglia (m.)	*il ßer-wi-tzio swe-lja*	Weckdienst

An der Rezeption

Sie werden sehen: Das Einchecken ist einfach und schnell erledigt. Es ist überhaupt nicht kompliziert.

Sie sind nun in Ihrem Zimmer angekommen und bemerken beim Kofferauspacken, dass Sie etwas vergessen haben oder etwas benötigen, was Sie nicht mitgenommen haben. Oder vielleicht brauchen Sie sogar **una cassaforte** (*u-na kaß-ßa-for-te*, Safe) oder **un frigorifero** (*un fri-go-ri-fe-ro*, Kühlschrank). In solchen Fällen stellen Sie folgende Fragen:

- ✔ **Non trovo l'asciugacapelli.** (*non tro-wo la-schi-u-ga-ka-pel-li*, Ich finde den Haartrockner nicht.)
- ✔ **Gli asciugamani devono essere cambiati e manca la carta igienica.** (*lji a-schi-u-ga-ma-ni de-wo-no äß-ße-re kam-bi-a-ti e man-ka la kar-ta i-dschä-ni-ka*, Die Handtücher müssen gewechselt werden und es fehlt Toilettenpapier.)
- ✔ **Potrei avere un'altra saponetta?** (*po-tre-i a-we-re u-nal-tra ßa-po-net-ta*, Könnte ich ein anderes Stück Seife bekommen?)
- ✔ **Ho finito lo shampoo.** (*o fi-ni-to lo scham-po*, Ich habe kein Shampoo mehr.)
- ✔ **È ancora aperto il bar?** (*ä an-ko-ra a-pär-to il bar*, Ist die Hotelbar noch offen?)
- ✔ **Vorrei un'altra coperta e due cuscini, per favore.** (*vor-re-i u-nal-tra ko-pär-ta e du-e ku-schi-ni*, Ich hätte gerne noch eine Decke und zwei Kissen.)
- ✔ **Dov'è la farmacia piú vicina?** (*do-wä la far-ma-tschi-a pi-u wi-tschi-na*, Wo ist die nächste Apotheke?)

- **Vorrei la sveglia domattina.** (*vor-re-i la swe-lja do-mat-ti-na*, Ich möchte den Weckdienst für morgen früh buchen.)
- **C'è il telefono nella mia stanza?** (*tschä il te-lä-fo-no nel-la mi-a ßtan-tza*, Gibt es ein Telefon in meinem Zimmer?)

Mit **un'altra** (*u-nal-tra*) drücken Sie »noch ein Stück davon« aus. Haben Sie bemerkt, dass die weibliche Form anders als die männliche **un altro** (*un al-tro*) geschrieben wird? Bei weiblichen Wörtern, die mit einem Vokal beginnen, wird der unbestimmte Artikel verkürzt und ein Apostroph eingefügt. Das ist bei männlichen Wörtern nicht der Fall.

In der folgenden Liste finden Sie weitere wichtige Vokabeln, die Sie für Ihren Hotelaufenthalt benötigen werden.

- **il fazzolettino di carta** (*il fad-dzo-let-ti-no di kar-ta*, Taschentuch)
- **il lettino** (*il lät-ti-no*, Kinderbett)
- **il negozio di regali** (*il ne-go-tzio di re-ga-li*, Geschäft für Geschenkartikel)
- **il parrucchiere** (*il par-ruk-ki-ä-re*, Friseur)
- **il portacenere** (*il por-ta-tsche-ne-re*, Aschenbecher)
- **la piscina** (*la pi-schi-na*, Schwimmbad)

Track 33: Im Gespräch

Herr Baricco kommt im Hotel an und spricht mit der Dame am Empfang. Er hat vor zwei Wochen ein Zimmer reserviert.

Sig. Baricco: **Buonasera, ho una stanza prenotata.**

bu-o-na-ße-ra o u-na ßtan-tza pre-no-ta-ta

Guten Abend. Ich habe ein Zimmer reserviert.

Dame an der Rezeption: **Il suo nome, prego?**

il ßu-o no-me prä-go

Ihr Name, bitte?

Sig. Baricco: **Baricco.**

ba-rik-ko

Baricco.

Dame an der Rezeption: **Si, una singola per due notti. Può riempire la scheda, per favore?**

ßi u-na ßin-go-la per du-e not-ti pu-o ri-emp-pi-re la skä-da per fa-wo-re.

Ja, ein Einzelzimmer für zwei Nächte. Können Sie bitte das Formular ausfüllen?

Sig. Baricco: **Certo. Vuole un documento?**

tschär-to wu-o-le un do-ku-men-to

Genau. Brauchen Sie einen Ausweis?

Dame an der Rezeption: **Si, grazie . . . Bene la sua chiave per la stanza numero quarantadue, signore.**

ßi gra-tzie bä-ne la ßu-a ki-a-we per la ßtan-tza nu-me-ro ku-a-ran-ta-du-e ßi-njo-re

Ja, bitte. Gut, hier ist der Schlüssel für Zimmer zweiundvierzig.

Sig. Baricco: **Grazie. A che ora è la colazione?**

gra-tzie a ke o-ra ä la ko-la-tzio-ne

Danke. Um wie viel Uhr gibt es Frühstück?

Dame an der Rezeption: **Dalle sette alle nove.**

dal-le ßät-te al-le no-we

Von sieben bis neun Uhr.

Sig. Baricco: **Grazie. Buonanotte.**

gra-tzie bu-o-na-not-te

Danke. Gute Nacht.

Dame an der Rezeption: **Buonanotte.**

bu-o-na-not-te

Gute Nacht.

Kleiner Wortschatz

Italienisch	Aussprache	Deutsch
avete	*a-we-te*	haben Sie . . .
dov'è	*do-wä*	wo ist . . .
dove sono	*do-we ßo-no*	wo sind . . .
Può ripetere per favore?	*pu-o ri-pä-te-re per fa-wo-re*	Können Sie es bitte wiederholen?
saldare il conto	*ßal-da-re il kon-to*	bezahlen
l'indirizzo (m.)	*lin-di-rit-tzo*	Adresse

Der Gebrauch von Pluralformen und Pronomen

Sie verstehen die Sprache wesentlich besser, wenn Sie hin und wieder eine Grammatikpille einnehmen. Dies ist gerade ein guter Zeitpunkt, um die italienische Grammatik ein wenig zu vertiefen. In diesem Abschnitt werden Sie Ihre Kenntnisse erweitern, wie die Pluralformen und Pronomen verwendet werden.

Die Bildung der Pluralform im Italienischen

Sie haben bereits bemerkt, dass der Plural im Italienischen (bis auf wenige Ausnahmen) nach einer bestimmten Regel gebildet wird: Die Pluralform hängt vom Geschlecht des Wortes ab. Beim Artikel kommt es darauf an, mit welchen Buchstaben (das heißt mit welchen Konsonanten oder Vokalen) das Wort beginnt. (In Kapitel 2 erfahren Sie mehr über das Geschlecht der Nomen.)

Italienische Nomen sind entweder männlich oder weiblich. Für jedes Geschlecht gibt es unterschiedliche Artikel:

- Die Artikel **il** (*il*) und **lo** (*lo*) begleiten männliche Wörter, die vor allem auf **-o** enden.
- Der Artikel **la** (*la*) begleitet weibliche Wörter, die vor allem auf **-a** enden.

Bei männlichen Wörtern, die mit einem Vokal, wie zum Beispiel **l'amico** (*la-mi-ko*, Freund), oder mit einem der im Folgenden genannten Konsonanten beginnen, wird der Artikel **lo** (*lo*) verwendet. Hierbei handelt es sich um diese Konsonanten: **z** wie in **lo zio** (*lo tzi-o*, Onkel), **gn** wie in **lo gnomo** (*lo njo-mo*, Gnom), **y** wie in **lo yogurt** (*lo jo-gurt*, Joghurt), **s** mit Konsonant (zum Beispiel **sb**, **sc** oder **sd**) wie in **lo studente** (*lo ßtu-dän-te*, Student). Wenn das Wort mit einem Vokal beginnt, wird **lo** zu **l'** verkürzt, wie bei **l'amico**. Dasselbe gilt für weibliche Wörter, die mit einem Vokal beginnen: Hier wird **la** zu **l'**. Der Plural von **lo** und **l'** (für männliche Wörter) ist **gli** (*lji*).

Es gibt natürlich auch Ausnahmen. Einige italienische Nomen enden auf **-e**. Aus dieser Endung kann man jedoch leider nicht auf das Geschlecht des Wortes schließen, denn diese Ausnahme-Nomen sind entweder männlich oder weiblich. Sie können das Geschlecht hier nur am begleitenden Artikel erkennen.

Wenn Sie diese Regeln verinnerlicht haben, wird Ihnen die Pluralbildung leichter fallen:

- Weibliche Wörter wie **la cameriera** (*la ka-me-ri-ä-ra*, Dienstmädchen) oder **l'entrata** (*len-tra-ta*, Eingang) ändern die Endung **-a** in **-e**, das heißt **le cameriere** (*le ka-me-ri-ä-re*, die Dienstmädchen) und **le entrate** (*le en-tra-te*, die Eingänge).
- Männliche Wörter wie **il bagno** (*il ba-njo*, das Badezimmer) ändern die Endung in **-i** und werden von dem Pluralartikel **i** begleitet: **i bagni** (*i ba-nji*, die Badezimmer).
- Wörter, die auf **-e** enden, zum Beispiel **la chiave** (*la ki-a-we*, Schlüssel) oder **il cameriere** (*il ka-me-ri-ä-re*, Hoteldiener), ändern die Endung **-e** in **-i**. Sie müssen dazu den richtigen Artikel je nach Geschlecht einsetzen: **le chiavi** (*le ki-a-wi*, die Schlüssel) und **i camerieri** (*i ka-me-ri-ä-ri*, die Hoteldiener). Die männlichen Artikel **lo** und **l'** werden im Plural zu **gli**, und der weibliche Artikel **la** oder **l'** wird zu **le**.

Tabelle 13.1 zeigt die Pluralform von Vokabeln, die Ihnen beim Aufenthalt im Hotel begegnen können.

Italienisch	Aussprache	Deutsch
la cameriera (w.) le cameriere (w.)	*la ka-me-ri-ä-ra* *le ka-me-ri-ä-re*	das Dienstmädchen die Dienstmädchen
il bagno (m.) i bagni (m.)	*il ba-njo* *i ba-nji*	das Badezimmer die Badezimmer
la chiave (w.) le chiavi (w.)	*la ki-a-we* *le ki-a-wi*	der Schlüssel die Schlüssel
il cameriere (m.) i camerieri (m.)	*il ka-me-ri-ä-re* *i ka-me-ri-ä-ri*	der Hoteldiener die Hoteldiener
lo specchio (m.) gli specchi (m.)	*lo ßpäk-ki-o* *lji ßpäk-ki*	der Spiegel die Spiegel
l'albergo (m.) gli alberghi (m.)	*lal-bär-go* *lji al-bär-gi*	das Hotel die Hotels
la stanza (w.) le stanze (w.)	*la ßtan-tza* *le ßtan-tze*	das Zimmer die Zimmer
la camera (w.) le camere (w.)	*la ka-me-ra* *le ka-me-re*	das Zimmer die Zimmer
la persone (w.) le persone (w.)	*la per-ßo-na* *le per-ßo-ne*	die Person die Personen
il letto (m.) i letti (m.)	*il lät-to* *i lät-ti*	das Bett die Betten
la notte (w.) le notti (w.)	*la not-te* *le not-ti*	die Nacht die Nächte
l'entrata (w.) le entrate (w.)	*len-tra-ta* *le en-tra-te*	der Eingang die Eingänge

Tabelle 13.1: Die Verwendung des Plurals bei Vokabeln, die Sie bei einem Hotelaufenthalt benötigen

Pronomen

Pronomen wie »ich« ersetzen Nomen. Manchmal verwenden Sie aber ein Pronomen nicht nur als Ersatz für ein Nomen, sondern auch um ein Besitzverhältnis auszudrücken. Ein Beispiel hierfür: »Meine Tasche ist rot und deine ist schwarz.« Das Possessivpronomen »deine« ersetzt dabei nicht nur das Wort »Tasche«, sondern es deutet auch auf die Person hin, der die Tasche gehört.

Der, die, das: Die Demonstrativpronomen

Im Deutschen verwenden Sie »das« (Demonstrativpronomen) und bezeichnen damit den Gegenstand, von dem gerade die Rede ist. Im Italienischen muss man dabei auf das Geschlecht und die Zahl achten. Dazu ein paar Beispiele:

- ✔ **Questa è la Sua valigia?** (*ku-e-ßta ä la ßu-a va-li-dscha*, Ist das Ihr Koffer?)
- ✔ **No, le mie sono queste.** (*no le mi-e ßo-no ku-e-ßte*, Nein, dies sind meine Koffer.)

In diesen Beispielen finden Sie die weibliche Singular- und Pluralform (**questa** und **queste**). In den nächsten Beispielen zeigen wir Ihnen die männliche Version im Singular und im Plural (**questo** und **questi**):

- ✔ **Signore, questo messaggio è per Lei.** (*ßi-njo-re ku-e-ßto meß-ßad-dscho ä per lä-i*, Mein Herr, diese Nachricht ist für Sie.)
- ✔ **Questi prezzi sono eccessivi!** (*ku-e-ßti prät-tzi ßo-no et-tscheß-ßi-wi*, Diese Preise sind übertrieben.)

»Mein«, »dein«, »unser«: Die Possessivpronomen

Possessivpronomen wie »mein«, »dein«, »ihr« und »sein« zeigen, dass etwas in einem Besitzverhältnis steht. Im Italienischen variieren die Possessivpronomen je nach dem Geschlecht des nachstehenden Wortes, das heißt, die Possessivpronomen müssen in Zahlform und Geschlecht mit dem zugehörigen Gegenstand oder der Person übereinstimmen. Im Gegensatz zum Deutschen wird im Italienischen der Artikel vor das Possessivpronomen gesetzt. Die folgende Tabelle gibt den Singular und den Plural vom bestimmten Artikel an.

Geschlecht	Zahl	Artikel
weiblich	Singular	la/l'
weiblich	Plural	le
männlich	Singular	il/l'/lo
männlich	Plural	i/gli

Wenn Sie ausdrücken wollen, dass etwas Ihnen gehört, und wenn es sich dabei um ein weibliches Wort handelt, dann verwenden Sie das Possessivpronomen **mia** mit der Endung **-a**, wie in **la mia valigia** (*la mi-a wa-li-dscha*, mein Koffer). Beziehen Sie sich auf ein männliches Wort, endet das Possessivpronomen auf **-o**, wie in **il mio letto** (*il mi-o lät-to*, mein Bett).

Das Possessivpronomen bezieht sich also erstens auf den Besitzer, das heißt auf mich, dich und so weiter, **il mio** (*il mi-o*, mein), **il tuo** (*il tu-o*, dein) und so weiter, und zweitens auf Zahlform und Geschlecht des Besitzes (ein Gegenstand oder eine Person), der als Nomen folgt. In dem Satz **È la mia chiave** (*ä la mi-a ki-a-we*, Es ist mein Schlüssel) ist **la chiave** weiblich und Singular, deshalb lautet das zugehörige Possessivpronomen **mia**. Tabelle 13.2 zeigt die Possessivpronomen im Italienischen und die zugehörigen Artikel.

Possessivpronomen	Männlich Singular	Weiblich Singular	Männlich Plural	Weiblich Plural
mein/meine/mein/meine	il mio	la mia	i miei	le mie
dein/deine/dein/deine	il tuo	la tua	i tuoi	le tue
Ihr/Ihre/Ihr/Ihre (förmlich)	il Suo	la Sua	i Suoi	le Sue
sein/ihr/sein/seine/ihre/seine	il suo	la sua	i suoi	le sue
unser/unsere/unser/unsere	il nostro	la nostra	i nostri	le nostre
euer/eure/euer/eure	il vostro	la vostra	i vostri	le vostre
ihr/ihre/ihr/ihre	il loro	la loro	i loro	le loro

Tabelle 13.2: Possessivpronomen im Italienischen

Hier einige Beispielsätze mit Possessivpronomen:

- **È grande la vostra stanza?** (*ä gran-de la wo-ßtra ßtan-tza*, Ist euer Zimmer groß?)
- **Dov'è il tuo albergo?** (*do-wä il tu-o al-bär-go*, Wo ist dein Hotel?)
- **Ecco i vostri documenti.** (*äk-ko i wo-ßtri do-ku-men-ti*, Hier sind eure Dokumente.)
- **Questa è la Sua chiave.** (*ku-e-ßta ä la ßu-a ki-a-we*, Das ist Ihr Schlüssel.)
- **Questa è la sua chiave.** (*ku-e-ßta ä la ßu-a ki-a-we*, Das ist sein/ihr Schlüssel.)
- **La mia camera è molto tranquilla.** (*la mi-a ka-me-ra ä mol-to tran-ku-il-la*, Mein Zimmer ist sehr ruhig.)
- **Anche la nostra. E la tua?** (*an-ke la no-ßtra e la tu-a*, Unseres auch. Und deins?)

Hier folgt die Konjugation der Verben **appartenere** (*ap-par-te-ne-re*, gehören) und **possedere** (*poß-ße-de-re*, besitzen).

Konjugation	Aussprache
appartenere	
io appartengo	*i-o ap-par-tän-go*
tu appartieni	*tu ap-par-ti-ä-ni*
lui/lei appartiene	*lu-i/lä-i ap-par-ti-ä-ne*
noi apparteniamo	*no-i ap-par-te-ni-a-mo*
voi appartenete	*wo-i ap-par-te-nä-te*
loro appartengono	*lo-ro ap-par-tän-go-no*
possedere	
io possiedo	*i-o poß-ßi-ä-do*
tu possiedi	*tu poß-ßi-ä-di*
lui/lei possiede	*lu-i/lä-i poß-ßi-ä-de*
noi possediamo	*no-i poß-ße-di-a-mo*
voi possedete	*wo-i poß-ße-de-te*
loro possiedono	*lo-ro poß-ßi-ä-do-no*

Im Gespräch

Possessivpronomen werden oft gebraucht. Im folgenden Gespräch geht es um das Gepäck. Wem gehört was?

Mama: **Dove sono le vostre borse?**

do-we ßo-no le wo-ßtre bor-ße

Wo sind eure Taschen?

Michaela: **La mia è questa.**

la mi-a ä ku-e-ßta

Dies ist meine.

Mama: **E la tua, Carla?**

e la tu-a kar-la

Und deine, Carla?

Carla: **La porta Giulio.**

la por-ta dschu-li-o

Die trägt Giulio.

Mama: **No, Giulio porta la sua.**

no dschu-li-o por-ta la ßu-a

Nein, Giulio trägt seine.

Carla: **Giulio, hai la mia borsa?**

dschu-li-o a-i la mi-a bor-ßa

Giulio, hast du meine Tasche?

Giulio: **No, sono le mie!**

no ßo-no le mi-e

Nein, das sind meine.

Carla: **Sei sicuro?**

ße-i ßi-ku-ro

Bist du sicher?

Giulio: **Com'è la tua?**

ko-mä la tu-a

Wie sieht deine aus?

Carla: **È rossa.**

ä roß-ßa

Sie ist rot.

Kleiner Wortschatz

Italienisch	Aussprache	Deutsch
il bagaglio (m.)	*il ba-ga-ljo*	Gepäck
la borsa (w.)	*la bor-ßa*	Tasche
la cameriera (w.)	*la ka-me-ri-ä-ra*	Dienstmädchen
il garage (m.)	*il ga-ra-sch*	Garage
il messaggio (m.)	*il meß-ßad-dscho*	Nachricht
il portiere (m.)	*il por-ti-ä-re*	Portier
la valigia (w.)	*la wa-li-dscha*	Koffer

Spiel und Spaß

Übung 13.1

Was passt zusammen? Verbinden Sie die Sätze.

1) Avete una stanza con tre letti?

2) Buonasera, ho una stanza prenotata.

3) A che ora è la colazione?

4) Questa è la sua valigia?

5) La stanza è tranquilla?

6) È ancora aperto il bar?

a) Certo! La stanza è tranquillissima e dà sul giardino.

b) No, io ho solo questa borsa.

c) Dalle sette alle nove.

d) Si, il bar è aperto sino alle 23.

e) Il suo nome, prego?

f) Abbiamo solo due doppie. Possiamo aggiungere un letto.

Übung 13.2

In dieser Übung fehlen Wörter, die in einem Hotel zu hören sind. Zuerst vervollständigen Sie die Lücken. Dann nehmen Sie von jedem Wort den Buchstaben, der am Zeilenende in Klammern angegeben ist. Die Lösung ist das italienische Wort für Zimmer (nur eine der zwei Möglichkeiten).

1. Sie rufen sie, wenn Sie etwas im Zimmer brauchen. ______________________ (1.)
2. Sie tragen alle Ihre Sachen für die Reise darin. ___________________________ (2.)
3. Eine davon kann man sogar in einer Flasche finden. ____________________ (1.)
4. Es ist der beste Platz, um sich auszuruhen. _________________________ (2.)
5. Dort zahlen Sie für ein Bett. ____________________________ (5.)
6. Damit können Sie hoch- und runterfahren. _______________________________ (1.)

IN DIESEM KAPITEL

Mit dem Flugzeug verreisen oder ein Auto mieten

Mit öffentlichen Transportmitteln fahren

Stadt- und Fahrpläne lesen

Pünktlich oder später ankommen

Kapitel 14
Herumreisen: Flugzeug, Zug, Taxi und Bus

Wenn Sie durch Italien reisen oder jemandem auf Italienisch erklären wollen, wie er am besten von A nach B kommt, brauchen Sie die entsprechenden italienischen Redewendungen. In diesem Kapitel finden Sie außerdem Vokabeln, die Ihnen dabei helfen, sich am Flughafen zu orientieren, ein Taxi zu bestellen oder Bus- und Zugverbindungen zu erfragen. Schließlich finden Sie einige hilfreiche Redewendungen, falls Sie ein Auto mieten wollen.

Sich am Flughafen zurechtfinden

Auf einem italienischen Flughafen finden Sie zwar keine Schilder auf Deutsch, aber sicherlich Schilder auf Englisch. Wenn Sie also ein wenig Englisch sprechen, haben Sie gute Karten. Aber: Die meisten Menschen, die Sie auf einem italienischen Flughafen treffen, sprechen nur Italienisch. Außerdem wollen Sie Italienisch lernen und üben und das können Sie gleich am Flughafen tun.

Einchecken

Endlich werden Sie Ihre Koffer los: Sie gehen zur **accettazione** (*at-tschet-ta-tzio-ne*, Check-in beziehungsweise Gepäckannahme), aber Italiener verwenden dafür auch das englische Wort »check-in«. Dort bekommen Sie auch Ihre **carta d'imbarco** (*kar-ta dim-bar-ko*, Bordkarte). Am Schalter werden Sie wahrscheinlich vom Personal angesprochen. Im folgenden Gespräch lesen Sie die üblichen Redewendungen für eine solche Situation.

Im Gespräch

Frau Adami checkt gerade ein. Sie zeigt dem Mitarbeiter am Schalter ihr Flugticket und gibt ihr Gepäck ab.

Am Schalter: **Il suo biglietto, per favore.**

il ßu-o bi-ljet-to per fa-wo-re

Ihr Flugticket, bitte.

Frau Adami: **Ecco.**

äk-ko

Hier.

Am Schalter: **Carta d'identità o passaporto.**

kar-ta di-den-ti-ta o paß-ßa-por-to

Den Personalausweis oder Reisepass.

Sig.ra Adami: **Prego.**

prä-go

Hier, bitte.

Am Schalter: **Quanti bagagli ha?**

ku-an-ti ba-ga-lji a

Wie viele Koffer haben Sie?

Sig.ra Adami: **Due valigie e una borsa a mano.**

du-e va-li-dsche e u-na bor-ßa a ma-no

Zwei Koffer und ein Stück Handgepäck.

Am Schalter: **Preferisce un posto vicino al finestrino o al corridoio?**

pre-fe-ri-sche un po-ßto vi-tschi-no al fi-ne-ßtri-no o al kor-ri-do-i-o

Möchten Sie einen Platz am Fenster oder am Gang?

Sig.ra Adami: **Preferisco il finestrino, grazie.**

pre-fe-ri-sko il fi-nes-tri-no gra-tzie

Lieber am Fenster, bitte.

Am Schalter: **Ecco la sua carta d'imbarco.**

äk-ko la ßu-a kar-ta dim-bar-ko

Hier ist Ihre Bordkarte.

L'imbarco è alle nove e quindici, uscita tre.

lim-bar-ko ä al-le no-we e ku-in-di-tschi u-schi-ta tre

Das Boarding beginnt 9 Uhr 15 an Gate 3.

Kleiner Wortschatz

Italienisch	Aussprache	Deutsch
l'imbarco (m.)	*lim-bar-ko*	Boarding
la valigia (w.)	*la wa-li-dscha*	Koffer
l'uscita (w.)	*lu-schi-ta*	Gate
la borsa (w.) a mano	*la bor-ßa a ma-no*	Handgepäck
il passaporto (m.)	*il paß-ßa-por-to*	Reisepass
il bagaglio (m.)	*il ba-ga-ljo*	Gepäck
fumare	*fu-ma-re*	rauchen

Wenn Sie zu viel Gepäck dabei haben

Vielleicht haben Sie zu viel in Ihre Koffer gepackt und beim Einchecken stellt sich heraus, dass Sie die Freigepäckgrenze überschritten haben. Sie müssen also Gepäckgebühren zahlen. In diesem Fall werden Sie sich etwa Folgendes anhören müssen. Wenn Sie nicht antworten können, ist es vielleicht am einfachsten zu zahlen.

- ✔ **Ha un eccesso di bagaglio.** (*a un et-tschäß-ßo di ba-ga-ljo*, Sie haben Übergepäck.)
- ✔ **Deve pagare un supplemento.** (*de-we pa-ga-re un ßup-ple-men-to*, Sie müssen einen Zuschlag zahlen.)
- ✔ **Per ogni chilo in più sono . . . euro.** (*per o-nji ki-lo in pi-u ßo-no . . . e-u-ro*, Für jedes Kilo Übergepäck müssen Sie ... Euro zahlen.)
- ✔ **Questa borsa a mano è troppo ingombrante.** (*ku-e-ßta bor-ßa a ma-no ä trop-po in-gom-bran-te*, Dieses Handgepäck ist zu groß.)

Bevor Sie in den Flieger einsteigen

Bis zum Einsteigen ins Flugzeug kann es durchaus zu Verzögerungen kommen. In diesem Fall möchten Sie bestimmt einige Fragen stellen. Mit den Redewendungen im folgenden Gespräch können Sie sich erkundigen.

Im Gespräch

Herr Campo fragt beim Mitarbeiter am Schalter nach, ob sein Flug pünktlich ist.

Sig. Campo: **Il volo è in orario?**

il wo-lo ä in o-ra-ri-o

Ist der Flug pünktlich?

Am Schalter: **No, è in ritardo.**

no ä in ri-tar-do,

Nein, der Flug hat Verspätung.

Sig. Campo: **Di quanto?**

di ku-an-to

Wie viel Verspätung hat der Flug?

Am Schalter: **Circa quindici minuti.**

tschir-ka ku-in-di-tschi mi-nu-ti,

Ungefähr 15 Minuten.

Wenn Sie am Flughafen warten, können Sie sicherlich auch die folgenden beiden Fragen brauchen:

- ✔ **Dov'è il bar?** (*do-wä il bar*, Wo ist die Bar/das Café?)
- ✔ **Dove sono i servizi?** (*do-we ßo-no i ßer-wi-tzi*, Wo ist die Toilette?)

Kleiner Wortschatz

Italienisch	Aussprache	Deutsch
il supplemento (m.)	*il ßup-ple-men-to*	Zuschlag
ingombrante	*in-gom-bran-te*	zu groß
circa	*tschir-ka*	circa
i servizi (m.)	*i ßer-wi-tzi*	Toilette
in ritardo	*in ri-tar-do*	verspätet
il volo (m.)	*il wo-lo*	Flug
in orario	*in o-ra-ri-o*	pünktlich

Nach der Landung

Gleich nach der Landung sind Sie von einem Stimmengewirr in einer fremden Sprache umgeben. Außerdem müssen Sie im Flughafen noch ein paar Sachen erledigen: auf die Toilette gehen, Ihren Koffer an der Gepäckausgabe abholen, Geld am Geldautomaten abheben und ein Taxi bestellen. Dazu benötigen Sie wahrscheinlich die Redewendungen aus dem folgenden Gespräch.

Im Gespräch

Frau Müller ist gerade am Mailänder Flughafen angekommen. Sie möchte am Geldautomaten Geld abheben, weil sie mit einem Taxi fahren möchte. Sie spricht einen Passanten an.

Frau Müller: **Mi scusi?**

mi sku-si

Entschuldigen Sie!

Passant: **Prego!**

prä-go

Ja, bitte.

Frau Müller: **Dov'è il bancomat?**

do-wä il ban-ko-mat

Wo ist ein Geldautomat?

Passant: **All'uscita, signora.**

al-lu-schi-ta ßi-njo-ra

Am Ausgang.

Frau Müller: **C'è anche una banca?**

tschä an-ke u-na ban-ka

Gibt es hier auch einen Bankschalter?

Passant: **No. Non ci sono banche.**

no non tschi ßo-no ban-ke

Nein. Es gibt keinen Bankschalter.

Frau Müller: **Grazie mille.**

gra-tzie mil-le

Vielen Dank!

Frau Müller hebt Geld ab und sucht jetzt einen Wagen für ihre Koffer. Sie fragt jemanden.

Frau Müller: **Dove sono i carrelli?**

do-we ßo-no i kar-räl-li

Wo sind die Gepäckwagen?

Dame: **Al ritiro bagagli.**

al ri-ti-ro ba-ga-lji

Bei der Gepäckabholung.

Frau Müller: **Servono monete?**

ßer-wo-no mo-ne-te

Braucht man Münzen?

Dame: **Si, una moneta da un euro.**

ßi u-na mo-ne-ta da un e-u-ro

Ja, eine Ein-Euro-Münze.

Kleiner Wortschatz

Italienisch	Aussprache	Deutsch
l'arrivo (m.)	*lar-ri-wo*	Ankunft
la partenza (w.)	*la par-tän-dza*	Abflug
la vacanza (w.)	*la wa-kan-tza*	Urlaub
la consegna (w.) bagagli	*la kon-ße-nja ba-ga-lji*	Gepäckausgabe
l'entrata (w.)	*len-tra-ta*	Eingang
l'uscita (w.)	*lu-schi-ta*	Ausgang
la destinazione (w.)	*la des-ti-na-tzio-ne*	Zielort

Durch den Zoll

Innerhalb der EU dürfen Sie Zigaretten, Alkohol und andere Waren in Freimengen und für den privaten Verbrauch mitnehmen (aktuelle Informationen finden Sie auch unter `www.zoll.de`).

Falls Sie anmeldepflichtige Waren bei sich haben, müssen Sie zum **dogana** (*do-ga-na*, Zollamt). Dort werden Sie gefragt:

- ✔ **Niente da dichiarare?** (*ni-en-te da di-ki-a-ra-re*, Haben Sie etwas zu verzollen?)

Wenn Sie etwas anmelden müssen, sagen Sie:

- ✔ **Ho questo/queste cose da dichiarare.** (*o ku-e-ßto/ku-e-ßte ko-ße da di-ki-a-ra-re*, Ich muss diese Sache/n anmelden.)

Der Zollbeamte wird daraufhin sagen:

- ✔ **Per questo deve pagare il dazio.** (*per ku-e-ßto de-we pa-ga-re il -da-tzio*, Dafür müssen Sie Zoll zahlen.)

Kleiner Wortschatz

Italienisch	Aussprache	Deutsch
il controllo (m.) passaporto	*il kon-trol-lo paß-ßa-por-to*	Passkontrolle
la dogana (w.)	*la do-ga-na*	Zoll
dichiarare	*di-ki-a-ra-re*	anmelden
niente	*ni-än-te*	nichts
pagare	*pa-ga-re*	zahlen

Ein Auto mieten

Italien hat sehr viele wunderschöne Orte, die es zu entdecken gilt. Daher lohnt es sich, im Land herumzureisen. Wenn Sie im Urlaub ein Auto brauchen, weil Sie nicht mit Ihrem eigenen Auto unterwegs sind, können Sie eines mieten. Vergessen Sie dabei nicht, dass Autofahren in Italien anstrengend sein kann. Auch einen Parkplatz zu finden, kann viel Geduld erfordern, vor allem in den großen Städten. Aber lassen Sie sich nicht abschrecken, Autofahren kann auch Spaß machen und ein lustiges Abenteuer werden.

Wenn Sie ein Auto mieten wollen, rufen Sie entweder bei einer Autovermietung an oder gehen dort persönlich vorbei. Sie sagen einfach, was für ein Auto und zu welchen Bedingungen Sie es mieten wollen. Im Folgenden finden Sie ein typisches Gespräch bei der Autovermietung.

Im Gespräch

Herr Waldmüller ist für zwei Wochen in Italien und möchte ein Auto mieten. Er betritt die Autovermietung und erkundigt sich.

Herr Waldmüller: **Vorrei noleggiare una macchina.**

wor-re-i no-led-dscha-re u-na mak-ki-na,

Ich möchte ein Auto mieten.

Autovermieter: **Che tipo?**

ke ti-po

Was für ein Auto?

Herr Waldmüller: **Di media cilindrata col cambio automatico.**

di mä-di-a tschi-lin-dra-ta kol kam-bi-o a-u-to-ma-ti-ko

Einen Mittelklassewagen mit Automatik.

Autovermieter: **Per quanto tempo?**

per ku-an-to täm-po

Für wie lange?

Herr Waldmüller: **Una settimana.**

u-na ßet-ti-ma-na

Für eine Woche.

Quanto costa una settimana?

ku-an-to ko-ßta u-na ßet-ti-ma-na

Wie viel kostet eine Woche?

Autovermieter: **C'è una tariffa speciale.**

tschä u-na ta-rif-fa ßpe-tscha-le

Wir haben einen Sonderpreis/ein Sonderangebot.

Herr Waldmüller: **L'assicurazione è inclusa?**

laß-ßi-ku-ra-tzio-ne ä in-klu-sa

Ist die Versicherung inbegriffen?

Autovermieter: **Si, con la polizza casco.**

ßi kon la po-li-tza ka-sko

Ja, mit Vollkasko.

Herr Waldmüller: **Il chilometraggio è limitato?**

il ki-lo-me-trad-dscho ä li-mi-ta-to

Ist die Kilometerzahl begrenzt?

Autovermieter: **No.**

no

Nein.

Herr Waldmüller: **E posso consegnare la macchina all'aeroporto?**

poß-ßo kon-ße-nja-re la mak-ki-na al-la-e-ro-por-to

Kann ich das Auto am Flughafen zurückgeben?

Autovermieter: **Certo.**

tschär-to

Natürlich!

Herr Waldmüller:	**L'ultima domanda: che benzina ci vuole?**	
	lul-ti-ma do-man-da ke ben-tzi-na tschi wu-o-le	
	Eine letzte Frage: Welches Benzin braucht das Auto?	
Autovermieter:	**Normale senza piombo.**	
	nor-ma-le ßän-tza pi-om-bo	
	Normal bleifrei.	

Weitere nützliche Vokabeln, wenn Sie ein Auto mieten oder wenn Sie tanken müssen:

- ✔ **l'aria condizionata** (*la-ri-a kon-di-tzio-na-ta*, Klimaanlage)
- ✔ **il cabriolet** (*il ka-brio-le*, Cabriolet)
- ✔ **fare benzina** (*fa-re ben-dzi-na*, tanken)
- ✔ **Faccia il pieno.** (*fat-tscha il pi-e-no*, Volltanken, bitte)
- ✔ **la benzina senza piombo** (*la ben-dzi-na ßän-dza pi-om-bo*, Benzin bleifrei)
- ✔ **la benzina super** (*la ben-dzi-na ßu-per*, Super)
- ✔ **Controlli l'olio.** (*kon-trol-li lo-li-o*, Kontrollieren Sie den Ölstand.)

Mit öffentlichen Verkehrsmitteln fahren

Wenn Sie nicht selbst Auto fahren wollen, können Sie bequem mit dem Taxi, dem Bus oder dem Zug herumkommen. In diesem Abschnitt finden Sie die passenden Redewendungen, die Sie in diesen Situationen in Italien brauchen.

Ein Taxi nehmen

Wollen Sie ein Taxi rufen, brauchen Sie kein neues Wort zu lernen. **Taxi** (*ta-ksi*) sagt man auch auf Italienisch. Mit den beiden folgenden Sätzen bestellen Sie ein Taxi:

- ✔ **Può chiamarmi un taxi?** (*pu-o ki-a-mar-mi un ta-kßi*, Können Sie mir ein Taxi rufen?)
- ✔ **Vorrei un taxi, per favore.** (*wor-re-i un ta-kßi per fa-wo-re*, Ich möchte bitte ein Taxi haben.)

Werden Sie **Per quando?** (*per ku-an-do*, Für wann?) gefragt, können Sie je nach Wunsch wie folgt antworten:

- ✔ **subito** (*ßu-bi-to*, gleich)
- ✔ **fra un'ora** (*fra un-o-ra*, in einer Stunde)
- ✔ **alle due del pomeriggio** (*al-le du-e del po-me-rid-dscho*, um zwei Uhr nachmittags)
- ✔ **domani mattina** (*do-ma-ni mat-ti-na*, morgen früh)

Wenn Sie im Taxi sitzen, werden Sie gefragt, wohin Sie wollen. Mögliche Ziele sind:

- ✔ **Alla stazione, per favore.** (*al-la ßta-tzio-ne per fa-wo-re*, Zum Bahnhof, bitte.)
- ✔ **All'aeroporto.** (*al-la-e-ro-por-to*, Zum Flughafen.)
- ✔ **A questo indirizzo: via Leopardi, numero 3.** (*a ku-e-ßto in-di-rid-dzo wi-a le-o-par-di tre*, In die Via Leopardi Nummer 3.)

Schließlich wollen Sie den Taxifahrer bezahlen. Dann fragen Sie **Quant'è?** (*ku-an-tä*, Wie viel macht es?) Weitere wichtige Redewendungen und Vokabeln zum Thema Geld finden Sie in Kapitel 11.

Mit dem Zug reisen

Biglietti ferroviari (*bi-ljet-ti fer-ro-wi-a-ri*, Zugfahrkarten) kaufen Sie **alla stazione** (*al-la ßta-tzio-ne*, am Bahnhof) oder in **un'agenzia di viaggi** (*u-na-dschen-tzi-a di vi-ad-dschi*, Reisebüro). Wenn Sie mit **un treno rapido** (*trä-no ra-pi-do*, Intercity/Schnellzug) fahren möchten, müssen Sie **il supplemento** (*il ßup-ple-men-to*, Zuschlag) zahlen. In Italien gibt es den Intercity (IC) und den Eurocity (EC), genau wie in Deutschland.

In Italien müssen Sie die Fahrkarte immer **obliterare** (*o-bli-te-ra-re*, entwerten), bevor Sie in den Zug einsteigen. Die **obliteratrice** (*o-bli-te-ra-tri-tsche*, Entwerter) ist am Bahnhof beim Zugang zu den Gleisen beziehungsweise auf dem Bahnsteig zu finden.

Track 34: Im Gespräch

Bianca ist in Rom am Hauptbahnhof. Sie erkundigt sich über Zugverbindungen nach Perugia.

Bianca: **Ci sono treni diretti per Perugia?**

tschi so-no trä-ni di-rät-ti per pe-ru-dscha

Gibt es Direktverbindungen nach Perugia?

Angestellter: **No, deve prendere un treno per Terni.**

no de-we prän-de-re un trä-no per ter-ni

Nein, Sie müssen mit dem Zug nach Terni fahren.

Bianca: **E poi devo cambiare?**

e po-i de-wo kam-bi-a-re

Muss ich dann umsteigen?

Angestellter: **Si, prende un locale per Perugia.**

ßi prän-de un lo-ka-le per pe-ru-dscha

Ja, Sie fahren mit einem Nahverkehrszug nach Perugia.

Bianca: **A che ora parte il prossimo treno?**

a ke o-ra par-te il proß-ßi-mo trä-no

Um wie viel Uhr fährt der nächste Zug?

Angestellter: **Alle diciotto e arriva a Terni alle diciannove.**

al-le di-tschot-to e ar-ri-wa a ter-ni al-le di-tschian-no-we

Um achtzehn Uhr, und er kommt um neunzehn Uhr in Terni an.

Bianca: **E per Perugia?**

e per pe-ru-dscha

Und nach Perugia?

Angestellter: **C'è subito la coincidenza.**

tschä ßu-bi-to la koin-tschi-dän-tza

Es gibt sofort einen Anschluss.

Track 35: Im Gespräch

Bianca überlegt kurz, dann möchte sie eine Fahrkarte kaufen. Sie geht zum Schalter.

Bianca: **Un biglietto per Perugia, per favore.**

Un bi-ljet-to per pe-ru-dscha per fa-wo-re

Bitte eine Fahrkarte nach Perugia.

Angestellter: **Andata e ritorno**?

an-da-ta e ri-tor-no

Hin- und Rückfahrt?

Bianca: **Solo andata. Quanto viene?**

ßo-lo an-da-ta ku-an-to wi-ä-ne

Einfache Fahrt, wie viel macht das?

Angestellter: **In prima classe quarantacinque euro.**

in pri-ma klaß-ße ku-a-ran-ta-tschin-ku-e e-u-ro

In der ersten Klasse fünfundvierzig Euro.

Bianca: **E in seconda classe**?

e-in ße-kon-da klaß-ße

Und in der zweiten Klasse?

Angestellter: **Ventitrè euro.**

wen-ti-tre e-u-ro

Dreiundzwanzig Euro.

Bianca: **Seconda classe, per favore. Da che binario parte?**

ße-kon-da klaß-ße per fa-wo-re da ke bi-na-ri-o par-te

Zweite Klasse, bitte. Von welchem Gleis fährt der Zug?

Angestellter: **Dal tre.**

dal tre

Von Gleis 3.

Kleiner Wortschatz

Italienisch	Aussprache	Deutsch
il binario (m.)	*il bi-na-ri-o*	Gleis
il biglietto (m.)	*il bi-ljet-to*	Fahrkarte
l'andata (w.)	*lan-da-ta*	Hinfahrt
il ritorno (m.)	*il ri-tor-no*	Rückfahrt
il supplemento (m.)	*il ßup-ple-men-to*	Zuschlag

Den Bus oder die Straßenbahn nehmen

Vielleicht sind Sie mit dem Auto in Italien, aber Sie haben keine Lust, selbst zu fahren. Dann können Sie sich in der Stadt mit dem Bus oder mit der Straßenbahn fortbewegen. In diesem Abschnitt finden Sie die Vokabeln, die Sie für diesen Fall brauchen.

In vielen italienischen Städten gibt es Busse und Straßenbahnen. Im Italienischen wird für Straßenbahn das Wort **il tram** (*il tram*) verwendet. Für Bus sagt man **l'autobus** (*la-u-to-buß*). Wenn es sich um einen kleinen Bus handelt, wird er **il pullmino** (*il pull-mi-no*) genannt. Busse, die Städte miteinander verbinden und daher mehr Sitzplätze als Stadtbusse haben, werden **il pullman** (*il pull-man*) oder **la corriera** (*la kor-ri-e-ra*) genannt.

Fahrkarten kann man **dal giornalaio** (*dal dschor-na-la-i-o*, am Zeitungskiosk) oder **dal tabacchaio** (*dal ta-bak-ka-i-o*, im Tabakwarengeschäft) kaufen. Diese kleinen Geschäfte an den Straßenecken sind praktisch überall zu finden. Dort werden vor allem Zigaretten, Briefmarken und Zeitungen verkauft. Sie erkennen ein **tabacchaio** an dem weiß-schwarzen oder blau-weißen Schild mit dem großen T.

Im Gespräch

Gherardo möchte zum Hauptbahnhof. Er wartet an einer Bushaltestelle, aber weil er unsicher ist, mit welchem Bus er fahren muss, fragt er jemanden.

Gherardo: **Mi scusi, signore.**

mi sku-si ßi-njo-re

Entschuldigen Sie bitte.

Mann: **Prego?**

prä-go

Ja, bitte?

Gherardo: **Quest'autobus va alla stazione?**

ku-e-ßta-u-to-buß wa al-la ßta-tzio-ne

Fährt dieser Bus zum Bahnhof?

Mann: **Si.**

ßi

Ja.

Gherardo: **Dove si comprano i biglietti?**

do-we ßi kom-pra-no i bi-ljet-ti

Wo kauft man die Fahrkarte?

Mann: **In questo bar.**

in ku-e-ßto bar

In der Bar dort drüben.

Wahrscheinlich wollen Sie Ihr Ziel so schnell wie möglich erreichen. Dann wäre es besser, sich zu erkundigen, mit welchem Verkehrsmittel Sie schneller ans Ziel kommen.

Track 36: Im Gespräch

Hans möchte die Kathedrale besuchen. Er erkundigt sich bei einer Passantin, mit welchem Bus er dorthin fahren soll. Die Frau empfiehlt, mit der U-Bahn zu fahren.

Hans: **Scusi, che autobus va al duomo?**

sku-si ke a-u-to-buß wa al du-o-mo

Entschuldigen Sie, welcher Bus fährt zum Dom?

Frau: **Perchè non prende la metropolitana?**

per-ke non prän-de la me-tro-po-li-ta-na

Warum fahren Sie nicht mit der U-Bahn?

Hans: **È meglio?**

ä mä-ljo

Ist das besser?

Frau: **Si, ci mette cinque minuti.**

ßi tschi met-te tschin-kue mi-nu-ti

Sie sind in fünf Minuten dort.

Hans: **Dov'è la fermata della metropolitana?**

do-wä la fer-ma-ta del-la me-tro-po-li-ta-na

Wo ist die U-Bahn-Station?

Frau: **Dietro l'angolo.**

diä-tro lan-go-lo

Um die Ecke.

Hans: **Per il duomo?**

per il du-o-mo

Zum Dom?

Frau: **La prossima fermata.**

la proß-ßi-ma fer-ma-ta.

Die nächste Station.

Hans: **Grazie.**

gra-tzie

Danke.

Frau: **Prego**

prä-go

Bitte!

Stadt- und Fahrpläne verstehen

Sie brauchen in Italien außer wenigen Vokabeln keine großen Sprachkenntnisse, um einen Stadtplan zu verstehen. Die vier Himmelsrichtungen lauten auf Italienisch: **nord** (*nord*, Norden), **est** (*äst*, Osten), **sud** (*ßud*, Süden) und **ovest** (*o-west*, Westen). Stadtpläne erhalten Sie in Italien meist am **edicole** (*e-di-ko-le*, Zeitungskiosk).

Der Fahrplan könnte eventuell ein wenig schwierig zu verstehen sein, denn er ist nur auf Italienisch. Folgende Begriffe kommen hier häufig vor:

- ✔ **l'orario** (*lo-ra-ri-o*, Abfahrts- und Ankunftszeiten)
- ✔ **le partenze** (*le par-tän-tze*, Abfahrt)
- ✔ **gli arrivi** (*lji ar-ri-wi*, Ankunft)
- ✔ **i giorni feriali** (*i dschor-ni fe-ri-a-li*, Werktage)
- ✔ **i giorni festivi** (*i dschor-ni fe-ßti-vi*, Sonn- und Feiertage)
- ✔ **il binario** (*il bi-na-ri-o*, Gleis)

Pünktlichkeit und Verspätung

Entweder sind Sie ein Meister in Pünktlichkeit oder Sie werden irgendwann einmal jemandem Bescheid sagen müssen, dass Sie zu spät oder zu früh dran sind. Oder Sie müssen sich sogar entschuldigen, weil Sie später zu einer Verabredung kommen. Hier einige hilfreiche Redewendungen für solche Situationen:

- ✔ **essere in anticipo** (*äß-ße-re in an-ti-tschi-po*, früh dran sein)
- ✔ **essere puntuale** (*äß-ße-re pun-tu-a-le*, pünktlich sein)
- ✔ **essere in ritardo** (*äß-ße-re in ri-tar-do*, spät dran sein)
- ✔ **arrivare/venire troppo presto** (*ar-ri-wa-re/we-ni-re trop-po pre-ßto*, zu früh ankommen/kommen)

Diese Vokabeln finden Anwendung in den folgenden Redewendungen:

- ✔ **Mi scusi, sono arrivata in ritardo.** (*mi sku-si ßo-no ar-ri-wa-ta in ri-tar-do*, Verzeihung, ich bin zu spät.)
- ✔ **Sono venuti troppo presto.** (*ßo-no we-nu-ti trop-po pre-ßto*, Sie sind zu früh angekommen.)
- ✔ **Meno male che sei puntuale.** (*me-no ma-le ke ße-i pun-tu-a-le*, Zum Glück bist du pünktlich.)

Wenn die Rede von Pünktlichkeit ist, sollten Sie auch das Verb **aspettare** (*a-ßpet-ta-re*, warten) kennen. Hier einige Beispiele, wie Sie dieses Verb verwenden:

- ✔ **Aspetto da un'ora.** (*a-ßpet-to da u-no-ra*, Ich warte seit einer Stunde.)
- ✔ **Aspetta anche Lei il ventitré?** (*a-ßpet-ta an-ke le-i il wen-ti-tre*, Warten Sie auch auf die 23 (Bus)?)
- ✔ **Aspettate un momento!** (*a-ßpet-ta-te un mo-men-to*, Wartet einen Augenblick!)

- ✔ **Aspettiamo Anna?** (*a-ßpet-ti-a-mo an-na*, Warten wir auf Anna?)
- ✔ **Chi aspetti?** (*ki a-ßpet-ti*, Auf wen wartest du?)

Beachten Sie, dass das Verb **aspettare** im Gegensatz zum Deutschen (»warten auf«) im Italienischen keine Präposition verlangt.

Spiel und Spaß

Übung 14.1

Ergänzen Sie die passende Antwort.

Una valigia e una borsa a mano. / Grazie!

Arrivederci! / Prego. / Al finestrino, prego. / Ecco.

Il suo biglietto, per favore.

Carta d'identità.

Quanti bagagli ha?

Preferisce un posto vicino al finestrino o al corridoio?

Ecco la carta d'imbarco. L'imbarco è alle nove e trenta, uscita tre. Buon viaggio!

Übung 14.2

Was für ein Chaos! In dem Buchstabenfeld sind folgende Wörter auf Italienisch durcheinandergeraten: **Zug**, **Bushaltestelle**, **Bahnhof**, **Gleis**, **Fahrkarte**, **Hinfahrt**, **Rückfahrt** und **Zuschlag**. Wenn Sie den Zug noch erwischen wollen, sollten Sie diese Wörter so schnell wie möglich finden!

B	S	M	T	A	T	A	M	R	E	F	O
I	T	U	D	H	G	L	T	X	L	N	C
N	S	Y	P	V	X	L	A	B	E	D	G
A	P	J	Y	P	B	E	I	R	S	H	D
R	K	D	A	J	L	G	T	X	F	X	V
I	V	D	U	Y	L	E	M	R	C	D	Q
O	I	D	Y	I	K	A	M	G	G	D	R
R	Z	J	E	L	X	S	T	E	E	L	K
B	C	T	C	P	M	D	Q	A	N	C	I
B	T	H	P	R	S	P	U	F	D	T	K
O	R	I	T	O	R	N	O	S	O	N	O
S	T	A	Z	I	O	N	E	Z	A	G	A

Die Lösung finden Sie in Anhang D.

IN DIESEM KAPITEL

Den Urlaub planen

Fahren und ankommen: »arrivare« und »partire«

Bis zum nächsten Ausflug: Verwendung des Futurs

Kapitel 15
Eine Reise planen

Wenn Sie eine Reise planen und ins Ausland verreisen wollen, gibt es immer eine lange Liste mit Dingen, die zu erledigen sind. Als Erstes müssen Sie sich entscheiden, welche Stadt Sie besichtigen wollen. Dann sollten der Flug und das Hotel gebucht werden. Schließlich müssen Sie sich darum kümmern, ob Ihr Personalausweis noch gültig ist. Aber vor allem: **Buon viaggio!** (*bu-on wi-ad-dscho*, Gute Reise!) und **buone vacanze!** (*bu-o-ne wa-kan-tze*, Schönen Urlaub!)

Wohin und wann möchten Sie fahren?

Reisezeit und Reiseziel hängen voneinander ab. Sie fahren nicht in der Monsunzeit nach Indien, oder Sie sollten Washington D.C. nicht im August besuchen, wenn es dort warm und feucht ist. Es gibt Städte, die man im Hochsommer meiden sollte. Tatsächlich verlassen viele Italiener in den Sommermonaten die Hitze der Städte und fahren ans Meer oder in die Berge. Andererseits sind die Sommermonate **l'alta stagione** (*lal-ta ßta-dscho-ne*, Hochsaison) für Touristen und in vielen Städten ist sehr viel los. In Tabelle 15.1 sind die Bezeichnungen für die Monate aufgelistet; Sie werden sie brauchen, wenn Sie Ihren Urlaub planen.

Italienisch	Aussprache	Deutsch
gennaio	*dschen-na-io*	Januar
febbraio	*feb-bra- io*	Februar
marzo	*mar-tzo*	März
aprile	*a-pri-le*	April
maggio	*mad-dscho*	Mai
giugno	*dschu-njo*	Juni
luglio	*lu-ljo*	Juli
agosto	*a-go-ßto*	August
settembre	*ßet-täm-bre*	September
ottobre	*ot-to-bre*	Oktober
novembre	*no-wäm-bre*	November
dicembre	*di-tschäm-bre*	Dezember

Tabelle 15.1: Monatsnamen

Track 37: Im Gespräch

Enzo spricht mit Cristina über die Urlaubspläne für den Sommer. Für ihn ist alles schon klar, Cristina ist jedoch anderer Meinung.

Enzo: **Quest'anno andiamo in montagna!**

ku-e-ßtan-no an-di-a-mo in mon-ta-nja

Dieses Jahr fahren wir in die Berge.

Cristina: **Stai scherzando?**

ßta-i sker-tzan-do

Machst du Witze?

Enzo: **È rilassante: boschi, aria fresca . . .**

ä ri-laß-ßan-te bo-ski a-ri-a fre-ska

Es ist sehr erholsam: Wald und frische Luft . . .

Cristina: **È noioso! E non si può nuotare!**

ä no-i-o-so e non ßi pu-o nu-o-ta-re

Es ist langweilig! Und man kann nicht schwimmen gehen.

Enzo: **Ci sono le piscine!**

tschi ßo-no le pi-schi-ne

Es gibt Schwimmbäder!

Cristina: **Ma dai, pensa al mare, al sole . . .**

ma da-i pen-ßa al ma-re al ßo-le

Komm schon! Ich meine das Meer und die Sonne . . .

Enzo: **E la campagna?**

e la kam-pa-nja

Und wie wäre Urlaub auf dem Land?

Cristina: **Oh no. Rimango a casa**

o no ri-man-go a ka-ßa

Nein, danke. Ich bleibe zu Hause.

Eine Reise buchen

Vielleicht wollen Sie Ihre Reise in **un'agenzia di viaggi** (*a-dschen-tzi-a di wi-ad-dschi*, Reisebüro) buchen. Hier können Sie problemlos alles auf einmal reservieren lassen: Flug und Hotel oder einen Pauschalurlaub.

Redewendungen für Situationen rund ums Thema Hotel finden Sie in Kapitel 13.

Im Gespräch

Wenn Sie von Italien aus in ein anderes Land reisen wollen, gehen Sie wahrscheinlich ins Reisebüro. Herr Lisi möchte nach Indien fliegen und lässt sich im Reisebüro von Frau Tanzi beraten.

Signora Tanzi: **Buongiorno, mi dica.**

bu-on-dschor-no mi di-ka

Guten Tag. Kann ich Ihnen helfen?

Signor Lisi: **Vorrei fare un viaggio in India.**

wor-re-i fa-re un wi-ad-dscho in in-dia

Ich möchte nach Indien reisen.

Signora Tanzi: **Dove esattamente?**

do-we e-ßat-ta-men-te

Wohin genau?

Signor Lisi: **Da Bombay al sud.**

da bom-be-i al ßud

Von Bombay aus in den Süden.

Signora Tanzi: **Un viaggio organizzato?**

un wi-ad-scho or-ga-nit-tza-to

Mit einer Gruppenreise?

Signor Lisi: **No, vorrei soltanto prenotare i voli.**

no wor-re-i ßol-tan-to pre-no-ta-re i wo-li

Nein, ich möchte nur die Flüge buchen.

Signora Tanzi: **Anche interni?**

an-ke in-tär-ni

Auch die Flüge in Indien?

Signor Lisi: **No, in India vorrei viaggiare in treno.**

no in in-dia wor-re-i wi-ad-dscha-re in trä-no

Nein, in Indien möchte ich mit dem Zug fahren.

Signora Tanzi: **Quando vuole partire?**

ku-an-do wu-o-le par-ti-re

Wann wollen Sie abreisen?

Signor Lisi: **La prima settimana di febbraio.**

la pri-ma set-ti-ma-na di feb-bra-io

In der ersten Februarwoche.

Signora Tanzi: **E il ritorno?**

e il ri-tor-no

Und die Rückreise?

Signor Lisi: **Fine marzo.**

fi-ne mar-tzo

Ende März.

In Mailand gibt es die Flughäfen **Malpensa** (*mal-pen-ßa*) und **Linate** (*li-na-te*), in Rom **Ciampino** (*tscham-pi-no*) und **Fiumicino** (*fi-u-mi-tschi-no*).

Seit einigen Jahren ist in Italien eine neue Art Urlaub sehr beliebt: **l'agriturismo** (*la-gri-tu-ri-smo*). Das sind Ferien auf dem Bauernhof, aber auch in Ferienwohnungen oder -häusern auf dem Land. Normalerweise ist dort die Übernachtung günstiger als im Hotel. Dort kann man auch typische regionale Gerichte in freundlicher, fast familiärer Umgebung genießen.

Sehr verbreitet sind auch, nicht nur auf dem Land, sondern ebenso in den großen Städten, Bed & Breakfast, was auch auf Italienisch so genannt wird. Dort können Sie übernachten und morgens frühstücken. Sie können ein Zimmer übers Internet reservieren und sich dort alle möglichen Angebote ansehen. Der Zimmerpreis kann aber auch sehr hoch sein, wenn es in einem historischen Gebäude in der Stadtmitte liegt!

Kleiner Wortschatz

Italienisch	Aussprache	Deutsch
la campagna (w.)	*la kam-pa-nja*	Land
esattamente	*e-ßat-ta-men-te*	genau
il mare (m.)	*il ma-re*	Meer
la montagna (w.)	*la mon-ta-nja*	Gebirge
è noioso	*ä no-i-o-ßo*	es ist langweilig
prenotare	*pre-no-ta-re*	reservieren
rimanere	*ri-ma-ne-re*	bleiben
scherzare	*sker-tza-re*	Witze machen
in treno	*in trä-no*	im Zug
viaggiare	*wi-ad-dscha-re*	verreisen/reisen
il viaggio (m.) organizzato	*il wi-ad-dscho or-ga-nit-tza-to*	Gruppenreise
il volo (m.)	*il wo-lo*	Flug

Im Gespräch

Alessandro erzählt seiner Freundin Carolina, dass er eine Reise nach Indien plant. Carolina ist ziemlich überrascht.

Carolina: **Perchè in India?**

per-ke in in-di-a

Warum willst du nach Indien?

Alessandro: **È un paese bellissimo.**

ä un pa-e-se bäl-liß-ßi-mo

Es ist ein wunderschönes Land.

Carolina: **Ma non l'ideale per rilassarsi.**

ma non li-de-a-le per ri-laß-ßar-si

Aber nicht gerade erholsam.

Alessandro: **Perché no?**
per-ke no
Warum nicht?

Carolina: **Ti muoverai molto.**
ti mu-o-we-ra-i mol-to
Du wirst viel herumreisen.

Alessandro: **Viaggerò e farò delle pause al mare.**
wi-ad-dsche-ro e fa-ro del-le pa-u-se al ma-re
Ich werde immer wieder einen Zwischenstopp am Meer machen.

Carolina: **Ci sono belle spiagge?**
tschi ßo-no bäl-le ßpiad-dsche
Gibt es schöne Strände?

Alessandro: **Si, e la campagna . . .**
ßi e la kam-pa-nja
Ja, und die Landschaft . . .

Carolina: **Ho visto fotografie incredibili.**
o wi-ßto fo-to-gra-fi-e in-kre-di-bi-li
Ich habe unglaubliche Fotos gesehen.

Ankommen und Abfahren: Die Verben »arrivare« und »partire«

Sie finden im Folgenden einige Beispielsätze mit den Verben **arrivare** (*ar-ri-wa-re*, ankommen) und **partire** (*par-ti-re*, abfahren), damit Sie verstehen, wie sie verwendet werden. Wenn Sie diese Verben in Verbindung mit einem Ort benutzen, folgt dem Verb **arrivare** immer die Präposition **a**, während **partire** durch die Präposition **da** ergänzt wird.

Hier einige Beispiele für die Verwendung dieser Verben:

- ✔ **Luca parte da Torino alle cinque.** (*lu-ka par-te da to-ri-no al-le tschin-kue*, Luca fährt von Turin um fünf ab.)
- ✔ **Arrivo a casa nel pomeriggio.** (*ar-ri-wo a ka-ßa nel po-me-rid-dscho*, Ich komme nachmittags zu Hause an.)
- ✔ **A che ora parte l'aereo da Madrid?** (*a ke o-ra par-te la-ä-re-o da ma-drid*, Um wie viel Uhr fliegt das Flugzeug in Madrid ab?)

Manchmal steht zwischen dem Verb und der Präposition noch ein Wort.

- **Parto stasera da Milano.** (*par-to ßta-se-ra da mi-la-no*, Ich fahre heute Abend von Mailand ab.)

Je nachdem, ob Sie sich auf die Ankunfts- oder auf die Abfahrtszeit oder auf die Zeit danach beziehen, ist die Zeitform unterschiedlich. Für die Bildung der Vergangenheit wird **essere** (*äß-ße-re*, sein) zum Hauptverb hinzugefügt. Dieses richtet sich dann nach dem Geschlecht oder der Zahl der betreffenden Person. Wenn die Person weiblich ist, endet das Verb auf **-a** (Singular) oder auf **-e** (Plural); wenn die Person männlich ist, endet das Verb auf **-o** (Singular) oder auf **-i** (Plural). Das sehen Sie in den folgenden Beispielen:

- **Sono partita stamattina.** (*ßo-no par-ti-ta ßta-mat-ti-na*, Ich bin heute morgen abgefahren.) (weiblich Singular)
- **Sono appena arrivato alla stazione.** (*ßo-no ap-pe-na ar-ri-wa-to al-la ßta-tzio-ne*, Ich bin gerade am Bahnhof angekommen). (männlich Singular)
- **Sono arrivate in ritardo alla stazione.** (*ßo-no ar-ri-wa-te in ri-tar-do al-la ßta-tzio-ne*, Sie sind mit Verspätung am Bahnhof angekommen.) (weiblich Plural)
- **Siamo partiti da lì dopo pranzo.** (*ßi-a-mo par-ti-ti da li do-po pran-dzo*, Wir sind dort nach dem Mittagessen abgefahren.) (männlich Plural)

Hier die vollständige Konjugation von **partire** (*par-ti-re*, abfahren) und **arrivare** (*ar-ri-wa-re*, ankommen):

Konjugation	Aussprache
partire	
io parto	*i-o par-to*
tu parti	*tu par-ti*
lui/lei parte	*lu-i/lä-i par-te*
noi partiamo	*no-i par-ti-a-mo*
voi partite	*wo-i par-ti-te*
loro partono	*lo-ro par-to-no*
arrivare	
io arrivo	*i-o ar-ri-wo*
tu arrivi	*tu ar-ri-wi*
lui/lei arriva	*lu-i/lä-i ar-ri-wa*
noi arriviamo	*no-i ar-ri-wi-a-mo*
voi arrivate	*wo-i ar-ri-wa-te*
loro arrivano	*lo-ro ar-ri-wa-no*

Track 38: Im Gespräch

Filippo und Marzia unterhalten sich über Filippos Flug. Filippo ist ziemlich entspannt, Marzia ist hingegen besorgt, ob sie es rechtzeitig zum Flughafen schaffen.

Marzia: **A che ora parte l'aereo?**

a ke o-ra par-te la-ä-re-o

Um wie viel Uhr geht der Flug?

Filippo: **Alle nove.**

al-le no-we

Um neun.

Marzia: **Alle sette devi essere all'aeroporto!**

al-le ßät-te de-wi äß-ße-re al-la-ä-ro-por-to

Um sieben musst du am Flughafen sein!

Filippo: **Ma no, un'ora prima basta.**

ma no u-no-ra pri-ma ba-ßta

Aber nein! Eine Stunde vorher reicht.

Marzia: **Hai fatto la valigia?**

a-i fat-to la wa-li-dscha

Hast du Koffer gepackt?

Filippo: **Ancora no, c'è tempo.**

an-ko-ra no tschä täm-po

Noch nicht. Ich habe noch Zeit.

Marzia: **Sei pazzo! Sono già le sei!**

ße-i pat-tzo ßo-no dscha le ßä-i

Spinnst du? Es ist schon sechs Uhr!

Filippo: **E allora? Mi porto solo poche cose.**

e al-lo-ra mi por-to ßo-lo po-ke ko-ße

Na und? Ich nehme ganz wenig mit.

Marzia: **Certo, poi sono sempre tre valigie e due borse!**

tschär-to po-i ßo-no ßäm-pre tre wa-li-dsche e du-e bor-ße

Natürlich! Nur drei Koffer und zwei Taschen!

Kleiner Wortschatz

Italienisch	Aussprache	Deutsch
l'aereo (m.)	*la-ä-re-o*	Flugzeug
l'aeroporto (m.)	*la-ä-ro-por-to*	Flughafen
arrivare a	*ar-ri-wa-re a*	ankommen
la borsa (w.)	*la bor-ßa*	Tasche
partire da	*par-ti-re da*	abfahren/abfliegen
in ritardo	*in ri-tar-do*	verspätet
il tempo (m.)	*il täm-po*	Zeit
valido	*wa-li-do*	gültig
il viaggio (m.)	*il wi-ad-dscho*	Reise

Über die Zukunft reden: Verwendung des Futurs

Manchmal möchte man auch auf Italienisch ausdrücken, dass etwas in der näheren Zukunft passieren wird. Dafür verwendet man die Zeitform **futuro semplice** (*fu-tu-ro ßem-pli-tsche*, Futur). Allerdings können Sie auch das Präsens verwenden. Sehen Sie sich dazu die folgenden Beispiele an:

- ✔ **Andrò in Italia.** (*an-dro in i-ta-lia*, Ich werde nach Italien fahren.)
- ✔ **Quando arriverai a Palermo?** (*ku-an-do ar-ri-we-rai a pa-ler-mo*, Wann wirst du in Palermo ankommen?)
- ✔ **Anche Anna verrà alla festa di sabato sera.** (*an-ke an-na wer-ra al-la fä-ßta di ßa-ba-to ße-ra*, Auch Anna wird auf das Fest am Samstag kommen.)
- ✔ **Non torneremo troppo tardi.** (*non tor-ne-re-mo trop-po tar-di*, Wir werden nicht zu spät zurückkommen.)
- ✔ **Sarete lì anche voi?** (*ßa-re-te li an-ke wo-i*, Werdet ihr auch dort sein?)
- ✔ **Arriveranno un po' in ritardo.** (*ar-ri-we-ran-no un po in ri-tar-do*, Sie werden ein wenig später ankommen.)

Außer einer zukünftigen Handlung drückt das Futur auch eine Überzeugung oder eine Absicht in der Zukunft aus:

- ✔ **Domani sarò a Roma e farò un giro turistico della città.** (*do-ma-ni ßa-ro a ro-ma e fa-ro un dschi-ro tu-ri-ßti-ko del-la tschit-ta*, Morgen werde ich in Rom sein und eine Stadtrundfahrt machen.)

Mit dem Futur bildet man auch »Wenn«-Sätze wie:

✔ **Se domani pioverà, andrò al museo.** (*ße do-ma-ni pi-o-we-ra an-dro al mu-sä-o*, Wenn es morgen regnet, werde ich ins Museum gehen.)

Derselbe Satz wird auch im Präsens gebildet:

✔ **Se domani piove, andrò al museo.** (*ße do-ma-ni pi-o-we an-dro al mu-sä-o*, Wenn es morgen regnet, werde ich ins Museum gehen.)

Oder:

✔ **Se domani piove, vado al museo.** (*ße do-ma-ni pi-o-we wa-do al mu-sä-o*, Wenn es morgen regnet, gehe ich ins Museum.)

Weitere Verbkonjugationen finden Sie in Anhang A.

Spiel und Spaß

Übung 15.1

Bringen Sie den Dialog in die richtige Reihenfolge.

___ **Buongiorno, mi dica.**

___ **Dove esattamente?**

___ **E il ritorno?**

___ **Quando vuole partire?**

___ **Vorrei fare un viaggio in Cina.**

___ **Un viaggio organizzato?**

___ **Vorrei andare a Pechino.**

___ **Si, vorrei viaggiare con un gruppo.**

___ **A fine ottobre.**

___ **Inizio novembre.**

Übung 15.2

Ergänzen Sie die Sätze mit einer der möglichen Antworten. Viel Spaß dabei!

1. **Quest'anno andiamo in** ______________________ (Dieses Jahr fahren wir in die Berge.)
   a. **albergo**
   b. **montagna**
   c. **aereo**
2. **Il volo parte** ___________________________ **Palermo alle tre.** (Der Flug geht ab Palermo um drei Uhr.)
   a. **da**
   b. **su**
   c. **a**
3. **Passo le vacanze in** ______________________ (Ich verbringe meine Ferien auf dem Land.)
   a. **mare**
   b. **campagna**
   c. **montagna**
4. **Dov'è la mia** ____________________? (Wo ist mein Koffer?)
   a. **stanza**
   b. **piscina**
   c. **valigia**
5. **È un** ________________ **organizzato.** (Es ist eine Gruppenreise.)
   a. **viaggio**
   b. **treno**
   c. **volo**

Die Lösung finden Sie in Anhang D.

Übung 15.2

IN DIESEM KAPITEL

Um Hilfe bitten

Was tun bei einer Autopanne?

Den Gesundheitszustand beschreiben

Die Polizei im Notfall rufen

Einen Rechtsbeistand konsultieren

Kapitel 16
Im Notfall

Es macht keinen Spaß, um Hilfe zu bitten, weil man in der Klemme steckt. Wir wollen Ihnen keine Angst machen, aber stellen Sie sich einmal vor, in welche unangenehmen Situationen Sie geraten könnten oder welche Unglücke Ihnen widerfahren können. Einige Situationen sind schnell gelöst, andere sind vielleicht ernster und Ihnen wird deshalb sprachlicher Einsatz abverlangt. Hier erfahren Sie die italienischen Ausdrücke, mit denen Sie Ihre Sorgen und Nöte beschreiben und um Hilfe bitten können.

Zunächst geben wir Ihnen allgemeine Redewendungen an die Hand, die Sie im Notfall brauchen:

- ✔ **Aiuto!** (*a-i-u-to*, Hilfe!)
- ✔ **Mi aiuti per favore.** (*mi a-i-u-ti per fa-wo-re*, Bitte helfen Sie mir!)
- ✔ **Chiamate la polizia!** (*ki-a-ma-te la po-li-tzi-a*, Rufen Sie/Ruft die Polizei!)
- ✔ **Ho bisogno di un medico.** (*o bi-so-njo di un mä-di-ko*, Ich brauche einen Arzt.)
- ✔ **Chiamate un'ambulanza.** (*ki-a-ma-te u-nam-bu-lan-tza*, Rufen Sie/Ruft den Rettungsdienst!)

Diese Sätze sind an mehrere Menschen gerichtet, deshalb finden Sie bei solchen Sätzen im Italienischen das Verb in der zweiten Person Plural. Denn in einem Notfall wenden Sie sich an alle, die in Ihrer Nähe sind und Sie hören könnten.

Es kann auch vorkommen, dass Sie eine Amtsperson (zum Beispiel einen Polizisten) fragen möchten, ob sie Deutsch spricht. Verwenden Sie dabei einen der folgenden Sätze:

- ✔ **Mi scusi, parla tedesco?** (*mi sku-si par-la te-de-sko*, Sprechen Sie Deutsch?)
- ✔ **C'è un medico che parli tedesco?** (*tschä un mä-di-ko ke par-li te-de-sko*, Gibt es hier einen Arzt, der Deutsch spricht?)

- ✔ **Dove posso trovare un avvocato che parli tedesco?** (*do-we poß-ßo tro-wa-re un aw-wo-ka-to ke par-li te-de-sko*, Wo finde ich einen Rechtsanwalt, der Deutsch spricht?)

Wenn Sie niemanden finden, der Ihnen helfen kann, sollten Sie sich **un interprete** (*un in-tär-pre-te*, Dolmetscher) suchen.

Was tun bei einer Autopanne?

Es muss nicht gleich ein Autounfall sein – Sie können auch aus anderen Gründen Probleme mit dem Auto haben. Dann machen Sie sich auf die Suche nach **un meccanico** (*un mek-ka-ni-ko*, Mechaniker), der Ihnen weiterhelfen wird.

Track 39: Im Gespräch

Raffaella hat ein Problem mit ihrem Auto. Von ihrem Handy ruft sie den Pannendienst an.

Mechaniker:	**Pronto.**
	pron-to
(Am Telefon)	Hallo!
Raffaella:	**Pronto, ho bisogno d'aiuto!**
	pron-to o bi-so-njo da-i-u-to
	Ich brauche Hilfe.
Mechaniker:	**Che succede?**
	ke ßut-tsche-de
	Was ist passiert?
Raffaella:	**Mi si è fermata la macchina.**
	mi ßi ä fer-ma-ta la mak-ki-na
	Mein Auto ist stehen geblieben.
Mechaniker:	**Dove si trova?**
	do-we ßi tro-wa
	Wo sind Sie?
Raffaella:	**Sull'autostrada A1 prima dell'uscita Firenze Nord.**
	ßul-lau-tos-tra-da a u-no pri-ma del-luschi-ta fi-ren-tze nord
	Auf der A1 vor der Ausfahrt Florenz-Nord.

Mechaniker: **Bene. Mando un carro attrezzi.**

bä-ne man-do un kar-ro at-tret-tzi

In Ordnung. Ich schicke den Pannendienst.

Raffaella: **Ci vorrà molto?**

tschi wor-ra mol-to

Wird er lange brauchen?

Mechaniker: **Dipende dal traffico.**

di-pen-de dal traf-fi-ko

Das hängt vom Verkehr ab.

Raffaella: **Venite il più presto possibile!**

we-ni-te il pi-u prä-ßto poß-ßi-bi-le

Kommen Sie sobald wie möglich.

Kleiner Wortschatz

Italienisch	Aussprache	Deutsch
l'aiuto (m.)	*la-i-u-to*	Hilfe
fermare	*fer-ma-re*	abstellen
il più presto possibile	*il pi-u prä-ßto poß-ßi-bi-le*	so bald wie möglich
il soccorso stradale (m.)	*il ßok-kor-so ßtra-da-le*	Pannendienst
il traffico (m.)	*il traf-fi-ko*	Verkehr
il meccanico (m.)	*il mek-ka-ni-ko*	Mechaniker
il carro attrezzi (m.)	*il kar-ro at-tret-tzi*	Abschleppwagen

Beim Arzt

Wenn Sie in **l'ospedale** (*lo-ßpe-da-le*, Krankenhaus) oder beim **il medico** (*il mä-di-ko*, Arzt) sind, müssen Sie beschreiben, was Ihnen fehlt, beziehungsweise wo es wehtut. Das ist nicht so einfach, besonders wenn es nicht reicht, nur auf die schmerzende Stelle zu zeigen, um das Problem zu schildern. Hier zunächst die verschiedenen Körperteile auf Italienisch:

- ✔ **il braccio** (*il brat-tscho*, Arm)
- ✔ **il collo** (*il kol-lo*, Nacken)

- **il corpo** (*il kor-po*, Körper)
- **il dito** (*il di-to*, Finger)
- **la gamba** (*la gam-ba*, Bein)
- **il ginocchio** (*il dschi-nok-ki-o*, Knie)
- **la mano** (*la ma-no*, Hand)
- **l'orecchio** (*lo-rek-ki-o*, Ohr)
- **la pancia** (*la pan-tscha*, Bauch)
- **il petto** (*il pät-to*, Brust)
- **il piede** (*il pi-ä-de*, Fuß)
- **la spalla** (*la ßpal-la*, Schulter)
- **lo stomaco** (*lo ßto-ma-ko*, Magen)
- **la testa** (*la tä-ßta*, Kopf)

In den folgenden Beispielen sehen Sie Redewendungen rund um die Körperteile:

- **Mi sono rotto una gamba.** (*mi ßo-no rot-to u-na gam-ba*, Ich habe mir ein Bein gebrochen.)
- **Ho la gola arrossata.** (*o la go-la ar-roß-ßa-ta*, Mein Hals ist entzündet.)
- **Ho la pelle irritata.** (*o la päl-le ir-ri-ta-ta*, Meine Haut ist gerötet.)
- **Mi sono storto il piede.** (*mi so-no ßtor-to il pi-ä-de*, Ich habe mir den Fuß verstaucht.)
- **Ho mal di schiena.** (*o mal di ski-ä-na*, Ich habe Rückenschmerzen.)
- **Ho disturbi al cuore.** (*o dis-tur-bi al ku-o-re*, Ich habe Herzbeschwerden.)
- **Il dentista mi ha tolto un dente.** (*il den-ti-ßta mi a tol-to un dän-te*, Der Zahnarzt hat mir einen Zahn gezogen.)
- **Mi fa male lo stomaco.** (*mi fa ma-le lo ßto-ma-ko*, Mein Magen tut weh.)
- **Mi bruciano gli occhi.** (*mi bru-tscha-no lji ok-ki*, Meine Augen brennen.)
- **Mi sono slogata la spalla.** (*mi ßo-no slo-ga-ta la ßpal-la*, Ich habe mir die Schulter ausgerenkt.)
- **Ho mal di testa.** (*o mal di tä-ßta*, Ich habe Kopfschmerzen.)
- **Mi fa male tutto il corpo.** (*mi fa ma-le tut-to il kor-po*, Mir tut der ganze Körper weh./ Ich habe am ganzen Körper Schmerzen.)

Es ist auch wichtig, zwischen linker und rechter Körperhälfte zu unterscheiden. Geht es um einen Körperteil, dessen Geschlecht männlich ist, sagen Sie **destro (m.)/destra (w.)** (*dä-ßtro/a*, rechte/-r) oder **sinistro (m.)/sinistra (w.)** (*ßi-ni-ßtro/a*, linke/-r).

Bei den Körperteilen gibt es im Italienischen viele unregelmäßige Pluralformen. In Tabelle 16.1 sehen Sie einige dieser unregelmäßigen Formen.

Singular (und Aussprache)	Plural (und Aussprache)	Übersetzung
il braccio (m.) *il brat-tscho*	**le braccia (w.)** *le brat-tscha*	Arm(e)
il dito (m.) *il di-to*	**le dita (w.)** *le di-ta*	Finger
il ginocchio (m.) *il dschi-nok-ki-o*	**le ginocchia (w.)** *le dschi-nok-ki-a*	Knie
la mano (w.) *la ma-no*	**le mani (w.)** *le ma-ni*	Hand/Hände
l'orecchio (m.) *lo-rek-ki-o*	**le orecchie (w.)** *le o-rek-ki-e*	Ohr(en)
l'osso (m.) *loß-ßo*	**le ossa (w.)** *le oß-ßa*	Knochen

Tabelle 16.1: Unregelmäßige Pluralbildung bei Bezeichnungen für Körperteile

Symptome beschreiben

Fühlen Sie sich nicht wohl, können Sie **mi sento male** (*mi ßen-to ma-le*, Ich fühle mich schlecht) sagen. Die Grundform dieser Umschreibung lautet **sentirsi male** (*ßen-tir-ßi ma-le*, sich schlecht fühlen) und besteht aus einem Verb und einem Adverb. Hier die Konjugation:

Konjugation	Aussprache
mi sento (male)	*mi ßen-to (ma-le)*
ti senti (male)	*ti ßen-ti (ma-le)*
si sente (male)	*si ßen-te (ma-le)*
ci sentiamo (male)	*tschi ßen-ti-a-mo (ma-le)*
vi sentite (male)	*wi ßen-ti-te (ma-le)*
si sentono (male)	*si ßen-to-no (ma-le)*

Oft reicht diese Redewendung aber nicht aus, um auszudrücken, wie Sie sich gerade fühlen. Sie müssen dann genauer beschreiben, wie es Ihnen gesundheitlich geht.

Sie können auf Italienisch zwei Ausdrücke dafür verwenden: entweder **fare male** (*fa-re ma-le*, wehtun) oder **avere mal di** (*a-we-re mal di*, Schmerzen haben). Die letzte Umschreibung ist die einfachste: Sie brauchen nur die erste Person des Verbs **avere** – **ho** (*o*, ich habe) – und hängen an **mal di** den Körperteil, der Ihnen wehtut, zum Beispiel:

✔ **Ho mal di testa.** (*o mal di tä-ßta*, Ich habe Kopfschmerzen.)

Fare male ist eine kompliziertere Redewendung, weil hier der schmerzende Körperteil das Subjekt ist: **Mi fa male la testa.** (*mi fa ma-le la tä-ßta*, Mein Kopf tut weh.) Wenn es um mehrere Körperteile geht, benötigen Sie die Pluralform des Verbs: **Mi fanno male il collo e le spalle.** (*mi fan-no ma-le il kol-lo e le ßpal-le*, Mir tun Nacken und Schultern weh.)

Sie haben bestimmt bemerkt, dass vor **fa male** das Wort **mi** (*mi*, mich) steht. Dieses Wort ändert sich je nach Subjekt. Zum Beispiel fragt Sie der Arzt: **Cosa le fa male?** (*ko-ßa le fa ma-le*, Wo haben Sie Schmerzen?) Hier finden Sie das indirekte Objektpronomen **Le** (*le*, Ihnen).

Track 40: Im Gespräch

Gloria geht zur Ärztin, weil ihr Bein angeschwollen ist. Die Ärztin kann aber ohne weitere Untersuchungen keine Diagnose erstellen.

Gloria: **Mi fa molto male questa gamba.**

mi fa mol-to ma-le ku-e-ßta gam-ba

Ich habe große Schmerzen in diesem Bein.

Ärztin: **La sinistra, vero?**

la ßi-ni-ßtra we-ro

Im linken, nicht wahr?

Gloria: **Si, è gonfia.**

si ä gon-fi-a

Ja, es ist angeschwollen.

Ärztin: **Vediamo ...**

we-di-a-mo

Mal sehen ...

Gloria: **Devo andare all'ospedale?**

de-wo an-da-re al-lo-ßpe-da-le

Muss ich ins Krankenhaus?

Ärztin: **Si, almeno per i raggi.**

si al-me-no per i rad-dschi

Ja, wenigstens zum Röntgen.

Kleiner Wortschatz

Italienisch	Aussprache	Deutsch
fare male	*fa-re ma-le*	wehtun
l'ospedale (m.)	*lo-ßpe-da-le*	Krankenhaus
i raggi (m.)	*i rad-dschi*	Röntgenstrahlen
sinistra/o (w./m.)	*ßi-ni-ßtra/o*	links
destra/o (w./m.)	*des-ßtra/o*	rechts
gonfia/o (w./m.)	*gon-fi-a/o*	geschwollen

Den Arzt verstehen

Sie bekommen medizinische Hilfe von verschiedenen Menschen:

- **il medico** (*il mä-di-ko*, Arzt und Ärztin)
- **il dottore** (*il dot-to-re*, Arzt)
- **la dottoressa** (*la dot-to-reß-ßa*, Ärztin)

Weitere Bezeichnungen für medizinisches Fachpersonal:

- **la/lo specialista** (*la/lo ßpe-tscha-li-ßta*, Facharzt, -ärztin)
- **la/il dentista** (*la/il den-ti-ßta*, Zahnarzt, -ärztin)
- **l'infermiera** (*lin-fer-mi-ä-ra*, Krankenschwester)
- **l'infermiere** (*lin-fer-mi-ä-re*, Krankenpfleger)

Hier einige nützliche Fragen an einen Arzt und die möglichen Antworten:

- **Devo prendere qualcosa?** (*de-wo prän-de-re ku-al-ko-ßa*, Soll ich etwas einnehmen?)

  No, si riposi e beva molte bevande calde. (*no ßi ri-po-ßi e be-wa mol-te be-wan-de kal-de*, Nein. Ruhen Sie sich aus und trinken Sie reichlich warme Getränke.)

  Ecco la ricetta. (*äk-ko la ri-tschet-ta*, Hier das Rezept.)

- **Devo tornare per un'altra visita?** (*de-wo tor-na-re per u-nal-tra wi-si-ta*, Soll ich zur Kontrolle wieder kommen?)

  No, è tutto a posto. (*no ä tut-to a po-ßto*, Nein, es ist alles in Ordnung.)

  Si, ripassi la settimana prossima. (*ßi ri-paß-ßi la ßet-ti-ma-na proß-ßi-ma*, Ja, kommen Sie nächste Woche wieder vorbei.)

Wenn Sie **una medicina** (*u-na me-di-tschi-na*, Medikament) brauchen, werden Sie sich auf die Suche nach der nächsten **farmacia** (*far-ma-tschi-a*, Apotheke) machen. Eine Apotheke ist normalerweise vormittags von 8:30 bis 13 Uhr und nachmittags von 16 bis 20 Uhr geöffnet. Welche Apotheke Notdienst hat, erfahren Sie entweder in der Zeitung oder am Schild an der Tür einer Apotheke.

Track 41: Im Gespräch

Elena ist Zeugin eines Unfalls. Sie ruft die Polizei.

Polizist: **Polizia.**

po-li-tzi-a

Polizei.

Elena: **C'è un incidente.**

tschä un in-tschi-dän-te

Es hat einen Unfall gegeben.

Polizist: **Dove?**

do-we

Wo?

Elena: **Piazza Mattei.**

pi-at-tza mat-te-i

Am Matteiplatz.

Polizist: **Che succede?**

ke ßut-tsche-de

Was ist passiert?

Elena: **C'è un ferito.**

tschä un fe-ri-to

Es gibt einen Verletzten.

Polizist: **C'è bisogno di un'ambulanza?**

tschä bi-so-njo di u-nam-bu-lan-tza

Braucht er einen Krankenwagen?

Elena: **Penso di sì. Fate presto, è urgente.**

pen-ßo di ßi fa-te prä-ßto ä ur-dschän-te

Ich glaube schon. Beeilen Sie sich, es ist dringend.

Wenn Sie in Italien Zeuge eines Notfalls werden, rufen Sie **113** an (**il centotredici**, *il tschän-to-tre-di-tschi*, hundertdreizehn; im Italienischen wird es im Gegensatz zum Deutschen als Drei-Ziffern-Nummer ausgesprochen, das heißt hundertdreizehn, *nicht* eins-eins-drei). Sie werden mit der Polizei verbunden und können dann zum Beispiel einen Krankenwagen anfordern.

Kleiner Wortschatz

Italienisch	Aussprache	Deutsch
l'ambulanza (w.)	*lam-bu-lan-tza*	Krankenwagen
Che succede?	*ke ßut-tsche-de*	Was ist passiert?
l'emergenza (w.)	*le-mer-dschän-tza*	Notfall
è urgente	*ä ur-dschän-te*	es ist dringend

Ich wurde überfallen! Die richtigen Worte bei der Polizei

Hoffentlich werden Sie nie Opfer eines Überfalls. Aber falls es doch passieren sollte, müssen Sie die wichtigsten Sätze parat haben, um sich bei der Polizei verständigen zu können. Hier einige hilfreiche Redewendungen:

- ✔ **Sono stata/o derubata/o.** (*ßo-no ßta-ta/o de-ru-ba-ta/o*, Ich wurde ausgeraubt.)
- ✔ **C'è stato un furto nel mio appartamento.** (*tschä ßta-to un fur-to nel mi-o ap-par-ta-men-to*, Es wurde in meine Wohnung eingebrochen.)
- ✔ **Sono entrati dei ladri in casa nostra.** (*ßo-no en-tra-ti de-i la-dri in ka-ßa no-ßtra*, Einbrecher sind in unser Haus eingestiegen.)
- ✔ **Mi hanno rubato la macchina.** (*mi an-no ru-ba-to la mak-ki-na*, Mir wurde das Auto gestohlen.)
- ✔ **Mi hanno scippata.** (*mi an-no schip-pa-ta*, Mir wurde die Tasche weggerissen.)

Im Gespräch

Ein Mopedfahrer hat Annas **borsa** (*bor-ßa*, Tasche) weggerissen. Sie ruft die 113 an und möchte bei der Polizei **denunciare il furto** (*de-nun-tscha-re il fur-to*, den Diebstahl melden).

Polizist: **Polizia.**

po-li-tzi-a

Polizei.

Anna: **Mi hanno appena scippata!**

mi an-no ap-pe-na schip-pa-ta

Mir wurde die Tasche weggerissen.

Polizist: **Si calmi e venga in questura.**

ßi kal-mi e wän-ga in ku-e-ßtu-ra

Beruhigen Sie sich und kommen Sie zur Polizeistation.

Anna: **È stato un uomo sul motorino.**

ä ßta-to un u-o-mo sul mo-to-ri-no

Es war ein Mann auf einem Moped.

Polizist: **Ho capito, ma deve venire.**

o ka-pi-to ma de-we we-ni-re

Ich verstehe, aber Sie müssen hierher kommen.

Anna: **Dov'è la questura?**

do-wä la ku-e-ßtu-ra

Wo ist die Polizeistation?

Polizist: **Dietro la posta centrale.**

di-ä-tro la po-ßta tschän-tra-le

Hinter dem Hauptpostamt.

Anna: **Vengo subito.**

wän-go ßu-bi-to

Ich komme sofort.

Kleiner Wortschatz

Italienisch	Aussprache	Deutsch
la borsa (w.)	*la bor-ßa*	Tasche
il furto (m.)	*il fur-to*	Diebstahl
denunciare	*de-nun-tscha-re*	anmelden, anzeigen
il motorino (m.)	*il mo-to-ri-no*	Moped
la questura (w.)	*la ku-e-ßtu-ra*	Polizeipräsidium
scippare	*schip-pa-re*	die Tasche wegreißen
lo scippo (m.)	*lo schip-po*	(Hand)Taschenraub

Sollen Sie den Dieb beschreiben, brauchen Sie Vokabeln, mit denen Sie seine körperlichen Merkmale benennen können, zum Beispiel die Haarfarbe oder die Größe. Hier ein Beispiel für eine Personenbeschreibung:

La persona era . . . (*la per-ßo-na ära*, Die Person war . . .)

- **alta** (*al-ta*, groß)
- **bassa** (*baß-ßa*, klein)
- **di media statura** (*di me-di-a ßta-tu-ra*, mittelgroß)
- **grassa** (*graß-ßa*, dick)
- **magra** (*ma-gra*, dünn)

Die oben angegebenen Adjektive enden alle auf **-a**, weil sie sich auf das Nomen **persona** beziehen, das heißt auf ein weibliches Nomen.

I capelli erano . . . (*i ka-pel-li e-ra-no*, Er hatte . . . Haare.)

- **castani** (*ka-ßta-ni*, braune)
- **biondi** (*bi-on-di*, blonde)
- **neri** (*ne-ri*, schwarze)
- **rossi** (*roß-ßi*, rote)
- **scuri** (*sku-ri*, dunkle)
- **chiari** (*ki-a-ri*, helle)
- **lisci** (*li-schi*, glatte)
- **ondulati** (*on-du-la-ti*, wellige)
- **ricci** (*rit-tschi*, lockige)
- **corti** (*kor-ti*, kurze)
- **lunghi** (*lun-gi*, lange)

Aveva gli occhi . . . (*a-we-wa lji ok-ki*, Er hatte ... Augen.)

- **azzurri** (*ad-dzur-ri*, blaue)
- **grigi** (*gri-dschi*, graue)
- **marroni** (*mar-ro-ni*, braune)
- **verdi** (*wer-di*, grüne)
- **neri** (*ne-ri*, schwarze)

Era . . . (*ära*, Er war . . .)

- ✔ **calvo** (*kal-wo*, kahl)
- ✔ **rasato** (*ra-ßa-to*, glattrasiert)

Aveva . . . (*a-we-wa*, Er hatte . . .)

- ✔ **la barba** (*la bar-ba*, einen Bart)
- ✔ **i baffi** (*i baf-fi*, einen Schnurrbart)
- ✔ **il naso lungo** (*il na-ßo lun-go*, eine lange Nase)
- ✔ **il naso corto** (*il na-ßo kor-to*, eine kurze Nase)

Falls Sie einen Rechtsanwalt brauchen

Leider gibt es unangenehme Situationen im Leben, in denen man zum Beispiel Hilfe von einem Rechtsanwalt braucht. Es ist daher ziemlich wichtig zu wissen, wie man einen Rechtsanwalt kontaktiert. Dabei können Sie folgende Aussagen oder Fragen verwenden:

- ✔ **Mi serve l'aiuto di un avvocato.** (*mi ßer-ver la-i-u-to di un aw-wo-ka-to*, Ich brauche die Hilfe eines Rechtsanwalts.)
- ✔ **Ho bisogno di assistenza legale.** (*o bi-so-njo di aß-ßi-ßtän-tza le-ga-le*, Ich brauche Rechtsbeistand.)
- ✔ **Vorrei consultare il mio avvocato.** (*wor-re-i kon-ßul-ta-re il mi-o aw-wo-ka-to*, Ich möchte meinen Rechtsanwalt zurate ziehen.)
- ✔ **Chiamate il mio avvocato, per favore.** (*ki-a-ma-te il mi-o aw-wo-ka-to per fa-wo-re*, Rufen Sie bitte meinen Rechtsanwalt an.)

Nachdem Sie einen Rechtsanwalt kontaktiert haben, müssen Sie ihm die Situation schildern. Hier folgen einige Redewendungen:

- ✔ **Sono stato truffato.** (*ßo-no ßta-to truf-fa-to*, Ich wurde betrogen.)
- ✔ **Voglio denunciare un furto.** (*wo-ljo de-nun-tscha-re un fur-to*, Ich möchte einen Diebstahl anzeigen.)
- ✔ **Devo stipulare un contratto.** (*de-wo ßti-pu-la-re un kon-trat-to*, Ich muss einen Vertrag abschließen.)
- ✔ **Ho avuto un incidente stradale.** (*o a-wu-to un in-tschi-dän-te ßtra-da-le*, Ich hatte einen Autounfall.)
- ✔ **Voglio che mi vengano risarciti i danni.** (*wo-ljo ke mi wen-ga-no ri-ßar-tschi-ti i dan-ni*, Ich möchte eine Entschädigung.)
- ✔ **Sono stato arrestato.** (*ßo-no ßta-to ar-re-ßta-to*, Ich bin verhaftet worden.)

Im Gespräch

Herr Bruni hatte einen Autounfall und spricht jetzt mit seinem Rechtsanwalt darüber.

Sig. Bruni: **Ho avuto un incidente stradale.**

o a-wu-to un in-tschi-dän-te ßtra-da-le

Ich habe einen Autounfall gehabt.

Rechtsanwalt: **Com'è successo?**

ko-mä ßut-tscheß-ßo

Wie ist es passiert?

Sig. Bruni: **Una macchina mi ha tamponato.**

u-na mak-ki-na mi a tam-po-na-to

Ich wurde von einem Auto angefahren.

Rechtsanwalt: **Ha il numero di targa dell'altra macchina?**

a il nu-me-ro di tar-ga del-lal-tra mak-ki-na

Haben Sie das Kennzeichen des anderen Autos?

Sig. Bruni: **Si, ho tutto.**

ßi o tut-to

Ja, ich habe alles.

Rechtsanwalt: **Si è fatto qualcosa?**

ßi ä fat-to kual-ko-ßa

Haben Sie sich verletzt?

Sig. Bruni: **Ho una ferita sulla fronte.**

o u-na fe-ri-ta ßul-la fron-te

Ich habe mich an der Stirn verletzt.

Rechtsanwalt: **Scriverò all'assicurazione.**

skri-we-ro al-laß-ßi-ku-ra-tzio-ne

Ich werde der Versicherung schreiben.

Kleiner Wortschatz

Italienisch	Aussprache	Deutsch
il danno (m.)	*il dan-no*	Schaden
denunciare	*de-nun-tscha-re*	anmelden, anzeigen
la denuncia (w.)	*la de-nun-tscha*	Anzeige
l'incidente stradale (m.)	*lin-tschi-dän-te ßtra-da-le*	Autounfall
la macchina (w.)	*la mak-ki-na*	Auto
la targa (w.)	*la tar-ga*	Nummernschild
la ferita (w.)	*la fe-ri-ta*	Verletzung
l'assicurazione (w.)	*laß-ßi-ku-ra-tzio-ne*	Versicherung

Spiel und Spaß

Übung 16.1

Vervollständigen Sie die Sätze mit den fehlenden Wörtern.

carro attrezzi / ambulanza / ferito / macchina / questura

1. **Pronto, ho bisogno d'aiuto! Mi si è fermata la ___________________.**

   Mando subito un _______________________.

   Venite il più presto possibile!

2. **C'è un incidente con un __________________.**

   Mando subito un'_____________________.

   Fate presto! È urgente!

3. **Mi hanno rubato la macchina!**

   Si calmi e venga in_________________.

   Vengo subito!

Übung 16.2

Anna ist bei der Polizei, um den Diebstahl ihrer Tasche anzuzeigen. Sie gibt eine genaue Beschreibung des Diebes. Ergänzen Sie die Lücken:

Sono stata (1) ______________________________ (meine Tasche wurde weggerissen). Mi ha (2) ____________________ (ich wurde überfallen) un uomo. Era (3) ____________________ (groß) e ________________________ (dünn) e aveva i capelli (5) ________________________ (schwarz) e (6) ____________________ (lockig). Poi aveva (7) i ____________________ (Schnurrbart) e gli occhi (8) ____________________ (grün).

Die Lösung finden Sie in Anhang D.

Teil IV

Der Top-Ten-Teil

Der
Top-Ten-
Teil

web
Extras

Besuchen Sie uns auf `www.facebook.de/fuerdummies`.

IN DIESEM TEIL …

Hier bringen wir Sie vor Ihrem nächsten Urlaub in Italien-Stimmung und weisen auf typische italienische Redewendungen hin, die Sie wie einen echten Italiener oder eine typische Italienerin klingen lassen.

Außerdem finden Sie hier auch einige Ausdrücke, die Sie möglichst nicht verwenden sollten.

IN DIESEM KAPITEL

Italienisches Essen genießen

Hören, wie Italienisch klingt

Italienische Filme ansehen

Mit anderen Italienisch reden

Im Internet surfen

Nicht vergessen: Es soll Spaß machen!

Kapitel 17
Zehn Tipps, schnell Italienisch zu lernen

Selbstverständlich haben Sie sich bereits die schnellste Art, Italienisch zu lernen, ausgesucht – Sie haben dieses Buch gekauft! Weitere clevere Tipps finden Sie in den folgenden Abschnitten.

Italienisch auf Etiketten und Produktinformationen lesen

Italienische Speisen und Produkte finden Sie mittlerweile überall. Wenn Sie italienische Lebensmittel einkaufen, lesen Sie doch einfach einige Male die Texte auf den Etiketten, bevor Sie die Verpackung entsorgen. Sie werden sich auf diese Weise sehr schnell neue Begriffe merken. Normalerweise finden Sie dabei auch die deutsche oder englische Übersetzung. Sie werden sehen, nach ein paar Wochen brauchen Sie die Übersetzung nicht mehr und Sie können die italienischen Wörter auswendig.

Essen auf Italienisch bestellen

Wenn Sie in ein italienisches Restaurant oder eine Pizzeria essen gehen, seien Sie nicht schüchtern. Bestellen Sie das Essen auf Italienisch und achten Sie dabei auf Ihre Aussprache. Normalerweise werden die Namen der Gerichte ausschließlich auf Italienisch angegeben (manchmal fehlt ein Wörtchen wie **all'** (*al*, nach Art . . .) bei **Penne all'arabbiata** (*pen-ne al-la-rab-bi-a-ta*, Penne auf scharfe Art) in der Speisekarte, aber einzig und allein die Aussprache zählt! Bestellen Sie, als ob Sie eine Rolle im Film spielen. Sie können sich sogar zu Hause vorbereiten, bevor Sie ausgehen, und die Aussprache Ihrer Lieblingsspeise üben! Sie können sie auch aufschreiben und in die Hosentasche stecken. Tun Sie auf alle Fälle in dieser Situation so, als seien Sie Italiener!

Italienische Musik hören

Es ist bekannt, dass das Hauptthema der italienischen Musik **l'amore** (*la-mo-re*, Liebe) ist. Hoffentlich stehen Sie zu diesem Thema ebenso wie die Italiener, die darüber singen. Es ist eine gute Methode, Wörter zu lernen und sich einzuprägen, wenn Sie den Text mitlesen und mitsingen, während Sie italienische Musik hören. Wenn Sie keinen Text haben, können Sie versuchen, aufmerksam zuzuhören und die Wörter zu erraten. So können Sie auch Ihr Hörverständnis trainieren.

Italienische Zeitschriften lesen

Wenn man versucht, eine Zeitschrift oder Zeitung in einer Fremdsprache zu lesen, kann sich das als sehr anstrengend erweisen, weil die Sprache der Journalisten – selbst in Ihrer Muttersprache – zuweilen etwas kompliziert ist. Einfacher ist es, Anzeigen und Überschriften zu lesen. Sie bestehen aus kürzeren Sätzen und enthalten oft internationale Wörter oder Namen von Politikern und Ihnen bekannten Leuten. Übrigens: Zeitung heißt auf Italienisch **il giornale** (*il dschor-na-le*).

Italienische Filme ansehen

Mögen Sie Filme? Dann ist es keine schlechte Idee, einen Film zum Beispiel auf DVD in der Originalsprache (Italienisch) anzusehen. Dabei können Sie auch die deutschen Untertitel zuschalten und viele Wörter, Namen und Redewendungen verstehen und lernen. Außerdem erfahren Sie so viel über das Land selbst. Die Auswahl an Filmen ist sehr groß; Sie können sich Werke des **neorealismo** (*ne-o-re-a-li-smo*, Neorealismus) oder die allerneuesten italienischen Filme besorgen. Vielleicht haben Sie Freunde, die ebenfalls an italienischen Filmen interessiert sind, dann können Sie auch einen Filmabend zu Hause organisieren und zusammen **il cinema italiano** (*il tschi-ne-ma i-ta-li-a-no*, italienisches Kino) genießen.

Italienische Radio- und Fernsehprogramme hören und sehen

Es gibt einige italienische Radiosender, die auch in Deutschland gesendet werden, zum Beispiel **Rai Radio** oder Privatsender wie **Radio Italia**, **Radio Deejay** oder **RTL**. Hören Sie Radio, so oft Sie können. Verfolgen Sie die Nachrichten im Radio, der Sprecher hat normalerweise eine deutliche Aussprache, und wenn Sie schon über die Themen informiert sind, können Sie sehr viel verstehen. Auch so können Sie Vokabeln schnell erkennen und leichter lernen.

Im Internet finden Sie auch unter `www.surfmusik.de` die Websites der Radiosender Italiens, und häufig können Sie im Internet live Nachrichten und Sendungen hören.

CDs anhören

In Buchhandlungen und Musikgeschäften gibt es eine große Auswahl an CDs, mit denen Sie ebenfalls Italienisch lernen können. Neben Musik-CDs finden Sie hier Sprach- und Konversationskurse sowie Hörbücher. Hören Sie die CDs beim Kochen, Putzen oder Autofahren. Und sprechen Sie laut nach, auch wenn Sie nicht alles verstehen. Jede Sprache hat ihre eigenen Laute und Sprachmelodie, und Sie lernen sie am besten durch Nachahmung beziehungsweise Nachsprechen, so wie Kinder sprechen lernen. Aber Vorsicht, vielleicht werden Sie von Ihren Mitbewohnern erwischt, die dann von Ihnen wissen wollen, was das bedeutet, was Sie da vor sich hin erzählen!

Gemeinsam lernen

Wenn Sie mit anderen Menschen Interessen teilen, macht es viel mehr Spaß. Das gilt auch für eine Fremdsprache. Das gemeinsame Interesse für eine Fremdsprache hilft sehr beim Lernen, nicht nur weil eine Sprache zuallererst ein Kommunikationsmittel ist, sondern auch weil man alles, was man mit Spaß macht, besser und schneller lernt. Besuchen Sie deshalb einen Konversationskurs an der Volkshochschule oder an einer Sprachenschule. Solche Kurse finden Sie beispielsweise im VHS-Programm oder übers Internet.

Im Internet surfen

Sie finden alle wichtigen Informationen im Internet. Suchen Sie zum Beispiel unter **Italia** (*i-ta-li-a*, Italien) oder einem Namen einer italienischen Stadt wie **Venezia** (*we-ne-tzi-a*, Venedig) oder einer italienischen Sehenswürdigkeit wie **il Colosseo** (*il ko-loß-ße-o*, Kolosseum). Hier finden Sie Informationen auf Deutsch und auf Italienisch. Überfliegen Sie zuerst den italienischen Text und versuchen Sie, aus den Ihnen bekannten Wörtern den Sinn des

Textes zu ergründen. Auf den deutschsprachigen Seiten können Sie anschließend prüfen, wie viel Sie vom Text auf Italienisch verstanden haben. Im Internet finden Sie auch Online-wörterbücher und Links zu allen möglichen Themen.

Seien Sie nicht zu streng mit sich

Betrachten Sie das Italienischlernen als Spiel und haben Sie Spaß dabei! Das ist keine neue Methode, sondern eine Einstellung. Tun Sie nur, was Ihnen Spaß macht, zum Beispiel auf Italienisch singen, auf Italienisch ein Gedicht vortragen oder auf Italienisch nachsprechen, was Sie gern hören. Lassen Sie die Übungen oder Dinge weg, auf die Sie keine Lust haben, es würde ohnehin nichts bringen. Außerdem: Vergessen Sie dabei nicht das Wichtigste: **ridere** (*ri-de-re*, lachen)!

IN DIESEM KAPITEL

Ciao – aber nicht für jedermann

Wörtliche Übersetzung ist nicht immer die Lösung

»Falsche Freunde« und Übersetzungsfallen

Kapitel 18
Zehn Übersetzungs- und Aussprachefallen

Dieses Kapitel ist nicht so dramatisch, wie es klingt. Erinnern Sie sich an den Ratschlag aus Kapitel 17, mit Spaß zu lernen? Wenn Ihre Sprachkenntnisse nicht perfekt sind, dürfen Sie natürlich Fehler machen. Es könnte sogar lustig werden, dabei muss es Ihnen nicht unbedingt peinlich sein. Machen Sie sich keine Sorgen! Manche Menschen finden es sehr lobenswert, dass Ausländer ihre Sprache lernen wollen, und sie hören dann geduldig zu. Allerdings wird in diesem Kapitel vor einigen typischen Fehlern gewarnt, die man beispielsweise macht, wenn man deutsche Formulierungen wörtlich ins Italienische übersetzt.

Ciao als Standardgruß verwenden

Ciao (*tscha-o*) bedeutet einfach »hallo« und »tschüss«. Das ist Ihnen wohlbekannt, und auch jemand ohne Italienischkenntnisse kennt dieses Wort. Weniger bekannt ist, dass diese Grußform nur für weniger förmliche Situationen gebraucht wird, das heißt, so begrüßt man Menschen, die man normalerweise duzt. (Lesen Sie in Kapitel 2 mehr über förmliche und formlose Anrede.) Es klingt daher sehr merkwürdig, wenn Sie jemanden siezen und sich dann mit **ciao** verabschieden. In diesem Fall sagen Sie einfach **buongiorno** (*bu-on-dschor-no*, Guten Tag) oder **arrivederci** (*ar-ri-we-der-tschi*, Auf Wiedersehen).

Wörtliche Übersetzung

Manchmal kann es schon helfen, aber in vielen Fällen ist eine wörtliche Übersetzung vom Deutschen ins Italienische falsch. »Wie gefällt dir das Buch?«, sagt man auf Deutsch und übersetzt dann **Come ti piace il libro?** (*ko-me ti pi-a-tsche il li-bro*). Streichen Sie diesen

Satz sofort mit Rot durch, denn richtig ist **Ti piace il libro?** (*ti pi-a-tsche il li-bro*, Gefällt dir das Buch?). Natürlich werden Sie sofort verstanden, wenn Sie die erste Variante verwenden, aber es klingt nicht wirklich Italienisch.

In die Übersetzungsfalle tappen

Man kann sie auch »falsche Freunde« nennen. Dabei handelt es sich um Wörter, die ähnlich geschrieben und fast gleich ausgesprochen werden wie im Deutschen, die aber im Italienischen eine völlig andere Bedeutung haben. Ein Beispiel dafür ist **firma** (*fir-ma*). Im Deutschen bedeutet es »Unternehmen, Betrieb«, im Italienischen hingegen »Unterschrift« – **ditta** (*dit-ta*) ist das italienische Wort für »Unternehmen«.

Es kann auch schnell zu Missverständnissen kommen, wenn man **nonna** (*non-na*) mit »Nonne« verwechselt, denn **nonna** bedeutet »Großmutter«, während Nonne **suora** (*ßu-o-ra*) heißt. Häufig hören Sie **notizia** (*no-ti-tzia*). Aber glauben Sie nur nicht, dass sich alle Italiener fleißig Notizen zu allen Themenbereichen des Alltags machen! **Notizia** bedeutet »Nachricht«; »sich Notizen machen« heißt dagegen **prendere appunti** (*prän-de-re ap-pun-ti*).

Wenn Sie einen Freund nach der gestrigen Party fragen und er **mi sono divertito un sacco** (*mi ßo-no di-wer-ti-to un ßak-ko*) antwortet, meint er nicht, dass er ein Sakko getragen hat. **Un sacco** bedeutet »ein Haufen«, »viel, sehr«. Er meint also, dass er sich sehr amüsiert habe. Sakko heißt auf Italienisch **giacca** (*dschak-ka*). Oft hört man auch **il mio stipendio non mi basta fino alla fine del mese** (*il mi-o ßti-pän-dio non mi ba-ßta fi-no al-la fi-ne del me-ße*, Mein Lohn reicht nicht bis zum Monatsende). **Stipendio** bedeutet »Lohn« und »Gehalt«, während ein Stipendium dem Italienischen **borsa di studio** (*bor-ßa di ßtu-di-o*) entspricht. Auch mit dem Wort **tempo** (*täm-po*) können Missverständnisse aufkommen, wenn man sich im Auto auf der Autobahn über das Wetter unterhält. **Tempo** heißt im Italienischen »Wetter«, aber auch »Zeit«. Das deutsche Tempo heißt auf Italienisch **velocità** (*we-lo-tschi-ta*).

Die Frage nach dem Alter

Die Frage ist nicht so schwierig, und für die Antwort braucht man nur eine Zahl. Nur wenn man das falsche Verb dabei verwendet, versteht ein Italiener nicht mehr, worum es geht. Die Frage nach dem Alter lautet auf Italienisch **quanti anni hai?** (*ku-an-ti an-ni a-i*, Wie alt bist du?). Wie die Frage wird auch die Antwort mit dem Verb **avere** (*a-we-re*, haben) gebildet, also **ho 29 anni** (*o wen-ti-no-we an-ni*, Ich bin 29 Jahre alt) (*nicht* **sono 29**, *so-no wen-ti-no-we*, *wörtlich:* Ich bin 29).

Das Verb »spielen« und all seine Entsprechungen

Das Verb »spielen« wird im Deutschen in unterschiedlichen Zusammenhängen gebraucht, die aber auf Italienisch unterschiedlich wiedergegeben werden. In den meisten Fällen bedeutet es **giocare** (*dscho-ka-re*) wie in dem Beispiel **i bambini giocano a palla** (*i bam-bi-ni* *dscho-ka-no a pal-la*, Die Kinder spielen Ball). Weitere ähnliche Beispiele sind **giocare a nascondino** (*dscho-ka-re a na-skon-di-no*, Versteck spielen), **giocare a carte** (*dscho-ka-re a kar-te*, Karten spielen). Im Sport verwendet man **giocare a calcio** (*dscho-ka-re a kal-tscho*, Fußball spielen), **giocare a tennis** (*dscho-ka-re a ten-niß*, Tennis spielen), **giocare a pallavolo** (*dscho-ka-re a pal-lo-wo-lo*, Volleyball spielen).

Wenn es um Musik und Instrumente geht, wird dafür das Verb **suonare** (*ßu-o-na-re*) verwendet: **suonare il pianoforte** (*ßu-o-na-re il pi-a-no-for-te*, Klavier spielen), **suonare la chitarra** (*ßu-o-na-re la ki-tar-ra*, Gitarre spielen), **suonare il violino** (*ßu-o-na-re il wi-o-li-no*, Geige spielen), **suonare uno strumento** (*ßu-o-na-re u-no ßtru-men-to*, ein Instrument spielen). Wenn die Rede vom Theater ist, wird das Verb **recitare** (*re-tschi-ta-re*) verwendet, aber man sagt **interpretare un ruolo drammatico** (*in-ter-pre-ta-re un ru-o-lo dram-ma-ti-ko*, eine dramatische Rolle spielen).

Sprichwörter übersetzen

Bei den »falschen Freunden« kann es passieren, dass man ein Wort falsch versteht, weil es so ähnlich klingt wie im Deutschen und man glaubt, es würde dasselbe auf Italienisch bedeuten. Bei Sprichwörtern läuft man auch Gefahr, etwas auf eine Art sagen zu wollen, die im Italienischen keinen Sinn ergibt. Wenn Sie zum Beispiel auf Italienisch sagen wollen, »Das ist Schnee von gestern«, wird Sie niemand verstehen, wenn Sie **è neve di ieri** (*ä ne-we di i-ä-ri*) sagen. Die Entsprechung für diese Redensart ist **è acqua passata** (*ä a-ku-a paß-ßa-ta*, *wörtlich*: »es ist gelaufenes Wasser« oder »es ist Wasser von gestern«).

Einige andere Beispiele:

- ✔ **È una vita che non esco.** (*ä u-na wi-ta ke non e-sko*, Es ist eine Ewigkeit her, seit ich das letzte Mal ausgegangen bin, *wörtlich:* Es ist ein Leben, seit ich das letzte Mal ausgegangen bin.)
- ✔ **Marzo è pazzo.** (*mar-tzo ä pat-tzo*, April macht, was er will, *wörtlich:* März macht, was er will.)
- ✔ **È rosso come un peperone** (*ä roß-ßo ko-me un pe-pe-ro-ne*, Er ist rot wie eine Tomate, *wörtlich*: wie eine Paprika.)
- ✔ **Ho una fame da lupo.** (*o u-na fa-me da lu-po*, Ich habe einen Bärenhunger, *wörtlich:* Ich habe einen Hunger wie ein Wolf.)
- ✔ **Non capisco un'acca.** (*non ka-pi-sko u-nak-ka*, Ich verstehe nur Bahnhof, *wörtlich:* Ich verstehe kein H.)

Auf die Betonung kommt es an

Es gibt im Italienischen drei Wörter, die kaum zu unterscheiden sind, weil sie sehr ähnlich geschrieben werden. Sie haben jedoch völlig andere Bedeutungen: **il papà** (*pa-pa*, Papa), **il Papa** (*pa-pa*, Papst) und **la pappa** (*pap-pa*, Brei). Beachten Sie: Während die ersten zwei Wörter männlich sind und sich durch die Betonung (auf der zweiten beziehungsweise auf der ersten Silbe) unterscheiden, ist **la pappa** weiblich und besitzt einen Doppelkonsonanten, das heißt, nach der Betonung der ersten Silbe wird eine kleine Pause gemacht, dann wird der zweite Konsonant wieder betont.

Fleisch und die richtige Aussprache

Beim folgenden Wort darf man keinen Fehler machen, weil es schwierig wird, das Missverständnis aufzuklären. Ein deutscher Koch hat einmal in einer italienischen Kochsendung ein Fleischgericht zubereitet. Dabei hat er, wie in solchen Sendungen üblich, den Vorgang Schritt für Schritt auf Italienisch erklärt. Während das Fleisch schmorte und die Kamera dies gerade zeigte, sagte er: **Lasciate cuocere il cane a fuoco lento** (*la-scha-te ku-o-tsche-re il ka-ne a fu-o-ko län-to*). Haben Sie den Fehler bemerkt? Er sagte **il cane** (*il ka-ne*, Hund) anstatt **la carne** (*la kar-ne*, Fleisch), also »Lassen Sie den Hund bei mittlerer Hitze schmoren!«.

Der Fehler kann oft vorkommen, wenn man das Geschlecht des Wortes vergisst (männlich oder weiblich). Was die Aussprache betrifft, ist es oft schwierig, ein mit der Zungenspitze gerolltes **r** zwischen zwei Silben deutlich auszusprechen. Üben Sie gleich jetzt und vergessen Sie's nicht wieder:

- ✔ **il cane** (*il ka-ne*, Hund)
- ✔ **la carne** (*la kar-ne*, Fleisch)

Fisch und die richtige Aussprache

Wenn Sie lieber Fisch als Fleisch essen, achten Sie auf die Aussprache des Wortes **pesce** (*pe-sche*, Fisch).

Nur mit einer leichten Änderung in der zweiten Silbe (*pe-ske*) bestellen Sie »Pfirsiche« statt Fisch! Beachten Sie also:

- ✔ **il pesce** (*il pe-sche*, Fisch)
- ✔ **le pesche** (*le pe-ske*, Pfirsiche, Plural)

Weitere kulinarische Stolpersteine

Wenn Sie im Restaurant eine Kleinigkeit als Vorspeise essen wollen, dann bestellen Sie zum Beispiel **una bruschetta**. Die richtige Aussprache ist *brus-ket-ta* (nicht: *bru-schet-ta*)! Als **primi piatti** (*pri-mi piat-ti*, erste Gerichte) wollen Sie vielleicht **gnocchi** bestellen. Nehmen Sie sich eine Sekunde Zeit und sprechen Sie es aus: *njok-ki* (nicht: *njo-tschi*). Während Sie an einem sonnigen Tag einen Spaziergang machen, nehmen Sie sich einen Moment Zeit vor der Eisdiele und bestellen dann mit der Aussprache echter Italiener: **una pallina alla stracciatella per favore** (*u-na pal-li-na al-la ßtrat-tscha-täl-la per fa-wo-re*, Eine Kugel Stracciatella bitte!) (nicht: *sch-trat-tza-täl-la*).

IN DIESEM KAPITEL

Redewendungen, die man sehr häufig in Italien hört

Redewendungen, mit denen man wie ein echter Italiener klingt

Kapitel 19
Zehn beliebte italienische Redewendungen

Versuchen Sie mal zu zählen, wie oft Sie am Tag folgende Redewendungen in Italien hören! Es könnte ein unterhaltsames Experiment werden! Die folgenden Sätze sind sehr typisch und überall zu hören. Wenn Sie sie in der richtigen Situation anwenden, kann es sein, dass Sie für einen Italiener beziehungsweise eine Italienerin gehalten werden. Manchmal ist es zwar besser, sich in einer Fremdsprache im Gespräch nicht an die besonderen Ausdrücke heranzuwagen, aber die folgenden können Sie ohne Bedenken verwenden.

Mamma mia! (Du lieber Himmel!)

Die Deutschen rufen nach dem lieben Gott oder dem lieben Himmel, die Italiener rufen **mamma mia** (*mam-ma mi-a*). Das hat aber nichts damit zu tun, dass sie alle Kinder geblieben sind. Mit dieser Redewendung drückt man Überraschung, Ungeduld, Glück und Leiden aus – also alle starken Emotionen.

Che bello! – Wie schön!

Durch diesen Ausruf, *ke bäl-lo* ausgesprochen, drückt man Begeisterung aus.

Uffa! – Oh je!

Uffa! (*uf-fa*) ist eine ganz deutliche Art zu sagen, dass man gelangweilt, sauer oder verärgert ist.

Che ne so! – Was weiß ich!

Wenn Italiener keine Ahnung von etwas haben, sagen sie einfach **che ne so!** (*ke ne ßo*) und zucken dabei mit den Achseln.

Magari! – Es wäre schön!

Magari (*ma-ga-ri*) ist nur ein Wort, aber es sagt viel aus: Es deutet etwa auf eine große Hoffnung oder auf einen großen Wunsch hin. Es ist zum Beispiel auch eine gute Antwort, wenn man gefragt wird, ob man sich freuen würde, im Lotto zu gewinnen.

Ti sta bene! – Das geschieht dir recht!

Ti sta bene (*ti ßta bä-ne*) ist die italienische Version von »Das geschieht dir recht!«

Non te la prendere! – Sei nicht traurig/böse!

Ist jemand traurig oder verärgert, können Sie denjenigen mit **non te la prendere** (*non te la pren-de-re*) trösten.

Che macello! – Was für eine schreckliche Unordnung

Der Ausdruck **Che macello!** (*ke ma-tschäl-lo*) bedeutet wörtlich übersetzt: »Was für ein Schlachthof«. Im Deutschen sagt man »wie auf einem Schlachtfeld« und meint damit wie im Italienischen eine schreckliche Unordnung.

Non mi va! – Ich habe keine Lust!

Non mi va (*non mi wa*) ist wahrscheinlich einer der ersten Sätze, die ein italienisches Kind lernt. Es bedeutet, dass man keine Lust hat.

Mi raccomando! – Denk daran!

Mi raccomando (*mi rak-ko-man-do*) setzt eine Betonung vor allem dann, wenn man nach etwas fragt oder um etwas bittet. Man möchte noch mal daran erinnern, zum Beispiel: **Telefonami, mi raccomando!** (*te-le-fo-na-mi mi rak-ko-man-do*, Denk daran, mich anzurufen.)

IN DIESEM KAPITEL

Feiern wie die Italiener

Regionale Traditionen pflegen

Feste in den kleinen italienischen Ortschaften erleben

Kapitel 20
Zehn Feiertage in Italien

Wir alle lieben die rot markierten Tage im Kalender und können es kaum erwarten, dass wieder ein Feiertag ist! Aber wissen Sie immer genau, warum ein Tag ein Feiertag ist? Hier erfahren Sie einiges über zehn traditionelle Feste und Feiertage in Italien.

L'Epifania – La Befana

L'Epifania (*le-pi-fa-ni-a*, Dreikönigstag) ist am 6. Januar. Dies ist in Italien gleichzeitig der letzte Tag der Weihnachtsferien. Die Kinder lieben diesen Tag, denn **la Befana** (*la be-fa-na*), eine gute alte Hexe, die auf ihrem Besen fliegt, besucht die Kinder in der Nacht, und wenn diese im vergangenen Jahr brav waren, bringt sie ihnen meistens Süßigkeiten als Geschenke. Kinder, die sich schlecht benommen haben, bekommen schwarze Kohle! Eigentlich ist es schwarzer Zucker, den es in jedem Süßwarengeschäft zu kaufen gibt. **La Befana** kommt durch den Kamin ins Haus und legt ihre Geschenke in die Socken. Kinder sind besonders aufgeregt am Abend vor dem Schlafengehen, wenn sie ihre Socken in die Küche legen. Viele können nicht einschlafen und hoffen, die gute Hexe zu sehen oder zu hören.

La Befana ist die Bezeichnung für die gute alte Hexe, während **l'Epifania** die religiöse Bezeichnung für den Dreikönigstag ist.

Martedì Grasso

Martedì grasso (*mar-te-di graß-ßo*, Faschingsdienstag) ist der letzte Faschingstag. Karneval kommt aus dem Lateinischen **carne vale** (*kar-ne wa-le*, wörtlich: Fleisch, lebe wohl!) und hat ursprünglich mit den letzten Fleischmahlzeiten vor der Fastenzeit in den Monaten von November bis Februar zu tun, in der kein Fleisch gegessen wurde. Am **martedì grasso** wird überall ausgiebig mit Faschingsumzügen gefeiert. Große Pappfiguren stellen Politiker und Prominente satirisch dar. Viele Touristen besuchen den Karneval in **Venezia** (*we-ne-tzia*, Venedig). Andere bekannte Karnevalsstädte sind **Viareggio** (*wi-a-red-dscho*), **Ivrea** (*i-wre-a*) und **Putignano** (*pu-ti-nja-no*).

La festa della donna

La festa della donna (*la fä-ßta del-la don-na*, Weltfrauentag) ist am 8. März. Jede Frau bekommt **una mimosa** (*u-na mi-mo-sa*, Mimose) geschenkt. Diese Blume hat in Italien eine symbolische Bedeutung für diesen Tag und kündigt auch das kommende schöne Wetter an. Frauen gehen an diesem Abend zusammen mit ihren Freundinnen aus. Die Männer bleiben zu Hause!

Pasquetta

La Pasquetta (*la pa-skuet-ta*) ist der Ostermontag. Viele Italiener machen an diesem Tag ein Picknick mit Freunden oder der Familie auf dem Land, am See oder am Meer. Man feiert damit auch den Beginn der warmen Jahreszeit.

La festa del Lavoro

Am 1. Mai ist **la festa del lavoro** (*la fä-ßta del la-wo-ro*, Tag der Arbeit). Es ist wie in Deutschland ein gesetzlicher Feiertag von politischer Bedeutung. An diesem Tag finden in vielen Orten und Städten Kundgebungen statt und in den Großstädten werden Konzerte auf den großen Plätzen veranstaltet.

Ferragosto

Am 15. August feiert die katholische Kirche Mariä Himmelfahrt. Für die meisten Italiener ist jedoch **Ferragosto** (*fer-ra-go-ßto*) der Höhepunkt der Sommerferien. In vielen Städten und touristischen Orten werden Musikfestivals, Sommerfeste mit typischen kulinarischen Spezialitäten und Feuerwerk veranstaltet.

Ognissanti

Der 1. November ist **Ognissanti** (*o-njiß-ßan-ti*, Allerheiligen). Dieser Tag ist ein Gedenktag für alle Heiligen. Der 2. November **il giorno dei morti** (*il dschor-no de-i mor-ti*, Allerseelen) war bis vor rund 20 Jahren in Italien ebenfalls ein Feiertag. Heute gedenken viele Italiener ihrer lieben Verstorbenen am **Ognissanti**, sie gehen auf den Friedhof und schmücken die Gräber mit Blumen.

L'Immacolata

Italiener verehren die Muttergottes sehr. Am Tag der **Immacolata** (*im-ma-ko-la-ta*), am 8. Dezember, wird die »Unbefleckte Empfängnis Marias« in der katholischen Kirche gefeiert. Dies ist auch in Italien ein Feiertag. Jedes Jahr wird in Rom das religiöse Ereignis zum Gedenken an das erste Mal gefeiert, als die Statue Marias auf **la colonna dell'immacolata concezione** (*la ko-lon-na del-lim-ma-ko-la-ta kon-tsche-tzio-ne*, die Säule gewidmet der unbefleckten Empfängnis Marias) gestellt wurde. Eine Gruppe Feuerwehrmänner steigt dabei auf die 29 Meter hohe Säule und reicht der Madonna Rosen.

La festa del Patrono

In jeder Stadt und jeder kleinen Ortschaft in Italien wird das Fest des Schutzpatrons gefeiert, **la festa del patrono** (*la fä-ßta del pa-tro-no*).

La sagra del Paese

La sagra del paese (*la ßa-gra del pa-e-se*) ist ein Fest wie in Deutschland die Kirchweih. Dieses Fest findet in kleinen Orten statt. Dort gibt es einen kleinen Wochenmarkt mit den für die Gegend typischen Produkten. Jede **sagra** ist besonders und hat oft mit der Ernte in der Region beziehungsweise mit der geografischen Lage zu tun. So gibt es zum Beispiel **la sagra dell'uva** (*la ßa-gra del-lu-wa*, Das Fest der Trauben); hier kann man die verschiedenen Weinsorten probieren.

Anhänge

DARF ICH MIT DER BUCHSTABENSUPPE AUCH ITALIENISCHE SCHIMPFWÖRTER LEGEN?
CHRISTIAN KALKERT

IN DIESEM TEIL ...

Hier finden Sie Verbtabellen und ein Miniwörterbuch Italienisch – Deutsch und Deutsch – Italienisch. Hier gibt es auch Informationen zu den Tracks auf der dem Buch beiliegenden Audio-CD und natürlich die Lösungen zu den Fragen in den Abschnitten »Spiel und Spaß«.

Anhang A
Verbtabellen

Italienische Verben

Regelmäßige Verben auf »-are«

Zum Beispiel: **parlare** (sprechen);
Partizip: **parlato** (gesprochen)

	Präsens	Perfekt	Futur
io (ich)	parlo	ho parlato	parlerò
tu (du)	parli	hai parlato	parlerai
lui/lei (er/sie/Sie)	parla	ha parlato	parlerà
noi (wir)	parliamo	abbiamo parlato	parleremo
voi (ihr)	parlate	avete parlato	parlerete
loro (sie)	parlano	hanno parlato	parleranno

Regelmäßige Verben auf »-ere«

Zum Beispiel: **vendere** (verkaufen);
Partizip: **venduto** (verkauft)

	Präsens	Perfekt	Futur
io (ich)	vendo	ho venduto	venderò
tu (du)	vendi	hai venduto	venderai
lui/lei (er/sie/Sie)	vende	ha venduto	venderà
noi (wir)	vendiamo	abbiamo venduto	venderemo
voi (ihr)	vendete	avete venduto	venderete
loro (sie)	vendono	hanno venduto	venderanno

Regelmäßige Verben auf »-ire«

Zum Beispiel: **partire** (abfahren);
Partizip: **partito** (abgefahren)

	Präsens	Perfekt	Futur
io (ich)	parto	sono partito/a	partirò
tu (du)	parti	sei partito/a	partirai
lui/lei (er/sie/Sie)	parte	è partito/a	partirà
noi (wir)	partiamo	siamo partiti/e	partiremo
voi (ihr)	partite	siete partiti/e	partirete
loro (sie)	partono	sono partiti/e	partiranno

Verb »avere« (haben)

Partizip: **avuto** (gehabt)

	Präsens	Perfekt	Futur
io (ich)	ho	ho avuto	avrò
tu (du)	hai	hai avuto	avrai
lui/lei (er/sie/Sie)	ha	ha avuto	avrà
noi (wir)	abbiamo	abbiamo avuto	avremo
voi (ihr)	avete	avete avuto	avrete
loro (sie)	hanno	hanno avuto	avranno

Verb »essere« (sein)

Partizip: **stato** (gewesen)

	Präsens	Perfekt	Futur
io (ich)	sono	sono stato/a	sarò
tu (du)	sei	sei stato/a	sarai
lui/lei (er/sie/Sie)	è	è stato/a	sarà
noi (wir)	siamo	siamo stati/e	saremo
voi (ihr)	siete	siete stati/e	sarete
loro (sie)	sono	sono stati/e	saranno

Reflexive Verben

Zum Beispiel: **lavarsi** (sich waschen); Partizip: **lavato** (gewaschen)

	Präsens	Perfekt	Futur
io (ich)	mi lavo	mi sono lavato/a	mi laverò
tu (du)	ti lavi	ti sei lavato/a	ti laverai
lui/lei (er/sie/Sie)	si lava	si è lavato/a	si laverà
noi (wir)	ci laviamo	ci siamo lavati/e	ci laveremo
voi (ihr)	vi lavate	vi siete lavati/e	vi laverete
loro (sie)	si lavano	si sono lavati/e	si laveranno

Unregelmäßige Verben

andare (gehen)

	Präsens	Futur	Partizip
io	vado	andrò	
tu	vai	andrai	
lui/lei	va	andrà	andato/a/i/e (essere)
noi	andiamo	andremo	
voi	andate	andrete	
loro	vanno	andranno	

dare (geben)

	Präsens	Futur	Partizip
io	do	darò	
tu	dai	darai	
lui/lei	dà	darà	dato (avere)
noi	diamo	daremo	
voi	date	darete	
loro	danno	daranno	

dire (sagen)

	Präsens	Futur	Partizip
io	dico	dirò	
tu	dici	dirai	
lui/lei	dice	dirà	detto (avere)
noi	diciamo	diremo	
voi	dite	direte	
loro	dicono	diranno	

dovere (müssen)

	Präsens	Futur	Partizip
io	devo	dovrò	
tu	devi	dovrai	
lui/lei	deve	dovrà	dovuto/a/i/e (avere)
noi	dobbiamo	dovremo	
voi	dovete	dovrete	
loro	devono	dovranno	

fare (machen, tun)

	Präsens	Futur	Partizip
io	faccio	farò	
tu	fai	farai	
lui/lei	fa	farà	fatto (avere)
noi	facciamo	faremo	
voi	fate	farete	
loro	fanno	faranno	

morire (sterben)

	Präsens	Perfekt	Partizip
io	muoio	morirò	
tu	muori	morirai	
lui/lei	muore	morirà	morto/a/i/e (essere)
noi	moriamo	moriremo	
voi	morite	morirete	
loro	muoiono	moriranno	

piacere (gefallen)

	Präsens	Futur	Partizip
io	piaccio	piacerò	
tu	piaci	piacerai	
lui/lei	piace	piacerà	piaciuto/a/i/e (essere)
noi	piacciamo	piaceremo	
voi	piacete	piacerete	
loro	piacciono	piaceranno	

porre (legen)

	Präsens	Futur	Partizip
io	pongo	porrò	
tu	poni	porrai	
lui/lei	pone	porrà	posto (avere)
noi	poniamo	porremo	
voi	ponete	porrete	
loro	pongono	porranno	

potere (können)

	Präsens	Futur	Partizip
io	posso	potrò	
tu	puoi	potrai	
lui/lei	può	potrà	potuto/a/i/e (avere)
noi	possiamo	potremo	
voi	potete	potrete	
loro	possono	potranno	

rimanere (bleiben)

	Präsens	Futur	Partizip
io	rimango	rimarrò	
tu	rimani	rimarrai	
lui/lei	rimane	rimarrà	rimasto/a/i/e (essere)
noi	rimaniamo	rimarremo	
voi	rimanete	rimarrete	
loro	rimangono	rimarranno	

salire (hochsteigen)

	Präsens	Futur	Partizip
io	salgo	salirò	
tu	sali	salirai	
lui/lei	sale	salirà	salito/a/i/e (avere/essere)
noi	saliamo	saliremo	
voi	salite	salirete	
loro	salgono	saliranno	

sapere (wissen)

	Präsens	Futur	Partizip
io	so	saprò	
tu	sai	saprai	
lui/lei	sa	saprà	saputo (avere)
noi	sappiamo	sapremo	
voi	sapete	saprete	
loro	sanno	sapranno	

scegliere (auswählen)

	Präsens	Futur	Partizip
io	scelgo	sceglierò	
tu	scegli	sceglierai	
lui/lei	sceglie	sceglierà	scelto (avere)
noi	scegliamo	sceglieremo	
voi	scegliete	sceglierete	
loro	scelgono	sceglieranno	

spegnere (ausschalten, ausmachen, löschen)

	Präsens	Futur	Partizip
io	spengo	spegnerò	
tu	spegni	spegnerai	
lui/lei	spegne	spegnerà	spento (avere)
noi	spegniamo	spegneremo	
voi	spegnete	spegnerete	
loro	spengono	spegneranno	

stare (stehen, sein)

	Präsens	Futur	Partizip
io	sto	starò	
tu	stai	starai	
lui/lei	sta	starà	stato/a/i/e (essere)
noi	stiamo	staremo	
voi	state	starete	
loro	stanno	staranno	

tacere (schweigen)

	Präsens	Futur	Partizip
io	taccio	tacerò	
tu	taci	tacerai	
lui/lei	tace	tacerà	taciuto (avere)
noi	taciamo	taceremo	
voi	tacete	tacerete	
loro	tacciono	taceranno	

tenere (halten)

	Präsens	Futur	Partizip
io	tengo	terrò	
tu	tieni	terrai	
lui/lei	tiene	terrà	tenuto (avere)
noi	teniamo	terremo	
voi	tenete	terrete	
loro	tengono	terranno	

togliere (abnehmen, wegnehmen)

	Präsens	Futur	Partizip
io	tolgo	toglierò	
tu	togli	toglierai	
lui/lei	toglie	toglierà	tolto (avere)
noi	togliamo	toglieremo	
voi	togliete	toglierete	
loro	tolgono	toglieranno	

uscire (ausgehen)

	Präsens	Futur	Partizip
io	esco	uscirò	
tu	esci	uscirai	
lui/lei	esce	uscirà	uscito/a/i/e (essere)
noi	usciamo	usciremo	
voi	uscite	uscirete	
loro	escono	usciranno	

venire (kommen)

	Präsens	Futur	Partizip
io	vengo	verrò	
tu	vieni	verrai	
lui/lei	viene	verrà	venuto/a/i/e (essere)
noi	veniamo	verremo	
voi	venite	verrete	
loro	vengono	verranno	

volere (wollen)

	Präsens	Futur	Partizip
io	voglio	vorrò	
tu	vuoi	vorrai	
lui/lei	vuole	vorrà	voluto (avere)
noi	vogliamo	vorremo	
voi	volete	vorrete	
loro	vogliono	vorranno	

Teilweise unregelmäßige Verben (mit Stammänderung auf »-isc-«)

capire (verstehen)

	Präsens	Futur	Partizip
io	capisco	capirò	
tu	capisci	capirai	
lui/lei	capisce	capirà	capito (avere)
noi	capiamo	capiremo	
voi	capite	capirete	
loro	capiscono	capiranno	

finire (beenden)

	Present	Future	Partizip
io	finisco	finirò	
tu	finisci	finirai	
lui/lei	finisce	finirà	finito (avere)
noi	finiamo	finiremo	
voi	finite	finirete	
loro	finiscono	finiranno	

Anhang B
Kleines Wörterbuch

Italienisch – Deutsch

A

a destra / *a dä-ßtra* / rechts
a domani / *a do-ma-ni* / bis morgen
a dopo / *a do-po* / bis später
abitare / *a-bi-ta-re* / wohnen
abito / *a-bi-to* / ich wohne
acqua (w.) / *a-ku-a* / Wasser
aereo (m.) / *a-ä-re-o* / Flugzeug
aeroporto (m.) / *a-e-ro-por-to* / Flughafen
affittare / *af-fit-ta-re* / vermieten, mieten
agosto (m.) / *a-go-ßto* / August
albergo (m.) / *al-bär-go* / Hotel
amare / *a-ma-re* / lieben
americana (w.) / *a-me-ri-ka-na* / Amerikanerin
americano (m.) / *a-me-ri-ka-no* / Amerikaner
amica (w.) / *a-mi-ka* / Freundin
amico (m.) / *a-mi-ko* / Freund
amore (m.) / *a-mo-re* / Liebe
andare / *an-da-re* / gehen, fahren
andata (w.) / *an-da-ta* / Hinfahrt
anno (m.) / *an-no* / Jahr
antipasto (m.) / *an-ti-pa-ßto* / Vorspeise
anziana (w.) / *an-tzia-na* / Alte
anziano (m.) / *an-tzia-no* / Alter
appartamento (m.) / *ap-apar-ta-men-to* / Wohnung
aprile (m.) / *a-pri-le* / April
architetto (m.) / *ar-ki-tet-to* / Architekt
arrivare / *ar-ri-wa-re* / ankommen
arrivederci / *ar-ri-we-der-tschi* / auf Wiedersehen
assegno (m.) / *aß-ße-njo* / Scheck
autobus (m.) / *a-u-to-buß* / Bus
automobile (w.) / *au-to-mo-bi-le* / Auto
avere / *a-we-re* / haben
avvocato (m.) / *aw-wo-ka-to* / Rechtsanwalt

B

bambina (w.) / *bam-bi-na* / Mädchen
bambino (m.) / *bam-bi-no* / Junge
banca (w.) / *ban-ka* / Bank
bella (w.) / *bäl-la* / schön
bello (m.) / *bäl-lo* / schön
bene / *bä-ne* / gut
bere / *be-re* / trinken
bianca (w.) / *bi-an-ka* / weiß
bianco (m.) / *bi-an-ko* / weiß
bicchiere (m.) / *bik-kiä-re* / Glas
bicicletta (w.) / *bi-tschi-klet-ta* / Fahrrad
biglietto (m.) / *bi-ljet-to* / Fahrkarte
birra (w.) / *bir-ra* / Bier
blu (w./m.) / *blu* / blau
borsa (w.) / *bor-ßa* / Tasche
bottiglia (w.) / *bot-ti-lja* / Flasche
braccio (m.) / *brat-tscho* / Arm
buona (w.) / *bu-o-na* / gut
buono (m.) / *bu-o-no* / gut
buonanotte (w.) / *bu-o-na-not-te* / gute Nacht
buonasera (w.) / *bu-o-na-ße-ra* / guten Abend
buongiorno (m.) / *bu-on-dschor-no* / guten Tag

C

c'è / *tschä* / es gibt (Sing.)
caffè (m.) / *kaf-fä* / Espresso
calcio (m.) / *kal-tscho* / Fußball
calda (w.) / *kal-da* / warm
caldo (m.) / *kal-do* / warm
cambiare / *kam-bia-re* / wechseln, tauschen
cameriera (w.) / *ka-me-riä-ra* / Kellnerin
cameriere (m.) / *ka-me-riä-re* / Kellner
camicia (w.) / *ka-mi-tscha* / Hemd, Bluse
campagna (w.) / *kam-pa-nja* / Land
cane (m.) / *ka-ne* / Hund
capelli (m./Pl.) / *ka-pel-li* / Haare
cappello (m.) / *kap-päl-lo* / Hut
cappotto (m.) / *kap-pot-to* / Mantel
cara (w.) / *ka-ra* / liebe
caro (m.) / *ka-ro* / lieber
carina (w.) / *ka-ri-na* / hübsch
carino (m.) / *ka-ri-no* / hübsch
carta di credito (w.) / *kar-ta di kre-di-to* / Kreditkarte
casa (w.) / *ka-ßa* / Haus
cassa (w.) / *kaß-ßa* / Kasse
cavallo (m.) / *ka-wal-lo* / Pferd
cena (w.) / *tsche-na* / Abendessen
cento / *tschän-to* / hundert
chi / *ki* / wer
chiara (w.) / *kia-ra* / hell
chiaro (m.) / *kia-ro* / hell
ci sono / *tschi ßo-no* / es gibt (plur.)
ciao / *tscha-o* / hallo, tschüss
cinema (m.) / *tschi-ne-ma* / Kino

cinquanta / *tschin-ku-an-ta* / fünfzig
cinque / *tschin-kue* / fünf
cioccolata (w.) / *tschok-ko-la-ta* / Schokolade
città (w.) / *tschit-ta* / Stadt
codice postale (m.) / *ko-di-tsche po-ßta-le* / Postleitzahl
colazione (w.) / *ko-la-tzio-ne* / Frühstück
collo (m.) / *kol-lo* / Hals
colore (m.) / *ko-lo-re* / Farbe
come / *ko-me* / wie
commessa (w.) / *kom-meß-ßa* / Verkäuferin
commesso (m.) / *kom-meß-ßo* / Verkäufer
comprare / *kom-pra-re* / kaufen
costume da bagno / *ko-ßtu-me da ba-njo* / Badeanzug
cravatta (w.) / *kra-wat-ta* / Krawatte
crema (w.) / *krä-ma* / Creme

D

d'accordo / *dak-kor-do* / einverstanden
dai! / *da-i* / Komm schon!
dare / *da-re* / geben
dentista / *den-ti-ßta* / Zahnarzt
dicembre / *di-tschäm-bre* / Dezember
diciannove / *di-tschan-no-we* / neunzehn
diciassette / *di-tschaß-ßät-te* / siebzehn
diciotto / *di-tschot-to* / achtzehn
dieci / *diä-tschi* / zehn
dire / *di-re* / sagen
dito (m.) / *di-to* / Finger
dodici / *do-di-tschi* / zwölf
dolce (m.) / *dol-tsche* / Nachspeise
domani / *do-ma-ni* / morgen
donna (w.) / *don-na* / Frau
dormire / *dor-mi-re* / schlafen
dottore (m.) / *dot-to-re* / Arzt
dove / *do-we* / wo, wohin
dovere / *do-we-re* / müssen
due / *du-e* / zwei

E

emergenza (w.) / *e-mer-dschän-tza* / Notfall
entrata (w.) / *en-tra-ta* / Eingang
entrare / *en-tra-re* / hineingehen
essere / *äß-ße-re* / sein
est (m.) / *äßt* / Osten

F

faccia (w.) / *fat-tscha* / Gesicht
facile / *fa-tschi-le* / einfach
fame (w.) / *fa-me* / Hunger
fare / *fa-re* / machen, tun
febbraio (m.) / *feb-bra-io* / Februar
festa (w.) / *fä-ßta* / Fest, Party
figlia (w.) / *fi-lja* / Tochter
figlio (m.) / *fi-ljo* / Sohn
fine (w.) / *fi-ne* / Ende
finestra (w.) / *fi-nä-ßtra* / Fenster
finire / *fi-ni-re* / aufhören
fiore (m.) / *fi-o-re* / Blume
formaggio (m.) / *for-mad-dscho* / Käse
fragola (w.) / *fra-go-la* / Erdbeere
fratello (m.) / *fra-täl-lo* / Bruder
fredda (w.) / *fred-da* / kalt (w.)
freddo (m.) / *fred-do* / kalt (m.)
frutta (w.) / *frut-ta* / Obst

G

gatto (m.) / *gat-to* / Katze
gelato (m.) / *dsche-la-to* / Eis
gennaio (m.) / *dschen-na-io* / Januar
gente (w.) / *dschän-te* / Leute
ghiaccio (m.) / *gi-at-tscho* / Eiswürfel
giacca (w.) / *dschak-ka* / Jacke, Blazer, Sakko
gialla (w.) / *dschal-la* / Geld (w.)
giallo (m.) / *dschal-lo* / gelb (m.)
giardino (m.) / *dschar-di-no* / Garten
ginocchio (m.) / *dschi-nok-ki-o* / Knie
giocare / *dscho-ka-re* / spielen
gioco (m.) / *dscho-ko* / Spiel
giornale (m.) / *dschor-na-le* / Zeitung
giorno (m.) / *dschor-no* / Tag
giovane (w./m.) / *dscho-wa-ne* / jung
giugno (m.) / *dschu-njo* / Juni
gonna (w.) / *gon-na* / Rock
grande (w./m.) / *gran-de* / groß
grande magazzino (m.) / *gran-de ma-gad-dzi-no* / Kaufhaus
grazie / *gra-tzie* / danke
grigia (w.) / *gri-dscha* / grau (w.)
grigio (m.) / *gri-dscho* / grau (m.)

I

ieri / *i-ä-ri* / gestern
impermeabile (m.) / *im-per-me-a-bi-le* / Regenmantel
impiegata (w.) / *im-pie-ga-ta* / Angestellte
impiegato (m.) / *im-pie-ga-to* / Angestellter
in ritardo / *in ri-tar-do* / verspätet
indirizzo (m.) / *in-di-rit-tzo* / Adresse
infermiera (w.) / *in-fer-miä-ra* / Krankenschwester
infermiere (m.) / *in-fer-miä-re* / Krankenpfleger
ingegnere (m.) / *in-dsche-njä-re* / Ingenieur
insalata (w.) / *in-ßa-la-ta* / Salat
invito (m.) / *in-wi-to* / Einladung
io / *i-o* / ich
italiana (w.) / *i-ta-lia-na* / Italienerin, italienisch
italiano (m.) / *i-ta-lia-no* / Italiener, italienisch

J

jeans (m.) / *dschins* / Jeans

L

lago (m.) / *la-go* / See
lana (w.) / *la-na* / Wolle
larga (w.) / *lar-ga* / breit (w.)
largo (m.) / *lar-go* / breit (m.)
latte (m.) / *lat-te* / Milch
lavoro (m.) / *la-wo-ro* / Arbeit
lei / *lä-i* / sie (sing.)
libro (m.) / *li-bro* / Buch
loro / *lo-ro* / sie (plur.)
luglio (m.) / *lu-ljo* / Juli
lui / *lu-i* / er

M

ma / *ma* / aber
macchina (w.) / *mak-ki-na* / Auto

madre (w.) / *ma-dre* / Mutter
maggio (m.) / *mad-dscho* / Mai
mai / *ma-i* / nie
malata (w.) / *ma-la-ta* / krank (w.)
malato (m.) / *ma-la-to* / krank (m.)
mamma (w.) / *mam-ma* / Mama
mangiare / *man-dscha-re* / essen
mano (w.) / *ma-no* / Hand
marito (m.) / *ma-ri-to* / Ehemann
marrone (w./m.) / *mar-ro-ne* / braun
marzo (m.) / *mar-tzo* / März
me / *me* / mich
medicina (w.) / *me-di-tschi-na* / Medikament
medico (m.) / *mä-di-ko* / Arzt
mercato (w.) / *mer-ka-to* / Markt
mese (m.) / *me-ße* / Monat
metropolitana (w.) / *me-tro-po-li-ta-na* / U-Bahn
mettersi / *met-ter-ßi* / anziehen
mia (w.) / *mi-a* / meine
mio (m.) / *mi-o* / meine
mille / *mil-le* / tausend
moglie (w.) / *mo-lje* / Ehefrau
montagna (w.) / *mon-ta-nja* / Berg

N

naso (m.) / *na-ßo* / Nase
nebbia (w.) / *neb-bia* / Nebel
negozio (m.) / *ne-go-tzio* / Geschäft
nera (w.) / *ne-ra* / schwarz (w.)
nero (m.) / *ne-ro* / schwarz (m.)
neve (w.) / *ne-we* / Schnee
noi / *no-i* / wir
noiosa (w.) / *no-io-sa* / langweilig (w.)
noioso (m.) / *no-io-so* / langweilig (m.)
nome (m.) / *no-me* / Name
nord (m.) / *nord* / Norden
nove / *no-we* / neun
novembre (m.) / *no-wäm-bre* / November
numero (m.) / *nu-me-ro* / Zahl
nuoto (m.) / *nu-o-to* / Schwimmen

O

occhio (m.) / *ok-kio* / Auge
orecchio (m.) / *o-rek-kio* / Ohr
ospedale (m.) / *o-ßpe-da-le* / Krankenhaus
otto / *ot-to* / acht
ottobre (m.) / *ot-to-bre* / Oktober
ovest (m.) / *o-weßt* / Westen

P

padre (m.) / *pa-dre* / Vater
pagare / *pa-ga-re* / zahlen
pane (m.) / *pa-ne* / Brot
pantaloni (m.Pl.) *pan-ta-lo-ni* / Hose
parlare / *par-la-re* / sprechen, reden
partire / *par-ti-re* / abfahren
passaporto (m.) / *paß-ßa-por-to* / Reisepaß
pasticceria (w.) / *pas-tit-tsche-ri-a* / Konditorei
per favore / *per fa-wo-re* / bitte
perché / *per-ke* / warum, weil
pesce (m.) / *pe-sche* / Fisch
piacere / *pia-tsche-re* / angenehm
piazza (w.) / *piat-tza* / Platz
piccola (w.) / *pik-ko-la* / klein (w.)
piccolo (m.) / *pik-ko-lo* / klein (m.)
pioggia (w.) / *piod-dscha* / Regen
piove / *pio-we* / es regnet
polizia (w.) / *po-li-tzi-a* / Polizei
potere / *po-te-re* / können
pranzo (m.) / *pran-dzo* / Mittagessen
preferire / *pre-fe-ri-re* / vorziehen
prego / *prä-go* / bitte
prendere / *prän-de-re* / nehmen
presentare / *pre-sen-ta-re* / vorstellen

Q

qualcosa / *kual-ko-ßa* / etwas
quale / *kua-le* / welcher, welche, welches
quando / *kuan-do* / wann
quanti / *kuan-ti* / wie viele
quattro / *kuat-tro* / vier
quattordici / *kuat-tor-di-tschi* / vierzehn
qui / *ku-i* / hier
quindici / *kuin-di-tschi* / fünfzehn

R

ragazza (w.) / *ra-gat-tza* / Mädchen
ragazzo (m.) / *ra-gat-tzo* / Junge
ridere / *ri-de-re* / lachen
riso (m.) / *ri-ßo* / Lachen, Reis
rossa (w.) / *roß-ßa* / rot (w.)
rosso (m.) / *roß-ßo* / rot (m.)

S

saldi (m.Pl.) / *ßal-di* / Schlussverkauf
sale (m.) / *ßa-le* / Salz
scarpa (w.) / *skar-pa* / Schuh
scura (w.) / *sku-ra* / dunkel (w.)
scuro (m.) / *sku-ro* / dunkel (m.)
sedici / *ße-di-tschi* / sechzehn
segretaria (w.) / *ße-gre-ta-ria* / Sekretärin
segretario (m.) / *ße-gre-ta-rio* / Sekretär
sei / *ßä-i* / sechs
sempre / *ßäm-pre* / immer
sete (w.) / *ße-te* / Durst
sette / *ßät-te* / sieben
settembre (m.) / *ßet-täm-bre* / September
settimana (w.) / *ßet-ti-ma-na* / Woche
signora (w.) / *ßi-njo-ra* / Frau
signore (m.) / *ßi-njo-re* / Herr
soldi (m.Pl.) / *ßol-di* / Geld (s.)
sole (m.) / *ßo-le* / Sonne
solo / *ßo-lo* / allein
sorella (w.) / *ßo-räl-la* / Schwester
spalla (w.) / *ßpal-la* / Schulter
stanca (w.) / *ßtan-ka* / müde (w.)
stanco (m.) / *ßtan-ko* / müde (m.)
stazione (w.) / *ßta-tzio-ne* / Bahnhof
strada (w.) / *ßtra-da* / Straße
stretta (w.) / *ßtret-ta* / eng (w.)
stretto (m.) / *ßtret-to* / eng (m.)
sud (m.) / *ßud* / Süden
supermercato (m.) / *ßu-per-mer-ka-to* / Supermarkt

T

tazza (w.) / *tat-tza* / Tasse
teatro (m.) / *te-a-tro* / Theater
telefono (m.) / *te-lä-fo-no* / Telefon
tempo (m.) / *täm-po* / Zeit, Wetter
tre / *tre* / drei
tredici / *tre-di-tschi* / dreizehn
treno (m.) / *trä-no* / Zug
troppo / *trop-po* / zu viel
tu / *tu* / du
tutti / *tut-ti* / alle
tutto / *tut-to* / alles

U

ufficio (m.) / *uf-fi-tscho* / Büro
uno / *u-no* / eins
uscita (w.) / *u-schi-ta* / Ausgang

V

vacanza (w.) / *wa-kan-tza* / Urlaub
valigia (w.) / *wa-li-dscha* / Koffer
vedere / *we-de-re* / sehen
vendere / *wen-de-re* / verkaufen
venire / *we-ni-re* / kommen
venti / *wen-ti* / zwanzig
verde / *wer-de* / grün
verdura (w.) / *wer-du-ra* / Gemüse
vestito (m.) / *we-ßti-to* / Kleid, Anzug
via (w.) / *wi-a* / Straße, Weg
viaggiare / *wiad-dscha-re* / reisen, verreisen
viaggio (m.) / *wiad-dscho* / Reise
viale (m.) / *wi-a-le* / Allee
vino (m.) / *wi-no* / Wein
voi / *wo-i* / ihr
volere / *wo-le-re* / wollen

Z

zero / *dzä-ro* / Null
zia (w.) / *tzi-a* / Tante
zio (m.) / *tzi-o* / Onkel
zucchero (m.) / *tzuk-ke-ro* / Zucker

Deutsch – Italienisch

A

Abendessen / **cena** (w.) / *tsche-na*
aber / **ma** / *ma*
abfahren / **partire** / *par-ti-re*
acht / **otto** / *ot-to*
achtzehn / **diciotto** / *di-tschot-to*
Adresse / **indirizzo** (m.) / *in-di-rit-tzo*
alle / **tutti** / *tut-ti*
Allee / **viale** (m.) / *wi-a-le*
allein / **solo** / *ßo-lo*
alles / **tutto** / *tut-to*
alte Frau / **anziana** (w.) / *an-tzia-na*
alter Mann / **anziano** (m.) / *an-tzia-no*
Amerikaner / **americano** (m.) / *a-me-ri-ka-no*
Amerikanerin / **americana** (w.) / *a-me-ri-ka-na*
angenehm / **piacere** / *pia-tsche-re*
Angestellte / **impiegata** (w.) / *im-pie-ga-ta*
Angestellter / **impiegato** (m.) / *im-pie-ga-to*
ankommen / **arrivare** / *ar-ri-wa-re*
anziehen / **mettersi** / *met-ter-ßi*
Anzug / **vestito** (m.) / *we-ßti-to*
April / **aprile** (m.) / *a-pri-le*
Arbeit / **lavoro** (m.) / *la-wo-ro*
Architekt / **architetto** (m.) / *ar-ki-tet-to*
Arm / **braccio** (m.) / *brat-tscho*
Arzt / **dottore** (m.) / *dot-to-re*, **medico** (m.) / *mä-di-ko*
auch / **anche** / *an-ke*
auf Wiedersehen / **arrivederci** / *ar-ri-we-der-tschi*
aufhören / **finire** / *fi-ni-re*
Auge / **occhio** (m.) / *ok-kio*
August / **agosto** (m.) / *a-go-ßto*
Ausgang / **uscita** (w.) / *u-schi-ta*
Auto / **macchina** (w.) / *mak-ki-na*, **automobile** (w.) *au-to-mo-bi-le*

B

Badeanzug / **costume da bagno** / *ko-ßtu-me da ba-njo*
Bahnhof / **stazione** (w.) / *ßta-tzio-ne*
Bank / **banca** (w.) / *ban-ka*
Berg / **montagna** (w.) / *mon-ta-nja*
Bier / **birra** (w.) / *bir-ra*
bis morgen / **a domani** / *a do-ma-ni*
bis später / **a dopo** / *a do-po*
bitte / **per favore** / *per fa-wo-re*, **prego** / *prä-go*
blau / **blu** (w./m.) / *blu*
Blazer / **giacca** (w.) / *dschak-ka*
Blume / **fiore** (m.) / *fi-o-re*
Bluse / **camicia** (w.) / *ka-mi-tscha*
braun / **marrone** (w./m.) / *mar-ro-ne*
breit / **larga** (w.) / *lar-ga*, **largo** (m.) / *lar-go*
Brot / **pane** (m.) / *pa-ne*
Bruder / **fratello** (m.) / *fra-täl-lo*
Buch / **libro** (m.) / *li-bro*
Büro / **ufficio** (m.) / *uf-fi-tscho*
Bus / **autobus** (m.) / *a-u-to-buß*

C

Creme / **crema** (w.) / *krä-ma*

D

danke / **grazie** / *gra-tzie*
Dezember / **dicembre** / *di-tschäm-bre*
drei / **tre** / *tre*
dreizehn / **tredici** / *tre-di-tschi*
du / **tu** / *tu*
dunkel / **scura** (w.) / *sku-ra*, **scuro** (m.) / *sku-ro*
Durst / **sete** (w.) / *se-te*

E

Ehefrau / **moglie** (w.) / *mo-lje*
Ehemann / **marito** (m.) / *ma-ri-to*
einfach / **facile** / *fa-tschi-le*
Eingang / **entrata** (w.) / *en-tra-ta*
Einladung / **invito** (m.) / *in-wi-to*
eins / **uno** / *u-no*
einverstanden / **d'accordo** / *dak-kor-do*
Eis / **gelato** (m.) / *dsche-la-to*
Eiswürfel / **ghiaccio** (m.) / *gi-at-tscho*
Ende / **fine** (w.) / *fi-ne*
eng / **stretta** (w.) / *ßtret-ta*, **stretto** (m.) / *ßtret-to*
er / **lui** / *lu-i*
Erdbeere / **fragola** (w.) / *fra-go-la*
es gibt / **c'è** / *tschä* (Sing.), **ci sono** / *tschi so-no* (Plur.)
Espresso / **caffè** (m.) / *kaf-fä*
essen / **mangiare** / *man-dscha-re*
etwas / **qualcosa** / *kual-ko-ßa*

F

fahren / **andare** / *an-da-re*
Fahrkarte / **biglietto** (m.) / *bi-ljet-to*
Fahrrad / **bicicletta** (w.) / *bi-tschi-klet-ta*
Farbe / **colore** (m.) / *ko-lo-re*
Februar / **febbraio** (m.) / *feb-bra-io*
Fenster / **finestra** (w.) / *fi-nä-ßtra*
Fest / **festa** (w.) / *fä-ßta*
Finger / **dito** (m.) / *di-to*
Fisch / **pesce** (m.) / *pe-sche*
Flasche / **bottiglia** (w.) / *bot-ti-lja*
Flughafen / **aeroporto** (m.) / *a-e-ro-por-to*
Flugzeug / **aereo** (m.) / *a-ä-re-o*
Frau / **signora** (w.) / *ßi-njo-ra*, **donna** (w.) / *don-na*
Freund / **amico** (m.) / *a-mi-ko*
Freundin / **amica** (w.) / *a-mi-ka*
Frühstück / **colazione** (w.) / *ko-la-tzio-ne*
fünf / **cinque** / *tschin-kue*
fünfzehn / **quindici** / *kuin-di-tschi*
fünfzig / **cinquanta** / *tschin-ku-an-ta*
Fußball / **calcio** (m.) / *kal-tscho*

G

Garten / **giardino** (m.) / *dschar-di-no*
geben / **dare** / *da-re*
gehen / **andare** / *an-da-re*
gelb / **gialla** (w.) / *dschal-la*, **giallo** (m.) / *dschal-lo*

Geld / **soldi** (m.Pl.) / *ßol-di*
Gemüse / **verdura** (w.) / *wer-du-ra*
Geschäft / **negozio** (m.) / *ne-go-tzio*
Gesicht / **faccia** (w.) / *fat-tscha*
gestern / **ieri** / *i-ä-ri*
Glas / **bicchiere** (m.) / *bik-kiä-re*
grau / **grigia** (w.) / *gri-dscha*, **grigio** (m.) / *gri-dscho*
groß / **grande** (w./m.) / *gran-de*
grün / **verde** / *wer-de*
gut / **bene** (Adv.) / *bä-ne*, **buona/o** (w./m.) (Adj.) *bu-o-na/o*
gute Nacht / **buonanotte** (w.) / *bu-o-na-not-te*
guten Abend / **buonasera** (w.) / *bu-o-na-ße-ra*
guten Tag / **buongiorno** (m.) / *bu-on-dschor-no*

H

Haare / **capelli** (m./Pl.) / *ka-pel-li*
haben / **avere** / *a-we-re*
Hallo / **ciao** / *tscha-o*
Hals / **collo** (m.) / *kol-lo*
Hand / **mano** (w.) / *ma-no*
Haus / **casa** (w.) / *ka-ßa*
hell / **chiara** (w.) / *kia-ra*, **chiaro** (m.) / *kia-ro*
Hemd / **camicia** (w.) / *ka-mi-tscha*
Herr / **signore** (m.) / *ßi-njo-re*
hier / **qui** / *ku-i*
hineingehen / **entrare** / *en-tra-re*
Hinfahrt / **andata** (w.) / *an-da-ta*
Hose / **pantaloni** (m.Pl.) / *pan-ta-lo-ni*
Hotel / **albergo** (m.) / *al-bär-go*
hübsch / **carina** (w.) / *ka-ri-na*, **carino** (m.) / *ka-ri-no*
Hund / **cane** (m.) / *ka-ne*
hundert / **cento** / *tschän-to*
Hunger / **fame** (w.) / *fa-me*
Hut / **cappello** (m.) / *kap-päl-lo*

I

ich / **io** / *i-o*
ihr / **voi** / *wo-i*
immer / **sempre** / *säm-pre*
Ingenieur / **ingegnere** (m.) / *in-dsche-njä-re*
Italiener, italienisch / **italiano** (m.) / *i-ta-lia-no*
Italienerin, italienisch / **italiana** (w.) / *i-ta-lia-na*

J

Jacke / **giacca** (w.) / *dschak-ka*
Jahr / **anno** (m.) / *an-no*
Januar / **gennaio** (m.) / *dschen-na-io*
Jeans / **jeans** (m.) / *dschins*
Juli / **luglio** (m.) / *lu-ljo*
jung / **giovane** (w./m.) / *dscho-wa-ne*
Junge / **ragazzo** (m.) / *ra-gat-tzo*
Juni / **giugno** (m.) / *dschu-njo*

K

kalt / **fredda** (w.) / *fred-da*, **freddo** (m.) *fred-do*
Käse / **formaggio** (m.) / *for-mad-dscho*
Kasse / **cassa** (w.) / *kaß-ßa*
Katze / **gatto** (m.) / *gat-to*
kaufen / **comprare** / *kom-pra-re*
Kaufhaus / **grande magazzino** (m.) / *gran-de ma-gad-dzi-no*
Kellner / **cameriere** (m.) / *ka-me-riä-re*
Kellnerin / **cameriera** (w.) / *ka-me-riä-ra*
Kind (Junge) / **bambino** (m.) / *bam-bi-no*
Kind (Mädchen) / **bambina** (w.) / *bam-bi-na*
Kino / **cinema** (m.) / *tschi-ne-ma*
Kleid / **abito** / *a-bi-to*
klein / **piccola** (w.) / *pik-ko-la* *piccolo* (m.) / *pik-ko-lo*
Knie / **ginocchio** (m.) / *dschi-nok-ki-o*
Koffer / **valigia** (w.) / *wa-li-dscha*
komm schon / **dai!** / *da-i*
kommen / **venire** / *we-ni-re*
Konditorei / **pasticceria** (w.) / *pa-ßtit-tsche-ri-a*
können / **potere** / *po-te-re*
krank / **malata** (w.) / *ma-la-ta*, **malato** (m.) / *ma-la-to*
Krankenhaus / **ospedale** (m.) / *o-ßpe-da-le*
Krankenpfleger / **infermiere** (m.) / *in-fer-miä-re*
Krankenschwester / **infermiera** (w.) / *in-fer-miä-ra*
Krawatte / **cravatta** (w.) / *kra-wat-ta*
Kreditkarte / **carta di credito** (w.) / *kar-ta di kre-di-to*

L

lachen / **ridere** / *ri-de-re*
Lachen / **riso** (m.) / *ri-ßo*
Land / **campagna** (w.) / *kam-pa-nja*
langweilig / **noiosa** (w.) / *no-io-ßa*, **noioso** (m.) / *no-io-ßo*
Leute / **gente** (w.) / *dschän-te*
Liebe / **amore** (m.) / *a-mo-re*
liebe / **cara** (w.) / *ka-ra*
lieben / **amare** / *a-ma-re*
lieber / **caro** (m.) / *ka-ro*

M

machen / **fare** / *fa-re*
Mädchen / **ragazza** (w.) / *ra-gat-tza*
Mai / **maggio** (m.) / *mad-dscho*
Mama / **mamma** (w.) / *mam-ma*
Mantel / **cappotto** (m.) / *kap-pot-to*
Markt / **mercato** (w.) / *mer-ka-to*
März / **marzo** (m.) / *mar-tzo*
Medikament / **medicina** (w.) / *me-di-tschi-na*
meine/r / **mia** (w.) / *mi-a*, **mio** (m.) / *mi-o*
mich / **me** / *me*
mieten / **affittare** / *af-fit-ta-re*
Milch / **latte** (m.) / *lat-te*
Mittagessen / **pranzo** (m.) / *pran-dzo*
Monat / **mese** (m.) / *me-ße*
morgen / **domani** / *do-ma-ni*
müde / **stanca** (w.) / *ßtan-ka*, **stanco** (m.) / *ßtan-ko*
müssen / **dovere** / *do-we-re*
Mutter / **madre** (w.) / *ma-dre*

N

Nachspeise / **dolce** (m.) / *dol-tsche*
Name / **nome** (m.) / *no-me*
Nase / **naso** (m.) / *na-so*

Nebel / **nebbia** (w.) / *neb-bia*
nehmen / **prendere** / *prän-de-re*
neun / **nove** / *no-we*
neunzehn / **diciannove** / *di-tschan-no-we*
nie / **mai** / *ma-i*
Norden / **nord** (m.) / *nord*
Notfall / **emergenza** (w.) / *e-mer-dschän-tza*
November / **novembre** (m.) / *no-wäm-bre*
null / **zero** / *dzä-ro*

O

Obst / **frutta** (w.) / *frut-ta*
Ohr / **orecchio** (m.) / *o-rek-kio*
Oktober / **ottobre** (m.) / *ot-to-bre*
Onkel / **zio** (m.) / *tzi-o*
Osten / **est** (m.) / *äßt*

P

Pferd / **cavallo** (m.) / *ka-wal-lo*
Platz / **piazza** (w.) / *piat-tza*
Polizei / **polizia** (w.) / *po-li-tzi-a*
Postleitzahl / **codice postale** (m.) / *ko-di-tsche po-ßta-le*

R

rechts / **a destra** / *a dä-ßtra*
Rechtsanwalt / **avvocato** (m.) / *aw-wo-ka-to*
Regen / **pioggia** (w.) / *piod-dscha*
Regenmantel / **impermeabile** (m.) / *im-per-me-a-bi-le*
(es) regnet / **piove** / *pio-we*
Reis / **riso** (m.) / *ri-ßo*
Reise / **viaggio** (m.) / *wiad-dscho*
reisen / **viaggiare** / *wiad-dscha-re*
Reisepass / **passaporto** (m.) / *paß-ßa-por-to*
Rock / **gonna** (w.) / *gon-na*
rot / **rossa** (w.) / *roß-ßa*, **rosso** (m.) / *roß-ßo*

S

sagen / **dire** / *di-re*
Sakko / **giacca** (w.) / *dschak-ka*
Salat / **insalata** (w.) / *in-ßa-la-ta*
Salz / **sale** (m.) / *ßa-le*
Scheck / **assegno** (m.) / *aß-ße-njo*
schlafen / **dormire** / *dor-mi-re*
Schlussverkauf / **saldi** (m.Pl.) / *ßal-di*
Schnee / **neve** (w.) / *ne-we*
Schokolade / **cioccolata** (w.) / *tschok-ko-la-ta*
schön / **bella** (w.) / *bäl-la*
bello (m.) / *bäl-lo*
Schuh / **scarpa** (w.) / *skar-pa*
Schulter / **spalla** (w.) / *ßpal-la*
schwarz / **nera** (w.) / *ne-ra*,
nero (m.) / *ne-ro*
Schwester / **sorella** (w.) / *ßo-räl-la*
Schwimmen / **nuoto** (m.) / *nu-o-to*
sechs / **sei** / *ßä-i*
sechzehn / **sedici** / *ße-di-tschi*
See / **lago** (m.) / *la-go*
sehen / **vedere** / *we-de-re*
sein / **essere** / *äß-ße-re*
Sekretär / **segretario** (m.) / *ße-gre-ta-rio*
Sekretärin / **segretaria** (w.) / *se-gre-ta-ria*
September / **settembre** (m.) / *set-täm-bre*
sie (plur.) / **loro** / *lo-ro*
sie (sing.) / **lei** / *lä-i*
sieben / **sette** / *ßät-te*
siebzehn / **diciassette** / *di-tschaß-ßät-te*
Sohn / **figlio** (m.) / *fi-ljo*
Sonne / **sole** (m.) / *ßo-le*
Spiel / **gioco** (m.) / *dscho-ko*
spielen / **giocare** / *dscho-ka-re*
sprechen / **parlare** / *par-la-re*
Stadt / **città** (w.) / *tschit-ta*
Straße / **strada** (w.) / *ßtra-da*,
via (w.) / *wi-a*
Süden / **sud** (m.) / *ßud*
Supermarkt / **supermercato** (m.) / *ßu-per-mer-ka-to*

T

Tag / **giorno** (m.) / *dschor-no*
Tante / **zia** (w.) / *tzi-a*
Tasche / **borsa** (w.) / *bor-ßa*
Tasse / **tazza** (w.) / *tat-tza*
tauschen / **cambiare** / *kam-bia-re*
tausend / **mille** / *mil-le*
Telefon / **telefono** (m.) / *te-lä-fo-no*
Theater / **teatro** (m.) / *te-a-tro*
Tochter / **figlia** (w.) / *fi-lja*
trinken / **bere** / *be-re*
tschüss / **ciao** / *tscha-o*
tun / **fare** / *fa-re*

U

U-Bahn / **metropolitana** (w.) / *me-tro-po-li-ta-na*
Urlaub / **vacanza** (w.) / *wa-kan-tza*

V

Vater / **padre** (m.) / *pa-dre*
verkaufen / **vendere** / *wen-de-re*
Verkäufer / **commesso** (m.) / *kom-meß-ßo*
Verkäuferin / **commessa** (w.) / *kom-meß-ßa*
vermieten / **affittare** / *af-fit-ta-re*
verspätet / **in ritardo** / *in ri-tar-do*
vier / **quattro** / *kuat-tro*
vierzehn / **quattordici** / *kuat-tor-di-tschi*
Vorspeise / **antipasto** (m.) / *an-ti-pa-ßto*
vorstellen / **presentare** / *pre-sen-ta-re*
vorziehen / **preferire** / *pre-fe-ri-re*

W

wann / **quando** / *ku-an-do*
warm / **calda** (w.) / *kal-da*
caldo (m.) / *kal-do*
warum / **perché** / *per-ke*
Wasser / **acqua** (w.) / *a-ku-a*
wechseln / **cambiare** / *kam-bia-re*
weil / **perché** / *per-ke*
Wein / **vino** (m.) / *wi-no*
weiß / **bianca** (w.) / *bi-an-ka*, **bianco** (m.) / *bi-an-ko*
welche, welcher, welches / **quale** / *kua-le*
wer / **chi** / *ki*
Westen / **ovest** (m.) / *o-west*
Wetter / **tempo** (m.) / *täm-po*
wie / **come** / *ko-me*
wie viele / **quanti** / *kuan-ti*
wir / **noi** / *no-i*
wo / **dove** / *do-we*
Woche / **settimana** (w.) / *ßet-ti-ma-na*

wohnen / **abitare** / *a-bi-ta-re*
Wohnung / **appartamento** (m.) / *ap-apar-ta-men-to*
Wolle / **lana** (w.) / *la-na*
wollen / **volere** / *wo-le-re*

Z

Zahl / **numero** (m.) / *nu-me-ro*
zahlen / **pagare** / *pa-ga-re*
Zahnarzt / **dentista** / *den-ti-ßta*
zehn / **dieci** / *diä-tschi*
Zeit / **tempo** (m.) / *täm-po*
Zeitung / **giornale** (m.) / *dschor-na-le*
zu viel / **troppo** / *trop-po*
Zucker / **zucchero** (m.) / *tzuk-ke-ro*
Zug / **treno** (m.) / *trä-no*
zwanzig / **venti** / *wen-ti*
zwei / **due** / *du-e*
zwölf / **dodici** / *do-di-tschi*

Anhang C
Über die CD

Hier die Liste der Tracks, die sich auf der Audio-CD zum Buch befinden. Legen Sie die CD in Ihren CD-Player – und dann viel Spaß beim Hören!

Kapitel 1

Track 1: Einführung und Ausspracheregeln

Kapitel 3

Track 2: Sich treffen und begrüßen – förmlich

Track 3: Sich treffen und begrüßen – formlos

Track 4: Sich vorstellen, förmlich

Track 5: Sich vorstellen, formlos

Kapitel 4

Track 6: Small Talk führen – förmlich

Track 7: Woher kommen Sie?

Track 8: Über die Familie reden

Track 9: Sich über das Wetter unterhalten

Kapitel 5

Track 10: In einem Restaurant anrufen und einen Tisch reservieren

Track 11: Im Restaurant nach der Rechnung fragen

Track 12: In der Pizzeria – Gespräch unter Freunden

Track 13: Im Eiscafé

Kapitel 6

Track 14: Eine Verkäuferin um Hilfe bitten

Track 15: Einen Rock anprobieren

Track 16: Passt der Rock? – Gespräch mit der Verkäuferin

Track 17: Einen Anzug anprobieren

Track 18: Die Traumschuhe anprobieren

Kapitel 7

Track 19: Ins Kino gehen

Track 20: Einladung zu einer Party

Kapitel 8

Track 21: Was man am Wochenende macht

Track 22: Über Sport reden

Track 23: Über Freizeitbeschäftigungen reden

Kapitel 9

Track 24: Telefonieren mit einer Freundin

Track 25: Telefonieren – einen Termin vereinbaren

Track 26: Telefonieren – eine Nachricht hinterlassen

Kapitel 10

Track 27: Auf Wohnungssuche

Track 28: Eine Mietwohnung suchen

Kapitel 11

Track 29: Geld abheben

Track 30: Beschwerde bei der Bank

Kapitel 12

Track 31: Nach dem Weg zum Bahnhof fragen

Track 32: Nach einem Restaurant suchen

Kapitel 13

Track 33: Im Hotel einchecken – das reservierte Zimmer

Kapitel 14

Track 34: Sich über die Zugverbindungen informieren

Track 35: Eine Fahrkarte kaufen

Track 36: Mit öffentlichen Verkehrsmitteln fahren

Kapitel 15

Track 37: Über die Urlaubspläne für den Sommer sprechen

Track 38: Eine Reise planen – vor dem Flug

Kapitel 16

Track 39: Den Pannendienst rufen

Track 40: Beim Arzt

Track 41: Nach einem Unfall die Polizei anrufen

Anhang D
Lösungen zu den Übungen »Spiel und Spaß«

Kapitel 1

Lösung 1.1

tsch wie Tschüss	*dsch* wie Dschungel	*k* wie Karl	*g* wie Gold	*tsch + k / g + tsch*
cena	**gelato**	**caffè**	**spaghetti**	**cioccolata**
aranciata	**buongiorno**	**Chianti**	**Lamborghini**	**cappuccino**
Cinzano	**gianduia**	**latte macchiato**	**funghi**	**ghiaccio**

Kapitel 2

Lösung 2.1

1. **il ragazzo**	b) **italiano** (der italienische Junge)
2. **la ragazza**	c) **tedesca** (das deutsche Mädchen)
3. **le case**	d) **piccole** (die kleinen Häuser)
4. **gli studenti**	a) **italiani** (die italienischen Studierenden)

Kapitel 3

Lösung 3.1

1. **Quante lingue parli?** (Wie viele Sprachen sprichst du?)

   b) **Tre: italiano, tedesco ed inglese.** (Drei: Italienisch, Deutsch und Englisch)

2. **Di dov'è esattamente?** (Woher kommen Sie genau?)

   b) **Di Roma.** (aus Rom)

3. **Vieni a cena da noi?** (Kommst du zum Abendessen zu uns?)

   b) **Mi dispiace, ho già un altro impegno.** (Es tut mir leid, ich habe schon was vor.)

4. **A che ora ci vediamo?** (Um wie viel Uhr sehen wir uns?)

   b) **Alle nove.** (Um neun Uhr)

Lösung 3.2

come sta, e Lei, Le presento, conoscerla, il piacere

Kapitel 4

Lösung 4.1

A Milano piove molto. L'inverno è freddo e c'è sempre nebbia. (In Mailand regnet es viel. Der Winter ist kalt und es ist immer neblig.)

A Palermo l'inverno è temperato, l'estate è lunga e calda. (In Palermo ist der Winter mild, der Sommer ist lang und warm.)

La primavera a Milano è come l'autunno a Francoforte. (Der Frühling in Mailand ist wie der Herbst in Frankfurt.)

Il cielo oggi è coperto. (Der Himmel ist heute bedeckt.)

La temperatura è di cinque gradi. (Die Temperatur beträgt fünf Grad.)

Lösung 4.2

1. Sind Sie Amerikaner?
2. Sind Sie verheiratet?
3. Regnet es?
4. Haben Sie einen Bruder?
5. Ist es kalt?
6. Leben Sie in Palermo?
7. Bist du Journalist?
8. Hast du ein Fax?
9. Hast du eine Schwester?

Kapitel 5

Lösung 5.1

1. **Un caffè ristretto, per favore.** (Einen Caffè Ristretto, bitte.) d) **al bar** (in einem Café)
2. **Di solito bevo vino bianco, ma oggi preferisco il rosso.** (Normalerweise trinke ich Weißwein, aber heute bevorzuge ich Rotwein) c) **in osteria** (in einer Gaststätte)
3. **Mi porta il conto?** (Bringen Sie mir die Rechnung?) g) **al ristorante** (im Restaurant)
4. **Prendo un cornetto alla marmellata e mezzo chilo di pane.** (Ich nehme ein Croissant mit Marmelade und ein Pfund Brot) b) **in panetteria** (in der Bäckerei)

5. **Limone e fragola. Senza panna, per favore!** (Zitrone und Erdbeere, ohne Sahne, bitte!) e) **in gelateria** (in der Eisdiele)
6. **Quanto vengono le albicocche?** (Wie viel kosten die Aprikosen?) a) **dal fruttivendolo** (beim Gemüsehändler)
7. **Una pizza quattro stagioni e una birra piccola alla spina.** (Eine Pizza Quattro Stagioni und ein kleines Bier vom Fass) f) **in pizzeria** (in einer Pizzeria)

Lösung 5.2

1. **la mela**
2. **la ciliegia**
3. **l'uva**
4. **la pera**
5. **l'anguria**
6. **la fragola**

Kapitel 6

Lösung 6.1

1. **Che taglia porta?** (Welche Größe tragen Sie?) b) **La S** (S)
2. **Dove sono i camerini per favore?** (Wo sind die Umkleidekabinen?) b) **Sulla sinistra** (links)
3. **Dov'è la scala mobile?** (Wo ist die Rolltreppe?) a) **Dietro la cassa.** (hinter der Kasse)
4. **Posso provare questa gonna?** (Kann ich diesen Rock anprobieren?) c) **Certo. È la sua misura?** (Natürlich. Ist das Ihre Größe?)
5. **Vorrei provare un paio di scarpe.** (Ich möchte ein Paar Schuhe anprobieren.) c) **Che numero porta?** (Welche Größe tragen Sie?)

Lösung 6.2

1. **cappello** (Hut)
2. **camicia** (Hemd)
3. **cravatta** (Krawatte)
4. **completo** (Anzug)
5. **pantaloni** (Hose)
6. **scarpe** (Schuhe)
7. **gonna** (Rock)
8. **camicetta** (Bluse)

Kapitel 7

Lösung 7.1

Andiamo al cinema? (Gehen wir ins Kino?)

Che cosa vuoi vedere? (Was willst du sehen?)

L'ultimo film di Checcho Zalone. (Den letzten Film von Checco Zalone.)

Si! Il film è così divertente! A che ora comincia? (Ja! Der Film ist so lustig! Wann fängt er an?)

Alle otto. (Um acht Uhr.) **Facciamo prima una passeggiata.** (Lass uns zuerst einen Spaziergang machen.)

Va bene. (Gut.)

Lösung 7.2

1. **festa**
2. **invitato**
3. **sabato**
4. **ora**
5. **verso**
6. **dove**
7. **perché**
8. **aspetto**

Kapitel 8

Lösung 8.1

Faccio jogging nel parco.

Mi diverto molto.

A che ora ti svegli?

Il tennis è il mio sport preferito.

Che cosa fai questo fine settimana?

Lösung 8.2

cavallo, fiore, uccello, gatto, lupo, quercia, pino, mucca, pecora, albero

A	J	A	R	O	C	E	P	O	S
U	I	V	S	W	S	O	P	A	B
A	H	C	E	M	L	U	Y	O	A
C	I	K	R	L	L	U	V	G	D
C	G	B	A	E	F	O	L	E	D
U	N	V	M	Z	U	I	N	S	D
M	A	R	X	J	C	Q	O	I	Y
C	G	A	T	T	O	E	I	R	P
A	L	B	E	R	O	P	S	T	E
F	R	H	O	L	L	E	C	C	U

Kapitel 9

Lösung 9.1

Che cosa avete fatto questo fine settimana?

Ho incontrato il fratello di Giulia. Che uomo meraviglioso!

Giorgia è andata al cinema.

Al mare ho conosciuto Enrico.

In vacanza ho nuotato ogni giorno.

Ieri sera abbiamo ascoltato un cd.

Lösung 9.2

1. **pronto**
2. **parlo**
3. **amico**
4. **c'è**
5. **appena**
6. **lasciare un messaggio**
7. **prego**
8. **chiamato**

Kapitel 10

Lösung 10.1

Posso usare la stampante?

Certo.

E l'e-mail del signor Chiarini è arrivato?

Non lo so. Ora controllo ... No, oggi non è arrivato niente.

Adesso lo chiamo subito.

Ho già parlato con la sua segretaria. Oggi il signor Chiarini non è in ufficio.

Lösung 10.2

1. **il bagno** (Bad)
2. **la camera da letto** (Schlafzimmer)
3. **il letto** (Bett)
4. **il soggiorno** (Wohnzimmer)
5. **il divano** (Sofa)
6. **la cucina** (Küche)
7. **il pavimento** (Boden)
8. la tavola (Tisch)

Kapitel 11

Lösung 11.1

1) **Posso pagare con la carta di credito?** (Kann ich mit der Kreditkarte zahlen?)	e) **Mi dispiace, dovrebbe pagare in contanti.** (Es tut mir leid, Sie müssten bar zahlen.)
2) **Dov'è il prossimo bancomat?** (Wo ist der nächste Geldautomat?)	d) **A piazza San Girolamo.** (Auf dem San-Girolamo-Platz)
3) **Scusi, il bancomat non funziona.** (Entschuldigen Sie, der Geldautomat funktioniert nicht.)	b) **Può prelevare il soldi alla cassa.** (Sie können das Geld am Schalter abheben.)
4) **Vorrei cambiare 500 Euro in Kune.** (Ich möchte 500 Euro in Kuna wechseln.)	a) **Mi dia la Sua carta d'identità.** (Geben Sie mir Ihren Personalausweis.)
5) **Ha digitato il numero giusto?** (Haben Sie die richtige Geheimzahl eingegeben?)	c) **Certo! Che domanda!** Natürlich! Was für eine Frage!

Lösung 11.2

1. Personalausweis **(la carta d'identità)**
2. EC-Karte **(la carta bancomat)**
3. Reisepass **(il passaporto)**
4. Bankangestellter **(l'impiegato di banca)**
5. Geldautomat **(il bancomat)**
6. Kreditkarte **(la carta di credito)**
7. Bargeld **(contanti)**
8. Kleingeld (spiccioli)

Kapitel 12

Lösung 12.1

1. **il primo** (die erste)
2. **il secondo** (die zweite)
3. **il terzo** (die dritte)
4. **il quarto** (die vierte)
5. **il quinto** (die fünfte)
6. **il sesto** (die sechste)
7. **il settimo** (die siebte)
8. **l'ottavo** (die achte)
9. **il nono** (die neunte)
10. **il decimo** (die zehnte)

Lösung 12.2

1. **strada, a destra, terza, piazza, fermata**
2. **a sinistra, dritto, ponte, di fronte**
3. **il semaforo, gira, in fondo, chiesa**
4. **andare**
5. **arrivare**
6. **il centro**
7. **all'ospedale**

Kapitel 13

Lösung 13.1

1) **Avete una stanza con tre letti?** (Haben Sie ein Zimmer mit drei Betten?)	f) **Abbiamo solo due doppie. Possiamo aggiungere un letto.** (Wir haben nur Doppelzimmer. Wir können ein Bett ins Zimmer stellen.)
2) **Buonasera, ho una stanza prenotata.** (Guten Abend. Ich habe ein Zimmer reserviert.)	e) **Il suo nome, prego?** (Ihr Name bitte?)
3) **A che ora è la colazione?** (Um wie viel Uhr ist das Frühstück?)	c) **Dalle sette alle nove.** (Von sieben bis neun Uhr)
4) **Questa è la sua valigia?** (Ist das Ihr Koffer?)	b) **No, io ho solo questa borsa.** (Nein, ich habe nur diese Tasche.)
5) **La stanza è tranquilla?** (Ist das Zimmer ruhig?)	a) **Certo! La stanza è tranquillissima e dà sul giardino.** (Natürlich. Das Zimmer ist sehr ruhig und geht zum Garten.)
6) **È ancora aperto il bar?** (Ist die Hotelbar noch offen?)	d) **Si, il bar è aperto sino alle 23.** (Ja, die Hotelbar ist bis 23 Uhr offen.)

Lösung 13.2

1. **cameriera**
2. **valigia**
3. **messaggio**
4. **letto**
5. **albergo**
6. **ascensore**
7. Lösung: **camera**

Kapitel 14

Lösung 14.1

Il suo biglietto, per favore. (Ihr Flugticket, bitte.)

Ecco. (Hier)

Carta d'identità. (Personalausweis.)

Prego. (Bitte schön)

Quanti bagagli ha? (Wie viele Koffer haben Sie?)

Una valigia e una borsa a mano. (Einen Koffer und eine Handtasche)

Preferisce un posto vicino al finestrino o al corridoio? (Bevorzugen Sie einen Platz am Fenster oder am Gang?)

Al finestrino, prego. (Am Fenster, bitte.)

Ecco la carta d'imbarco. L'imbarco è alle nove e trenta, uscita tre. Buon viaggio! (Hier ist Ihre Bordkarte. Das Boarding ist um 9.30 Uhr an Gate 3. Gute Reise!)

Grazie! Arrivederci! (Danke! Auf Wiedersehen!)

Lösung 14.2

treno, fermata, stazione, binario, biglietto, andata, ritorno, supplemento

B	S	M	T	A	T	A	M	R	E	F	O
I	T	U	D	H	G	L	T	X	L	N	C
N	S	Y	P	V	X	L	A	B	E	D	G
A	P	J	Y	P	B	E	I	R	S	H	D
R	K	D	A	J	L	G	T	X	F	X	V
I	V	D	U	Y	L	E	M	R	C	D	Q
O	I	D	Y	I	K	A	M	G	G	D	R
R	Z	J	E	L	X	S	T	E	E	L	K
B	C	T	C	P	M	D	Q	A	N	C	I
B	T	H	P	R	S	P	U	F	D	T	K
O	R	I	T	O	R	N	O	S	O	N	O
S	T	A	Z	I	O	N	E	Z	A	G	A

Kapitel 15

Lösung 15.1

1. **Buongiorno, mi dica.** (Guten Tag. Kann ich Ihnen helfen?)
2. **Vorrei fare un viaggio in Cina.** (Ich möchte eine Reise nach China machen.)
3. **Dove esattamente?** (Wohin genau?)
4. **Vorrei andare a Pechino.** (Ich möchte nach Peking.)
5. **Un viaggio organizzato?** (Mit einer organisierten Reise?)
6. **Si, vorrei viaggiare con un gruppo.** (Ja, ich möchte eine Gruppenreise machen.)
7. **Quando vuole partire?** (Wann wollen Sie abreisen?)

8. **A fine ottobre.** (Ende Oktober.)
9. **E il ritorno?** (Und die Rückreise?)
10. **Inizio novembre.** (Anfang November.)

Lösung 15.2

1b, 2a, 3b, 4c, 5a

Kapitel 16

Lösung 16.1

1. **Pronto, ho bisogno d'aiuto! Mi si è fermata la macchina.** (Hallo! Ich brauche Hilfe. Mein Auto ist stehen geblieben.)

   Mando subito un carro attrezzi. (Ich schicke gleich den Pannendienst.)

   Venite il più presto possibile! (Kommen Sie so schnell wie möglich!)

   C'è un incidente con un ferito. (Es gibt einen Unfall mit einem Verletzten.)
2. **Mando subito un'ambulanza.** (Ich schicke sofort einen Krankenwagen.)

   Fate presto! È urgente! (Schnell! Es ist dringend!)

   Mi hanno rubato la macchina! (Sie haben mir das Auto gestohlen!)
3. **Si calmi e venga in questura.** (Beruhigen Sie sich und kommen Sie zur Polizeistation.)

   Vengo subito! (Ich komme sofort!)

Lösung 16.2

1. **scippata**
2. **derubato**
3. **alto**
4. **magro**
5. **neri**
6. **ricci**
7. **baffi**
8. **verdi**

Stichwortverzeichnis